JN297790

人口減少化における
地域経済の再生

京都・滋賀・徳島に見る取り組み

松岡憲司

編著

新評論

はじめに

　近年、日本を取り巻く経済環境はますます厳しくなっている。長期にわたる不況、財政の悪化、リーマンショックとそれに続く欧州の金融危機、BRICSなど新興国の台頭と競争力向上、高齢化、そして21世紀に入ってから始まった人口減少である。

　このような環境変化は、日本全体の問題であると同時に、地域の経済に深刻な影響を及ぼしている。日本の地域産業政策は、長らく大企業工場の誘致と、地域における公共事業の推進を二つの大きな柱としてきたが、現在の経済環境下でこのような政策を続けていくことは非常に困難になってきている。

　とりわけ、すでに2005年より始まっている人口減少は深刻な問題となる可能性が高い。本共同研究グループが長年にわたって研究対象としてきた京都府北部では、1990年には328,926人あった人口が、2010年には30,9064人と約2万人減少している（いずれも国勢調査）が、今後さらに加速的に減少していくことが予想されている。

　京丹後市の場合、2010年の国勢調査で59,035人であった人口が25年後の2035年には30％減少して41,490人となることが予想されている。高齢化の進行も著しい。京丹後市では2035年には高齢化率41.7％となることが推計されている[1]。このような人口減少と高齢化は地域経済の活力を根本的に奪っていく危険性がある。そこで京丹後市では、人口対策によって2060年に「75,000人程度」の人口を目指す「京丹後市まち・ひと・しごと創生人口ビジョン」（略称・人口ビジョン）を2015年3月に発表した。

　このような内外の新たな経済環境の変化の下、新しい地域経済モデルを構築することが必要となっている。例えば、高齢者や女性を積極的に受け入れるような社会体制、地域の生産性向上、新しいコミュニティービジネスの創造など

---

[1] 京丹後市「京丹後市まち・ひと・しごと創生人口ビジョン」2015年3月、2035年の数値は、国立社会保障・人口問題研究所の推計値である。

が必要となろう。地域の担い手として、UターンやIターンによる労働力確保も必要であろう。女性の雇用やUターン、Iターンと深くかかわるのが「ワーク・ライフ・バランス」、つまり生活と調和するような働き方である。

女性には子育てや家事、介護といった伝統的にあてがわれた役割がある。ジェンダーの問題である。そのなかで仕事をしようとする場合、そういったジェンダー的な役割と仕事をどう両立するのかという問題はいまだに深刻である。また、男女を問わず都市で働く人達は、仕事に追われ生活がないがしろにされているケースも多い。ワーク・ライフ・バランスをいかに保つのかという問題の解決策の一つと考えられているのが「テレワーク」という働き方である。従来のように会社に出勤して働くのではなく、自宅で働く、あるいは本社から離れた遠隔地で働くといった勤務の仕方である。

これまで地域産業政策のなかに取り込まれていなかった、農業や水産業と商工業を結び付けようという動きも活発になりつつある。商工業から見た場合には「農商工連携」と、農林水産業から見た場合には「六次産業化」と呼ばれている動きである。

本書では、特に人口減少という課題の下で地域経済の生き残りを実現するための新しい地域経済モデルの可能性を京都府北部地域・徳島県・滋賀県において実施した調査を中心に探り、現状とそれを改善しようとする地域の取り組みについて検討することを目的としている。

本書の構成は、まず第1章で人口減少の問題と、本書に取り上げられている様々な論点に関する先行研究をレビューしている。第2章では、京都府北部丹後地域の伝統産業である織物産業における若手経営者のグローバル化への挑戦を描いている。第3章では、人口減少への対応の一つとして女性による企業経営の事例を紹介している。第4章では、農業や水産業と商工業の連携である農商工連携や六次産業化の事例を紹介している。第5章以降においては、地域の事例を紹介している。

まず第5章では、京丹後市における地域経済再生に対する行政の取り組みについて述べている。第6章と第7章では、徳島県におけるユニークな地域再生の取り組みについて論じているが、先の第6章では、「葉っぱ」という地域に

普通にあるものを資源として活用し「つまもの」という新しい市場をつくることで地域再生に成功した事例としてよく知られている徳島県上勝町の取り組みについて検討している。ここでは、葉っぱビジネスだけでなく、UターンやIターンによる起業という新しい動きについても紹介している。そして第7章では、同じ徳島県でも上勝町とは違う方向で地域再生を目指す神山町と美波町の事例を紹介する。この二つの町は、山間部や漁村という立地にもかかわらず東京などのIT企業のサテライトオフィス誘致による地域再生という興味深い事例となっている。山間部や漁村とITという意外な組み合わせの背景にあるものは何なのだろうか。地域のリーダーや県の行政の動きを展望する。最後の第8章では、地方圏にありながら人口減少が緩やかな滋賀県における、生産・販売・雇用、医療・福祉、教育など様々な要素に関連した地域産業振興のあり方を検討している。

　なお本書では、紹介させていただいた方々の敬称を略させていただいたことをお断りしておく。

　　　　　　　　　　もくじ

はじめに　i

第1章　人口減少の現状と問題解決の途
――総論と先行研究（松岡憲司）　3

はじめに　3
1　人口変化の現状　4
2　女性経営者・女性起業家　11
3　ワーク・ライフ・バランス、テレワーク、サテライトオフィス　16
4　Uターン・Jターン・Iターン　21
　（1）U・J・Iターンの実態　22
　（2）Iターンによる地域再生　25
5　農商工連携　27
6　人口減少と地域開発　30
　（1）地域開発の歴史的展開　30
　（2）地域発の開発政策　32

第2章　伝統産業のグローバル化と若手の育成
――丹後織物産地の挑戦と課題（北野裕子）　35

はじめに　35
1　丹後織物産地とJAPANブランド育成支援事業　38
　（1）丹後織物産地の歴史・現状・先行研究　38
　（2）JAPANブランド育成支援事業の概要と丹後産地　41

2　丹後産地における展開　42
　（1）「丹後テキスタイル」の誕生——上からの海外進出　42
　（2）「丹後テキスタイル」の展開——海外展示会への挑戦と課題　45
3　JAPANブランド育成支援事業の影響とその後
　——産地内外ネットワークの形成　48
　（1）直接的な影響——販売実績・海外展示会への招待　48
　（2）間接的な影響——国内販売の増加とネットワークの形成　51
4　残る課題：若手職人の育成
　——ちりめん・帯の生産をどうつなぐのか　56
　（1）生産者の実態——職人の高齢化と減少　56
　（2）新たな若手育成への取り組み　58
おわりに　62

第3章　新しい経済環境下における、女性による企業経営 （松岡憲司・北野裕子・辻田素子）

67

はじめに　67
1　老舗企業の後継者としての自覚——株式会社半兵衛麸　69
2　アート老舗の出会い——株式会社本家尾張屋　74
3　社長自ら動く広告塔に——株式会社比叡ゆば本舗ゆば八　77
4　機屋のおかみさんの活躍——株式会社山藤　取締役山添明子氏　80
5　笑顔と感謝でチャンスを引き寄せる
　——有限会社丹後ジャージー牧場とミルク工房そら　83
むすびにかえて　88

第4章 畜産経営における経営革新と新たな事業展開
──農商工連携・6次産業化に取り組む経営を事例として（長命洋佑）　89

はじめに　89

1　農商工連携と6次産業化の現状　91
　（1）農商工連携　91
　（2）6次産業化　94

2　安全・安心な牛肉のブランド化と販売戦略
　──京都丹後地方の日本海牧場における農商工連携事業　98
　（1）連携の概要　98
　（2）農商工連携の展開と課題　101

3　消費者が求める安全・安心な養豚生産と販売戦略
　──徳島県の石井養豚センターにおける6次産業化事業　101
　（1）経営の概況　102
　（2）ウインナークラブの設立　103
　（3）リーベフラウの設立　105
　（4）6次産業化の展開と課題　106

4　農商工連携および6次産業化への期待　107

第5章 地域経済再生に向けた地方自治体の取り組み
──京丹後市の場合（増田知裕）　111

1　京丹後市の概要　111
2　地域産業の強みの追求──行政版『知的資産経営報告書』の作成　113
　（1）知的資産経営とは　113
　（2）京丹後市と「知的資産経営」の出会い　115

（3）横断的組織による産業の「強み」の追求　116
　（4）京丹後市知的資産経営報告書　117
　（5）知的資産経営報告書の活用　118
　（6）知的資産経営の取り組みを振り返って　119

3　市としての本格的な産業振興に向けた背骨の確立　120
　（1）京丹後市誕生時の産業振興施策　120
　（2）新市での商工業振興施策の特性　121
　（3）京丹後市商工業総合振興条例の制定　122
　（4）京丹後市新経済戦略の策定　123
　（5）今後の期待　126

4　新時代・新産業創造に向けた新たなステージへ　127
　（1）地域活性化モデルケースへの選定　127
　（2）新シルク産業の創造に向けた取り組み　128
　（3）全国に先駆けた地方創成の動きと新シルク産業の創造　129
　コラム　和久傳——会社のUターン　130

おわりに　131

第6章　徳島県上勝町
——U・Iターン者の定住・起業と地域づくり（辻田素子）　135

はじめに　135

1　彩事業　137
　（1）地域資源の発掘　137
　（2）彩事業の発展　139
　（3）株式会社いろどりの設立と情報ネットワークシステムの構築　139
　（4）三位一体となった運営　141
　（5）彩事業の成果　143

2 地元住民主体の町づくり——いっきゅうと彩の里　145
    （1）いっきゅう運動会（1Q運動会）　145
    （2）ゼロ・ウェイスト宣言　148
    （3）棚田オーナー制度　150
    （4）第3セクターの設立——地域資源の事業化と雇用の創出　151
  3 既存の地域資源とU・Iターン者が持ち込む諸資源の融合
    ——持続的発展に向けた新たな取り組み　154
    （1）交流人口の拡大　155
    （2）U・Iターン者の定住に向けて　158
    （3）環境循環型社会モデルの発信　162
    （4）事業の継承　163

  おわりに　165

第7章　ITを活用した過疎地域再生
——徳島県神山町・美波町の取り組み（松岡憲司・辻田素子）　169

はじめに　169

  1 神山町　172
    事例1　株式会社プラットイーズ／えんがわ　176
    事例2　神山バレー・サテライト・オフィス・コンプレックス　178
  2 徳島県美波町　178
    （1）美波町の概要　178
    （2）美波町の新たな動き　179
    コラム　半×半IT（姜紅祥）　181
    （3）官民協働による地域活性化モデル　185

むすびにかえて　187

> コラム　人口減少時代の過疎地域での光ファイバーネットサービスの活用（木下　信）　188

第8章　滋賀県の産業振興（辻田素子）　191

はじめに　191

1　滋賀県の概要　192
2　滋賀県の産業発展と産業政策の推移　194
3　滋賀県産業の現状と課題　196
　（1）県内に所得と雇用機会をもたらす製造業　197
　（2）滋賀県中小企業の特徴──製造業　202
　（3）滋賀県中小企業の特徴──非製造業　203
　（4）滋賀県中小企業の特徴──中小企業全体　204
4　少子高齢化・人口減少時代を見据えた新しい産業振興策　207
　（1）滋賀県産業を取り巻く社会経済情勢　207
　（2）中小企業活性化推進条例の策定　208
　（3）人口減少社会を前提とした滋賀県産業振興ビジョン　211
5　「住みやすさ日本一」を目指す守山市　213
　（1）守山市の概要　213
　（2）守山市のまちづくり　216

むすびにかえて──知恵と結集と実効性の担保　220

あとがき　224
執筆者一覧　228

人口減少化における地域経済の再生
―― 京都・滋賀・徳島に見る取り組み ――

第1章

人口減少の現状と問題解決の途
―総論と先行研究―

松岡憲司

はじめに

　人口問題は古くから経済学において重要な課題である。よく知られているのはマルサスの「人口論」(1798年)であろう。幾何級数的に増える人口に対して、食糧は算術級数的にしか増えないので、人口増加には食糧問題から制約が存在するという議論は有名であろう。

　産業革命による経済成長につれて人口の増加傾向がスタートしたという時代背景があったのだろう。産業革命以前は衛生状態も悪く疫病がしばしば起きたため「多産多死」の時代であった。それが産業革命以降、栄養、医療、公衆衛生などが改善された死亡数が減少しはじめ「多産中死」の時代となる[1]。

　加藤 [2007] によると、この変化を「人口転換」と呼ぶ。その後、「中産少死」の段階を経て「少産少死」の時代となる。そして、出生率がさらに低下し始め、死亡率を下回って人口が減り始め「第二の人口転換」(ヴァン・デ・カー)を迎える。

　一方で、発展途上国では人口が急増する「人口爆発」と呼ばれる現象が発生している。その結果、1965年に33億2,900万人だった世界の人口は、2014年現

---

(1) 加藤 [2007] 第Ⅱ章。

在72億4,400万人と50年間で倍以上に増えている。さらに2050年には95億5,100万人にまで達すると推計されている[2]。

このようにして、人口増加と人口減少の問題の双方を抱える今、人口問題は経済理論のなかでも重要な研究課題の一つとなっている[3]。経済成長率と人口増加率の間には有意な負の関係があるとされており（ベッカー）、先進国では人口減少が一般的であるように思われるが、出生率（人口千人当たりの出生数）を見ると、12.7のアメリカや12.2のフランスのように出生率の高い国もあれば、8.2の日本や8.5のイタリアのように低い国もある[4]。

このように、世界の人口問題は、地域や国によって大きな違いがあり複雑な様相を呈している。しかし、我が国では明らかに人口減少時代に入ってきており、少子化対策は喫緊の課題となっている。出生率低下の背景には、不況による所得減少、子どもを産み育てるための費用の増加、非婚者の増加、結婚の晩婚化など様々な要因があるだろう。しかし人口減少は、直ちに労働力の減少から生産力の低下という経済問題を引き起こす。それだけでなく、社会の様々な側面に影響をもたらす。しかも、人口減少が加速しているという現象は、大都市よりも地方の地域に顕著に見られるのだ。

本章では、本書の総論として人口減少が地域の社会・経済に及ぼす影響と、それに対する対策について論点を整理し、既存の研究を展望することを目的とする。

1　人口変化の現状

まず、日本の人口変化の現状と将来予測について見ておこう。日本の人口は2014年現在1億2,708万人である。日本の人口は、飢饉や疫病による例外もあるが、ほぼ一貫して増え続けてきた。平安時代初期（800年頃）には約550万人、平安時代後期（1150年頃）には約680万人であった。そして、安土桃山時代の慶長年間（1600年頃）は約1,230万人であったという。

江戸時代はあまり大きな変化はなく、3,000万人の前後で推移していた[5]。そ

れが明治時代に入ると、旧内閣統計局の推定であるが、1872年には3,480万人とされている。第1回目の国勢調査は1920（大正9）年に実施され、5,596万人という結果が得られている。そして、第2次世界大戦が終わった1945（昭和20）年には7,193万人となった。

終戦後には、いわゆる「団塊の世代」を産んだ1947～49年のベビーブームをはじめとして人口は急増し、1967年に1億人を突破して1億20万人となった。5年ごとに実施される国勢調査において、1億人超えが確認されたのは1970年であった。国勢調査に見る年平均人口増加率では、最も高かったのは1947年（臨時国勢調査）の4.04％であった。その後、1975年まで年平均人口増加率は1％を超えていた（ただし、1960年は0.90）。年平均人口増加率が1％を切り始めたのは1980年で、人口増加率の頭打ちが顕著となった。

総人口は2004年から2005年にかけて一度減少した後、2006年からは再度増加し、2008年に1億2,808万4,000人に達して最大となった。そして、2009年以降に減少が始まり（2010年は若干増加）、2014年には1億2,708万人となった。

この減少傾向は今後も続き、国立社会保障・人口問題研究所の推計によると、2030年には1億1,662万人となり、2060年には8,674万人になるとされている（2012年1月推計）。人口の高齢化もさらに進み、2060年には65歳以上が39.9％となることが推計されている。

人口の変化は、「自然増減」と「社会増減」を合計した結果としての純増限によって決まってくる。自然増減とは、新たに誕生した人数と亡くなられた人数を相殺したものである。社会増減とは、全国レベルの場合日本国内に転入してきた人数と国外に転出した人数を相殺したもので、地域レベルの場合にはそ

---

(2) 世界人口の数値は、総務省統計局『世界の統計2015』による。同データの元ソースは国連の World Population Prospects である。
(3) 人口経済学の発展過程についての展望は、加藤［2007］第Ⅲ章、あるいは加藤［2001］第1章に詳しい。
(4) 総務省統計局『世界の統計2015』。
(5) 国立社会保障・人口問題研究所ホームページ、人口統計資料集、表1-6「近代以前の日本の人口」による（http://www.ipss.go.jp/syoushika/tohkei/Popular/Popular2015.asp?chap=1）（2015年8月31日参照）。原典は鬼頭宏［2000］『人口から読む日本の歴史』講談社。

図1−1　戦後総人口と人口増加率の推移

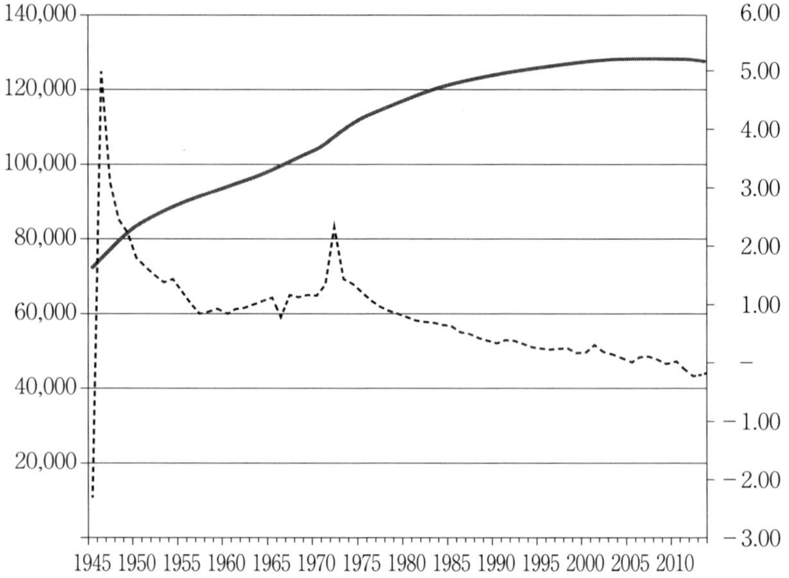

凡例：総人口：実線（左軸、単位千人）
　　　人口増加率：点線（右軸、単位％）
出所：国立社会保障・人口問題研究所人口統計資料集2015年版表1−3総人口、人口増加、
　　　性比および人口密度：1920〜2013年のデータにより作成。

の地域への転入者数と転出者数を相殺したものとなる。

　全国レベルの自然増減については、2006年（1,000人増）までは増加であったが、翌2007年には2,000人減と減少が始まり、その後減少が続いておりさらにその減少幅は拡大傾向にあり、2014年では251,000人減少している。その背景には、出生率の低下と高齢化があると思われる。

　社会増減については、増加する年と減少する年が混在しており、そこに傾向を見いだすことはできない。2014年の場合、海外への純転出が23,000人、海外からの純転入が6万人で36,000人の社会増となっている（四捨五入による誤差を含む）。日本人の海外への転出は、2011年以降、毎年2万人以上の純転出が続いている[6]。

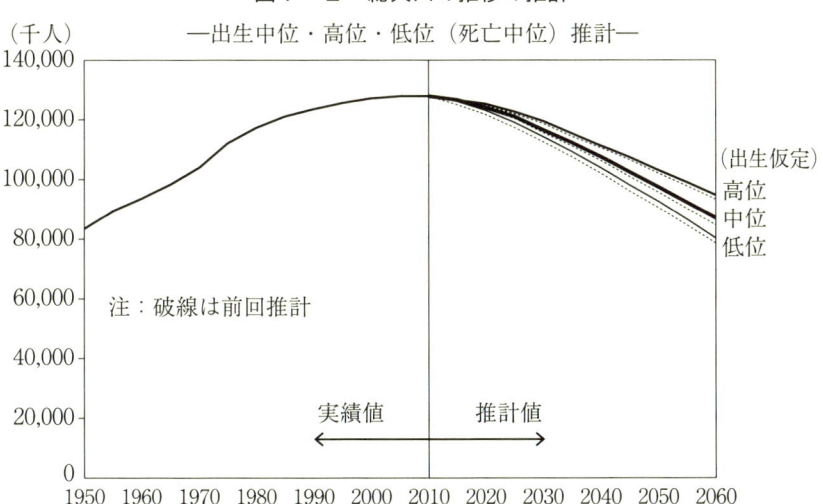

図1−2　総人口の推移の推計
—出生中位・高位・低位（死亡中位）推計—

注：破線は前回推計

出所：国立社会保障・人口問題研究所「日本の将来推計人口（平成24年1月推計）」p.19 図1−1を転載。

　人口減少は全国的な傾向であると同時に、各都道府県でも減少している所が多い。全国的に人口減少が始まったのは前述のように2011年であるが、都道府県別に見ると、人口減が始まった時期には大きな違いがある。原［2011］、吉田・廣嶋［2011］（第1章）によると、まず1980年から1985年にかけて秋田県で人口が減少し、1985〜1990年にかけて減少は18道県に拡大したという。

　2013年から2014年にかけて人口が増加したのは、東京都（0.68％増）、沖縄県（0.40％）、埼玉県（0.23％）、神奈川県（0.19％）、愛知県（0.17％）、千葉県（0.08％）、福岡県（0.03％）の7都県のみで、残りの40道府県は人口が減少している。最も減少率が高いのは秋田県（−1.26％）で、青森県（−1.08％）、高知県（−0.96％）と続いている[7]。

---

(6) 総務省統計局人口推計（平成26年10月1日現在）結果の概要、表2総人口の推移（平成2年〜26年）による。http://www.stat.go.jp/data/jinsui/2014np/pdf/gaiyou.pdf
(7) 総務省統計局人口推計（平成26年10月1日現在）http://www.stat.go.jp/data/jinsui/2014np/

本書で取り上げている京都府と徳島県、そして滋賀県を見てみよう。京都府の場合、人口がピークだったのは2004年で264万8,000人であった。2005年から減少し始め、その後減少傾向は止まっていない。全国的な傾向とほぼ同じ動きを示している。
　徳島県の人口推移を5年ごとに見ると、人口が最も多かったのは1950年で87万8,511人であった。その後、1970年まで減少傾向が続くが、1975年から増加に転じた。しかし、1985年の83万4,889人をピークに、1990年、1995年と若干の減少と増加を繰り返し、2000年以降は減少傾向となり、2010年で78万5,491人と80万人を下回っている。本稿執筆時の最も新しい2015年8月の推計では75万8,133人となっていた。
　滋賀県の人口は、2014年10月現在の推計で141万6,500人である。次の図1－3からも分かるように、国勢調査で見ている限り、滋賀県の人口は2010年まで増加している。しかし、2014年の推計では、48年振りに人口が減少し、2013年に比べて2014年は452人減少している。その内訳は、自然増減については509人の増加であったが、社会減で961人減少した結果、トータルでの人口減となっている(8)。
　この京都府と徳島県の人口の変化には、社会増減が大きな影響を及ぼしていると考えられる。言うまでもなく、地方から都市部への人口移動である。増田［2014］（17ページ）によると、地方から大都市への人口移動は三つの時期に分けることができる。第1期は、高度成長期へと向かう1960年代から1970年代前半にかけての時期である。地方の若い人材が労働力として三大都市圏へ移っていった。そして、1970年代には工場の地方分散によって地方にも働く場ができて、地方への人口が一部回帰する減少が見られたという。
　京都府では、2000年代初めまで人口が増え続けたのは、京都府が三大都市圏の一つである京阪神都市圏の一部を形成しているためではないかと思われる。一方、徳島県の場合は、1970年まで減少して1975年に増加に転じたというのは、まさに高度成長期の人口流出と1970年代の工場の地方分散の効果ではないかと思われる。1985年をピークにしてその後減少するのは、増田［2014］のいう人口移動の第2期を反映しているのではないだろうか。

第2期とは1980～1993年の時期で、バブル経済期である。この時期、東京圏でサービスや金融業が発展したのに対して、地方圏では円高のため重工業の工場が苦境に陥り、それらのために東京圏に人口が流入したという。増田［2014］では、さらに2000年以降を第3期とし、円高、公共事業削減、人口減少によって地方圏の雇用状況が悪化して、若年層を中心として東京圏への人口移動が起きたと言っている。徳島県における2000年以降の人口減少定着は、この動きを反映しているのかもしれない。

　増田［2014］によると、1954年から2009年までの地方圏から大都市圏への人口移動は1,147万人に達するという[9]。その大部分は近い将来子どもを産む若年層で、それが地方の人口再生力を低下させると警告を発している。特に20～39歳の女性人口が5割以下に減少する市区町村が、2010年から2040年までの間に全体の約半分49.8％である896自治体に達すると述べ[10]、それらを「消滅可能性都市」と名付けたことは全国に衝撃として走った。

　滋賀県は一人当たり県民所得（2012年度）が近畿で首位、全国でも東京、静岡県に次ぐ3番目[11]という豊かな県である。県内には多くの工場が立地しており、雇用の機会も多くあるため、雇用の場を求めての人口流出は比較的少なかったと思われる。また、京都や大阪への通勤圏でもあるため、それによる社会増もあった。

　国立社会保障・人口問題研究所の推計によるこの3府県の2040年までの人口推計は、**図1－4**のようにいずれも人口は減少する。2040年の推計人口は、京都府が222万4,000人、徳島県が57万1,000人、滋賀県130万9,000人となっている。2010-15年、2020-25年、2035-40年の年平均減少率は、いずれも徳島県の減少率が最も高く、次いで京都府、滋賀県の順となっている。2035-40年の年平均減少率で見ると、徳島県1.33％、京都府0.89％、滋賀県0.54％となっている。

---

(8)　滋賀県人口年報（平成26年（2014年）10月1日現在）の概要による。
(9)　増田［2014］21ページ。
(10)　増田［2014］29ページ。
(11)　内閣府、「平成24年度県民経済計算について」による。

図1－3　京都府・徳島県・滋賀県の戦後人口推移

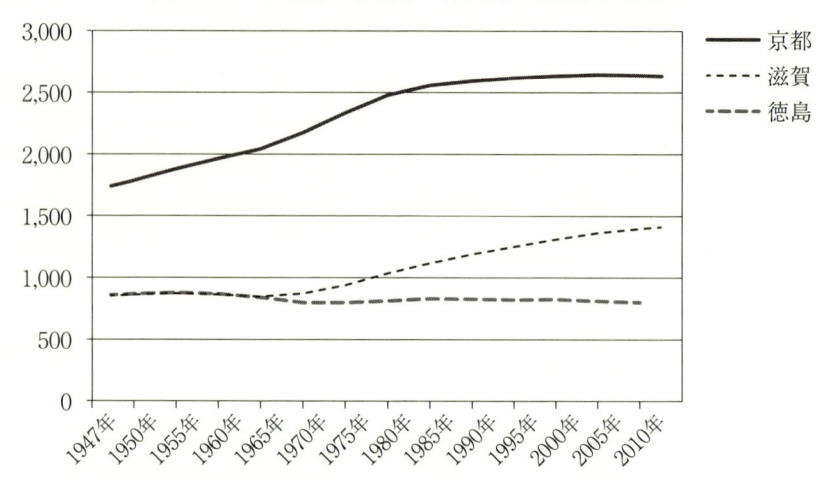

出所：国立社会保障・人口問題研究所人口統計資料集2015年版　表12－2
都道府県別人口：1920～2013年のデータにより作成。単位は千人。

図1－4　2040年までの人口推計

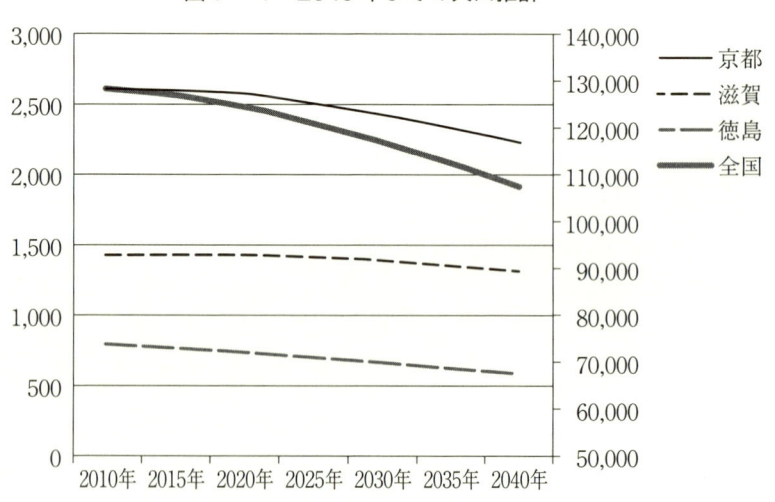

凡例：全国　右軸　京都府、徳島県、滋賀県　左軸　単位は両軸とも千人。
出所：国立社会保障・人口問題研究所人口統計資料集2015年版表12－6都道府県別人口
および増加率の将来推計：2010～2040年のデータにより作成。

2　女性経営者・女性起業家

　人口減少による問題を回避する方法の一つとして挙げられることが多いのが、女性労働力の活用である。第2次安部内閣でも、女性労働力の活用が重要な政策課題の一つとなっている。特に我が国は、**図1－5**のように「指導的地位」に占める女性の割合が世界でも低いため、「2020年、30％」という目標を掲げている[12]。

　女性経営者の人数、および割合について就業構造基本調査（2012年）から見てみよう。総労働人口は6,442万人で、うち女性労働人口は2,768万人である。その90.5％に当たる2,505万人が雇用者である。会社などの役員と自営業者を合わせたものを女性経営者と考えると、女性経営者は226万人で女性労働力の8.1％になる。会社などの役員と自営業者の総数は938万人なので、経営者に占める女性経営者の割合は24.1％となる。2007年の就業構造基本調査での同じ比率は24.9％なので、この5年間に大きな変化はない。

　調査会社帝国データバンクは、「2014年全国女性社長分析」という資料を発表している。それによると、全社長に占める女性社長の割合は7.4％であるという。

　2011年版の『中小企業白書』では、女性や高齢者の企業環境について述べている。まず、女性起業家および企業希望者、起業準備者の数について**表1－2**のようにまとめている。

　白書では、この30年間にわたって女性起業家は約10万人存在していると述べているが、2007年には8万人と減っている。起業準備者も起業希望者も、この間減少していることには注目する必要があるだろう。

　起業の動機・目的として、女性における比率が男性の場合よりも高い項目としては、「社会に貢献したい」（女性50.0％、男性45.0％）、および「年齢に関係なく働きたい」（女性34.5％、男性28.6％）が挙げられている。

---

[12]　内閣府・男女共同参画推進連携会議「「2020年30％」の目標実現に向けて」http://www.gender.go.jp/kaigi/renkei/2020_30/pdf/2020_30_all.pdf

図1-5　管理職の女性割合の国際比較

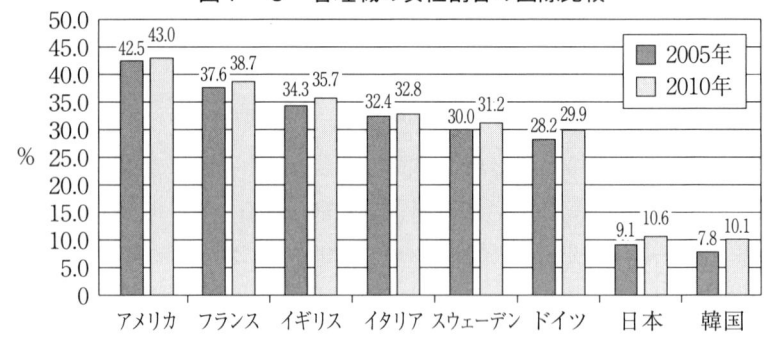

国	2005年	2010年
アメリカ	42.5	43.0
フランス	37.6	38.7
イギリス	34.3	35.7
イタリア	32.4	32.8
スウェーデン	30.0	31.2
ドイツ	28.2	29.9
日本	9.1	10.6
韓国	7.8	10.1

出所：山口［2013］3ページ　図1を転載。

表1-1　従業上の地位・雇用形態

(千人)

	総数	自営業者	家族従業者	雇用者		
				総数	会社などの役員	会社などの役員を除く雇用者
総数	64,420.7	5,909.6	1,341.5	57,008.8	3,471.4	53,537.5
男	36,744.5	4,450.1	234.6	31,959.4	2,667.7	29,291.7
女	27,676.2	1,459.4	1,106.9	25,049.4	803.7	24,245.7

出所：2012年就業構造基本調査、第3表より一部抜粋。

　事業分野の選択理由としては、同じく女性における比率が男性の場合よりも高い項目として、「社会に貢献できる分野」（女性42.6％、男性33.7％）、「以前から興味がある分野」（女性27.8％、男性19.7％）、「家事・育児と両立できる分野」（女性16.6％、男性2.0％）が挙げられている。最後の項目は、社会のなかで伝統的に女性の役割と考えられてきた領域がまだ根強いことを物語っているのであろう。

　起業の業種としては、「医療・福祉」の比率が大きく28.2％となっている（男性の場合は9.1％）。もう一つは「教育・学習支援」で、5.3％となっている（男性3.3％）。ちなみに、男性では7.0％あった製造業については、女性起業家では

表1-2　女性の起業の担い手

(万人)

年	起業家	起業準備者	起業希望者	内、無業者
1979	10.6	21.1	52.9	34.0
1982	10.5	24.0	51.4	31.7
1987	11.5	22.2	50.2	27.7
1992	9.4	19.4	40.9	21.1
1997	11.6	20.2	42.7	20.4
2002	10.0	17.9	44.5	30.8
2007	8.0	15.7	31.0	18.1

出所：中小企業白書2011年　p.197、第3－1－21図を転載。

半分の3.5％でしかない。

　年齢構成については、40歳代が32.3％と最も多く、次いで30歳代が28.5％となっている。年齢層別の常用雇用者と自営業者の割合を見ると、常用雇用者の場合、出産から育児期間にあたる20歳台から30歳代にかけて減少し、子どもから手が離れる40歳代になるとまた上昇するといういわゆるM字曲線を描いているのに対して、女性自営業者の場合にはそのような傾向は見られず、60歳代をピークとして上昇・下降という傾向を示している。

　白書では、まとめとして、「出産や育児が一段落した女性が社会に貢献し、家事・育児・介護等の自己の経験を活用できる事業分野で家庭の両立を図りつつ、新たな活躍の場を求めて起業」と述べている[13]。

　翌年の『2012年版　中小企業白書』でも、女性の事業活動が大きく取り上げられている（第2部第2章第2節　社会環境の変化に対応する女性の事業活動）。同白書では、需要の創出・獲得、特に国内の潜在需要の掘り起こしに挑む中小企業として、女性による起業や就業が分析されている。

　まず、女性起業家の特徴として、事業分野は飲食店・宿泊業、教育・学習支援、生活関連サービスなどの個人向けサービスで40％としている。年齢層につ

---

[13]　『2011年度版　中小企業白書』200ページ。

いては、男性と違って各年齢層に大きな違いがない。平均年齢は36.5歳となっており、41.0歳の男性よりも若い。若いということもあってか、就業経験年数は短い。特徴的なこととして、企業規模が大変小さいということが指摘されており、89.5％が従業者がおらず起業家が一人で経営している。

　就業経験があまりないということもあって、経営や事業に関する知識やノウハウが不足しているという課題を抱えている企業が多い。ただ、企業規模が小さいということを反映してか、開業資金調達を課題としている企業の比率は男性起業家よりも低くなっている。

　一方、女性の就業については、2002～2010年の雇用者数で男性が41万人減少しているのに対して、女性は87万人増えていると指摘している。就業分野としては、医療・福祉、教育・学習支援、飲食店・宿泊業が多い。このような女性の就業構造から、女性起業家には女性就業に関連した分野での需要掘り起こしが期待されている。

　『2012年版　中小企業白書』での興味深い分析として、共働き率と合計特殊出生率の都道府県間比較がある。この二つの指標で全国平均よりも多くなっている地域として、福井、石川、富山の３県が挙げられ、「北陸地方におけるダブルインカムによる価値総合モデル」とされている（**図１－６参照**）。

　このモデルは、企業では男女ともに正社員として採用し、それにこたえて家計は正社員として質の高い労働を提供する。そして行政・自治体は、研究開発の面で企業を支援し、家計に対しては保育設備整備によってサポートする。このような企業・家計・行政間の好循環の結果、家計は正社員ダブルインカム、企業には高質労働力と技術力による付加価値創造という成果が得られるとされている。これは、人口減少下での地域モデルとして大変興味深いものである。

　女性経営者に関する先行研究で多く取り上げられている課題は、女性ということに伴う経営上の困難に関する要因についての分析である。一つは、育児・家事・介護といった伝統的に女性に割り当てられてきた役割による影響の分析である。代表的な研究として、筒井・田中［2007］や山口［2013］がある。山口［2013］では、「性別という生まれの属性が教育達成よりも重んじられる我が国の『前近代的』人材登用慣行が真の問題」であると厳しく断じられている。

図1−6　都道府県別の共働き率と合計特殊出生率（2010年）

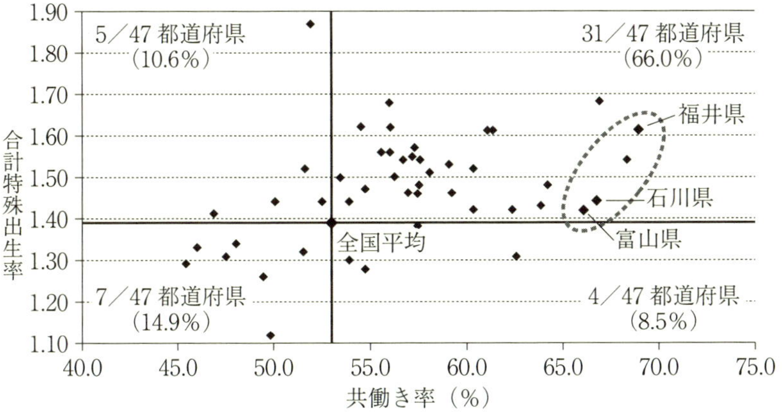

（グラフ：横軸 共働き率（％）40.0〜75.0、縦軸 合計特殊出生率 1.10〜1.90。全国平均の縦線と横線（1.40）で4象限に分割。左上 5/47都道府県（10.6%）、右上 31/47都道府県（66.0%）、左下 7/47都道府県（14.9%）、右下 4/47都道府県（8.5%）。右側に福井県、石川県、富山県が点線で囲まれている。）

出所：『2012年版中小企業白書』131ページ、コラム2−2−10図②を転載。一部加筆。

表1−3　女性起業家の類型化

		従来の性的役割への執着度	
		高	低い
利益追求を目的とした起業家への自立志向	高	従来型女性起業家	革新型女性起業家
	低	家庭型女性起業家	急進型女性起業家

出所：田中［2008］201ページ　表1。
　　　Goffee and Scase［1985］pp.53-55 に基づく。

　『中小企業白書』で指摘された「経営に必要な知識やノウハウの不足」などの女性起業家に課せられている創業の困難性要因について分析した研究に、田中［2008］がある。そこでは、困難性要因として、「経営に必要な知識やノウハウの不足」「創業資金の調達」「人材の確保」「取引関係の確立」の四つの要因が検討されている。
　さらに田中［2008］は、Goffee and Scase［1985］に基づいて、女性起業家を「利益追求を目的とした起業家への自立志向」と「従来の性的役割への執着度」という二つの要因に関して、それぞれ高いか低いかに二分して、「従来型」「革新型」「家庭型」「急進型」の四つのタイプに類型化している。そして、聞き取

り調査によって、それぞれの起業家タイプごとにどんな困難性要因が強いかを明らかにした。分析の結果、女性の起業が地域社会の貢献主体となるためには、従来からの属人的ネットワークだけでなく、社会的ネットワークを拡充していくことが重要であるという結論を導いている。

3 ワーク・ライフ・バランス、テレワーク、サテライトオフィス

　女性労働力活用において大きな制約となっているのが、家事・育児・介護といった家庭内労働が伝統として女性に任されてきた「性的役割（ジェンダー）」である。これは、男女雇用均等法や男女双方への産休制度がある現在も解消されたとは言えないだろう。仕事を取るか家庭を取るか、といった単純な二者択一が迫られることは減少してきているかもしれないが、仕事と家庭の両立という課題は今も多くの女性勤労者に課せられた重大な課題となっている。

　仕事と生活の調和あるワークスタイル、すなわち「ワーク・ライフ・バランス」というのは男女を問わず重要な課題となっている。武石［2011］によると、我が国でワーク・ライフ・バランスが認知されたのは、2007年の「仕事と生活の調和に関する憲章（ワーク・ライフ・バランス憲章）」の策定であるというので、それほど古いことではない。仕事と生活の調和が問題になるということは、我々の生き方が仕事に偏っているというということであろう。

　実は、日本人の長時間労働が問題になったのは1980年代のことである。1987年に労働基準法が改正されて、週労働時間の上限が48時間から40時間に短縮された。大竹・奥平［2008］によると、この労働時間短縮の背景には、日本の労働者の長時間労働が海外から「不公正競争」として批判の対象となり、貿易摩擦を引き起こしたことがあるという。

　労働基準法の改正によって労働時間上限が引き下げられた後も、働きすぎによる「過労死」は後を絶たず、最近では「ブラック企業」などと言われる過剰労働を強いる企業がまだ存在していることは、生き方が相変わらず仕事に偏っており、仕事と生活の調和がとれていないことを示していると言える。

ワーク・ライフ・バランスがなぜ必要なのだろうか。その理由を、ワーク・ライフ・バランス憲章（以下、WLB 憲章と略す）で見てみよう。WLB 憲章では、以下のように七つの要因を挙げている。
①仕事と生活が両立しにくい現実
②働き方の二極化等
③共働き世帯の増加と変わらない働き方・役割分担意識
④仕事と生活の相克と家族と地域・社会の変貌
⑤多様な働き方の模索
⑥多様な選択肢を可能とする仕事と生活の調和の必要性
⑦明日への投資

　これらの背景にあるのは、少子高齢化、非正規労働の増加、女性の社会進出と男女の固定的な役割分担などであり、本書で検討する論点と重なる点が少なくない。ワーク・ライフ・バランスに関する興味深い研究として、ワーク・ライフ・バランスが企業のパフォーマンスにどのような影響を与えるのかという論点で著された山本・松浦［2011］や川口・西谷［2009］などがある。前者では、ワーク・ライフ・バランス政策と企業の生産性（全要素生産性 TFP）の間に正の相関はあるものの、因果関係は見いだせないとされている。
　一方、後者は、中小企業におけるパフォーマンスとワーク・ライフ・バランスの関係を調べたものであり、被説明変数として売上高など九つの成果変数を 11 の WLB 政策に関する説明変数によって回帰している。ワーク・ライフ・バランスは売上高には有意な影響を及ぼしていないが、他の成果変数とワーク・ライフ・バランスとの間には有意な関係があるものもあるという計測結果を示している。
　ワーク・ライフ・バランスを実現する一つの手段として注目されているのが「テレワーク」である。テレワークとは、「情報通信技術を活用した、場所や時間にとらわれない柔軟な働き方」[14]とされている。テレワークの一つの形態がサテライトオフィスで、「勤務先以外のオフィススペースでパソコンを利用し

---

[14]　日本テレワーク協会のホームページ（http://www.japan-telework.or.jp/intro/tw_about.html）による。

表1－4　テレワーク（雇用型）の類型

分類	勤務場所
ホームオフィス	自宅
モバイルオフィス	自動車、電車、飛行機など
サテライトオフィス	サテライトオフィス、テレワークセンター等
テンポラリーオフィス	ホテル、図書館、レストラン等
地域型リゾートオフィス	リゾート他

出所：豊川・筬島［2009］　表3を転載。

た働き方」[15]の場とされている。

　テレワークと言っても、自営の場合と雇用されている場合が区別される。自営型とは、個人経営の事業や農家、個人商店などである。一方、雇用型とは、会社などに雇用されている人だけでなく会社の社長や役員も雇用型に含まれる[16]。さらに雇用型は、**表1－4**のようにいくつかのタイプに分類される。

　さて、テレワークをしている人（テレワーカー）は何人ぐらいいるのだろうか。国土交通省は、2002年以来「テレワーク人口実態調査」を行ってきている。それによると、2014年のテレワーカー（狭義）[17]の数は1,070万人と推計されている。この数字は、前年比50万人減、減少率4.5％である。2012年が最も多く1,400万人であった。その後の落ち込みは激しく、2014年の1,070万人は、2010年の1,080万人よりも少なくなっている。

　また、在宅型テレワーカー[18]は、雇用型と自営型を合わせて550万人と推定されている。在宅型も、最も多かったのは2012年で930万人いたが、それ以降2年続けて減少している。

　政府の目標としては、2003年の「e-Japan戦略Ⅱ」や2007年の「テレワーク人口倍増アクションプラン」において、就業人口の20％（約1,400万人）がテレワーカーとなることを目指していた。2013年に発表された総務省「世界最先端IT国家創造宣言」では、2020年に、テレワーク導入企業を2012年度比で3倍、週1日以上終日在宅で就業する雇用型在宅型テレワーカー数を全労働者数の10％以上にすることが謳われている。テレワークにはどんな意義があるのだろう

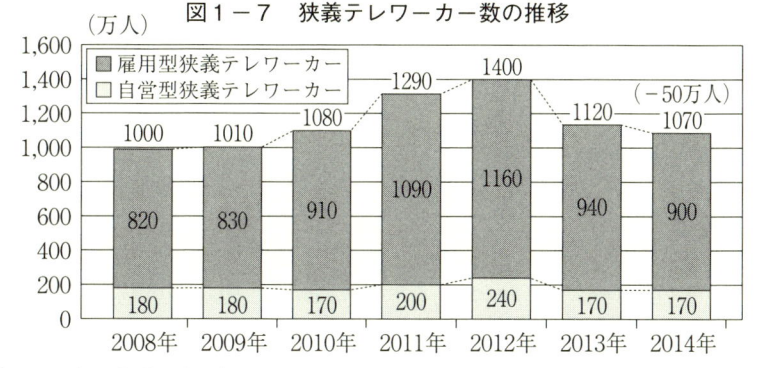

図1-7　狭義テレワーカー数の推移

年	自営型狭義テレワーカー	雇用型狭義テレワーカー	計
2008年	180	820	1000
2009年	180	830	1010
2010年	170	910	1080
2011年	200	1090	1290
2012年	240	1160	1400
2013年	170	940	1120
2014年	170	900	1070

（－50万人）

出所：国土交通省「平成26年度テレワーク人口実態調査―調査結果の概要―」7ページの図表を転載。

か。前出の「テレワーク人口倍増アクションプラン」では、テレワークの意義として以下の八つを掲げている。

①少子化・高齢化への対応

②ワーク・ライフ・バランスの実現

③地域活性化推進（UJIターン、二地域居住、地域での起業）

④環境負荷軽減（交通代替）

⑤有能・多様な人材の確保、生産性向上

⑥営業効率の向上・顧客満足度の向上

⑦コスト削減（スペースやオフィスコスト、通勤コストなど）

⑧災害等に対する危機管理（オフィスの分散化）

---

(15) 日本テレワーク協会のホームページによる。

(16) 国土交通省「平成26年度テレワーク人口実態調査――調査結果の概要」（2015年3月）による。

(17) 狭義のテレワーカーとは、「ふだん収入を伴う仕事を行っている人の中で、仕事でICTを利用している人かつ、自分の所属する部署のある場所以外で、ICTを利用できる環境において仕事を行う時間が1週間あたり8時間以上である人」と定義されている（テレワーク人口実態調査）。

(18) 在宅型テレワーカーとは「狭義テレワーカーのうち、自宅（自宅兼事務所を除く）でICTを利用できる環境において仕事を少しでも行っている（週1分以上）人」と定義されている（テレワーク人口実態調査）。

図1－8　在宅型テレワーカーの数の推移

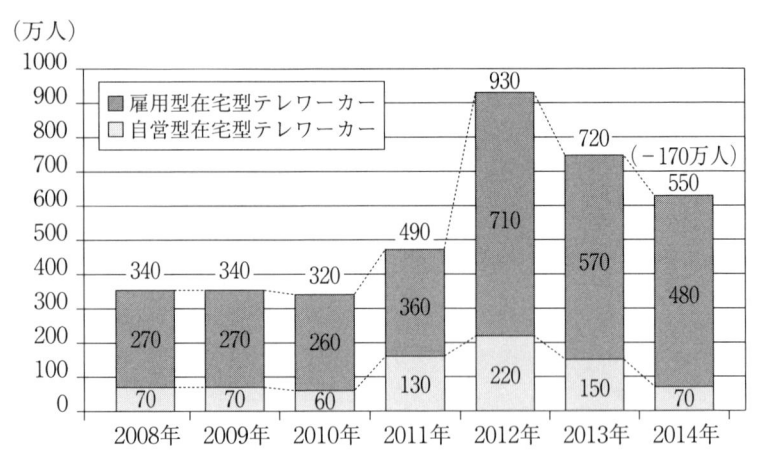

年	自営型在宅型テレワーカー	雇用型在宅型テレワーカー	合計
2008年	70	270	340
2009年	70	270	340
2010年	60	260	320
2011年	130	360	490
2012年	220	710	930
2013年	150	570	720
2014年	70	480	550

（2013年→2014年：－170万人）

出所：国土交通省「平成26年度テレワーク人口実態調査―調査結果の概要―」5ページの図表を転載。

表1－5　テレワーク形態別にみた期待できる意義・効果

		テレワークの形態（雇用型）		
		在宅型	モバイル型	施設利用型
テレワーク推進に期待される意識・効果	1）少子化・高齢化問題等への対応	○		○
	2）家族のふれあい、ワークライフバランスの充実	○		
	3）地域活性化の促進	○		○
	4）環境負荷軽減	○		
	5）（企業の）有能・多様な人材の確保	○		○
	6）（企業の）営業効率の向上・顧客満足度の向上		○	
	7）（企業の）コスト削減	○		○
	8）災害等に対する危機管理	○		

出典：『テレワーク「未来型労働」の実現』（佐藤彰男、2008）を参考に作成。
出所：豊川・筬島［2009］56ページより転載。

豊川・筬島［2009］では、これらの意義について効果的なテレワークは在宅型であり、モバイル型については営業効率の向上以外には効果がないとしている。

4　Uターン・Jターン・Iターン

　前述のように、テレワークには様々な意義がある。そのなかでも本書との関連では、3番目の地域活性化の促進という意義が重要である。「テレワーク人口倍増アクションプラン」では、地域へのIターン、Jターン、Uターンのきっかけとなることが期待されている。

　Uターンとは「帰還移動」とも言われ、出身地へ戻ることである。厚生労働省の人口移動調査では、県Uターン者を「出生都道府県と調査時点の居住都道府県が同一で、一度でも他の都道府県に他出した経験がある人を指す」としている[19]。一方、同調査でIターンについては、「調査時点の居住都道府県が、出生都道府県と異なる人」としている[20]。またJターンについては、「ある地域から他の地域へ移動しその後もとの地域の近隣の地域に帰還すること」[21]とされている。

　IターンとJターンは出身地以外の地域への移動なので、受け入れ地域にとっては流入人口である。それに対してUターンは、元々の住民の帰還である。豊川・筬島［2009］は、IターンとJターンによる移住者を「新来民」、Uターンによる帰還者を「地元民」と呼び、それらを促進するインセンティブについて検討している。

　まず、「新来民」を増やすインセンティブとして、雇用する企業への進出インセンティブと、働き手である労働者の進出インセンティブに分けて検討する。企業に対するインセンティブとして人材獲得の可能性を挙げる。これは我々の

---

[19]　http://www.mhlw.go.jp/toukei/list/117-1a.html　（2015年9月20日閲覧）。
[20]　同上。
[21]　国立社会保障・人口問題研究所［2013］78ページ。

調査でも、徳島県美波町にサテライトオフィスを開いた企業において観察された。一方、労働者にとってのインセンティブとしては、都市での労働による疲労の蓄積を回避すること、魅力ある地域への居住、自由時間の充実などが挙げられている。これも、美波町の事例において重要なポイントとなっている。
「地元民」の地域永住や帰還インセンティブとして、テレワークによる雇用機会の創出と、地域資源を活かした魅力づくりによる地域への愛着を挙げている。地域におけるテレワーク環境づくりに必要な三つの要素として、「テレワークの運営主体のエージェント機能」「情報インフラ、とくにブロードバンド環境」「潜在的テレワーカーに対する情報通信（ICT）教育の重要性」を指摘している。これらも、徳島県の神山町や美波町の事例において重要な役割を果たしていることが明かとなっている。

（１）Ｕ・Ｊ・Ｉターンの実態

人口移動調査では、Ｕターン移動についての調査を実施している。

最新の第7回調査（2011年）[22]では、県外に移動した人のうち、生まれた県に戻った県Ｕターン者の割合は総数に対する比率で13.3％となっており、第6回調査（2006年）の12.7％より上昇している。県外移動者に対する県Ｕターン者の比率は34.5％で、こちらは前回（34.6％）よりごくわずかだが低下している。

都道府県別の県Ｕターン者の割合は分からないが、ブロック別の県Ｕターン者割合（対総数）を見ると、最も高いのは九州・沖縄で16.9％、それに中国の16.1％、四国の15.9％が続く。一方、三大都市圏は値が小さく、大阪圏9.4％、中京圏11.7％、東京圏11.8％となっている。全体的に地方圏が高い傾向にあるが、北海道（10.0％）と東北（10.1％）[23]は低くなっている。

人口移動調査によるＵターンの全体的な現状は以上のようであるが、より細かい状況についてはアンケートによる調査によって分かる。一つは2003年に総務省が行った「過疎地域における近年の動向に関する実態調査」である。同調査は2003年12月から2004年1月にかけて、転入者が転出者を顕著に上回っている287市町村のＵ・Ｉ・Ｊターンの人達1,700人を対象に実施され、対象者の

表1−6　県Uターン者割合

	県Uターン者割合	
	対県外移動者（％）	対総数（％）
第7回総数	34.5	13.3
男	36.9	14.6
女	32.0	12.1
第8回総数	34.6	12.7
男	37.3	14.1
女	32.1	11.3

出所：国立社会保障・人口問題研究所「2011年社会保障・人口問題基本調査、第7回人口移動調査、結果の概要」8ページ表Ⅴ−1より一部抜粋。

表1−7　出生地ブロック別の県Uターン者割合

出生地ブロック	県Uターン者割合	
	対県外移動者（％）	対総数（％）
総数	34.5	13.3
北海道	34.5	10.0
東北	18.9	10.1
北関東	41.2	15.6
東京圏	28.3	11.8
中部・北陸	43.0	15.4
中京圏	43.4	11.7
大阪圏	25.4	9.4
京阪周辺	39.9	13.8
中国	40.4	16.1
四国	38.4	15.9
九州・沖縄	38.4	16.9

出所：国立社会保障・人口問題研究所「2011年社会保障・人口問題基本調査、第7回人口移動調査、結果の概要」10ページ、表Ⅴ−2より一部抜粋。

---

(22) 国立社会保障・人口問題研究所［2013］。
(23) 調査日は2011年7月1日で、東日本大震災の影響を考慮して岩手県、宮城県、福島県では調査が中止された。東北の県Uターン率が低いことに影響している可能性があると述べられている。

53.2％に当たる916人から回答を得ている。

　回答者の約68％が男性、女性は約32％で、約69％が20～30歳台であった。U・I・Jターンの内訳は、Iターン者約33％、Uターン者約32％、Jターン者約7％、そして県内移動約20％となっている。転入前の主な職業は「会社員・団体職員」や「学生」で、転入後は「公務員」が31％、農林水産業が8％となっている。また、転入後の年収について、Iターン者の37％が減少しているが、全体としては半数が転入前後で変化はないとしている。

　転入の動機は、「自然環境志向」と「必然的要因」の二つに大別される。自然環境志向としては、「豊かな自然に親しんだ生活がしたかった」が約23％で最も多く、「豊かな自然環境の中で子育てをしたかった」が約13％となっている。必然的要因には、「この地の人と結婚（再婚）した」（約18％）、「勤め先での配置転換」や「自分の家庭環境の変化」などがある。

　転入の形態別に見ると、Uターン者は「ふるさとの維持・発展に貢献したかった」が第1位で、J・Iターン者では「豊かな自然に親しんだ生活がしたかった」が第1位となっている。

　転入にあたっての障害として、Uターン者では「自分にあった職業・職種が不足していた」が約40％であった。「地域社会へうまくとけこめるか不安だった」という要因はJターン者で約48％、Iターン者で約40％で、地域外出身者の不安を反映している。転入後の満足感については、「問題はあるが、概ね生活には満足している」が約56％、「考えていたことはだいたい実現できた」（約13％）であった。一方、満足度が特に低かったのは、「鉄道やバスなど交通の便利さ」や「身近に購入できる買物の便利さ」「身近な日常娯楽施設」となっている。

　前出のように地域への溶け込みに不安を感じているJ・Iターン者であるが、地域活動への参画については、Uターン者よりもJ・Iターン者のほうが「積極的に参加したい」と答えている。もちろん、今後の定住についても、約63％が住み続けたい、あるいは住み続けざるを得ないと答えている。

　移住に関する公的施策については、転入者を増やすためには職業と住宅が確保されることが最も重視されている。そして、定住のためには、保健・医療・

福祉サービスの充実、安定的な収入の確保、生活環境充実、そして地域への溶け込みが重視されている。

最近の調査として、2014年にNTTデータ経営研究所とNTTデータコムが共同で実施した調査がある[24]。同調査では、自治体の人口規模ごとに、ずっと地元の住民、Uターン者、Iターン者に分けて分析している。さらにIターン者を近隣からのIターンと遠方からのIターンに分け、Uターン者を学校のために地域外へ出ていた場合と、学校卒業後も仕事や結婚などで地域外に出ていて、その後Uターンした人に分けている。

まず、小規模自治体ほどUターン、Iターンの比率が高い。例えば町村の場合、Iターンが29.6％（近隣が11.1％、遠方が18.5％）、Uターンが33.3％（学校14.8％、学校および仕事など18.5％）と転入者が62.9％となっている。転入の切っ掛けとしては、近隣からのIターン者は希望する仕事の募集が、遠方からのIターン者は自然環境に惹かれてという要因が多い。一方、Uターン者の場合には、学校のため地域外に出ていた人は希望する仕事の募集が、学校と仕事などのために地域外に出ていた人は地域からの勧誘、親との同居・介護が多かった。

移住・定住政策の手段としては、現在の施策でも今後の施策でも子育て支援と医療機能整備が望まれている。2003年の総務省調査で重視されていた就労支援や住宅整備は、少なくはないものの最上位ではなかった。

（2）Iターンによる地域再生

Iターンによる地域再生に熱心に取り組んでいる町として島根県の海士町がある。海士町は、隠岐諸島の一つ、中ノ島にある人口2,374人（2010年の国勢調査）の町である。同町では、1998年に商品開発研修生という制度を発足させている。これは、町外の人に海士町の地域資源（宝の山）を見つけてもらい、商品化に挑戦するというもので、Iターン者を活用しようという制度である。

---

[24] （株）NTTデータ経営研究所「小規模市町村における移住・定住の要因と生活状況に関する調査」2014年。http://www.keieiken.co.jp/survey/goo/pdf/20140708.pdf

この制度で訪れた研修生の発想で、新たな特産品を開発する事例もいくつか出てきた。その他にも、Iターン者が牡蠣の養殖などで起業している。

北山・橋本・上園・関［2010］は、島根県の3地域のU・Iターン者に対するアンケート調査である。そこから、海士町の部分だけを見てみよう。

海士町ではUターン者20名、Iターン者25名がアンケートに答えている。Uターン者が転入前に居住していたのは、島根県内が4名、三大都市圏が6名、三大都市圏以外が7名、不明3名となっている。一方、Iターン者の場合は、島根県内2名、三大都市圏16名、三大都市圏以外6名、不明1名となっている。U・Iターンの切っ掛けについては、勤務先の配置転換や親の介護などを「現実的動機」、豊かな自然に親しみたかったなどを「情緒的動機」と二分すると、情緒的動機と答えた件数が多かった。

転入後の生活について、就業時間当たりの収入の変化で見てみよう。増加が15名、不変6名、減少17名、不明7名となっており、生活についても「苦しい」という回答が31名（68.9%）となっている。しかし、今の日常生活については「満足している」という回答が33名（73.3%）で、「定住したい」という回答が31名（68.9%）と、興味深い結果が示されている。

U・J・Iターンにかかわる今後の課題として、総務省［2003］では以下のように述べられている[25]。

①転入後の生活をイメージできる総合的な地域情報提供が求められている。
②Uターン者にとっては特に就業の場に関連する情報や支援の充実が求められている。
③世帯形成期のUターン世帯にとっては、子どもの医療体制面での不安が大きい。
④JIターン者では、就業支援とともに、宅地・住宅に関する情報や斡旋等の支援も求められている。
⑤JIターン者は地域社会へのとけこみには不安が大きく、日常的な地域コミュニティの形成・誘導に期待を寄せている。
⑥良好な自然環境や歴史的・文化的景観の保全が求められている。

⑦Iターン者や高齢層においては、一時的でも生活体験ができる機会が求められている。

これらの課題は、現在も変わっていないと思われる。

5 農商工連携

　日本の中小企業政策は、伝統的に「組織化」を重点的な政策目標の一つとしてきた。第2次世界大戦後の復興期、それは協同化という形を取り、1949年の中小企業協同組合法という形で具現化された。これは主に、同業者間での結び付きであった。その後、公的政策によって形成されたとは言えないが、大企業を中心とする取引先企業の組織化が広く行われるようになり、多くのいわゆる「協力会」が組織された。これは、垂直的な取引関係にある企業の組織化であった。

　その後、2005年に中小企業新事業活動促進法が公布・施行され、「新連携」を支援する制度が始まった。新連携とは「異分野の中小企業などが、お互いの強みを持ち寄り連携して行う新事業活動」[26]である。このように新連携は、同業でも垂直的な取引関係にある企業でもない、異なる業種の企業間での連携である。

　新連携に続いて導入されたより幅広い異業種間の組織化政策が、農商工連携である。農商工連携とは、「農林漁業者と商工業者等が通常の商取引関係を超えて協力し、お互いの強みを活かして売れる新商品・新サービスの開発、生産等を行い、需要の開拓を行うこと」[27]である。農商工連携の目的は、「中小企業者と農林漁業者とが有機的に連携し、それぞれの経営資源を有効に活用して行

---

[25]　総務省［2003］3ページ。
[26]　中小企業庁のホームページによる。
[27]　独立行政法人中小企業基盤整備機構のホームページ（http://www.smrj.go.jp/keiei/chikipg/053894.html）による。2014年3月11日閲覧。

う事業活動を促進することにより、中小企業の経営の向上及び農林漁業経営の改善を図り、もって国民経済の健全な発展に寄与すること」[28]とされている。

中小企業だけでも、農林水産事業者だけでもなく、両者の連携という非常に幅広い連携の枠組みであり、関連官庁も経済産業省と農林水産省という複数の官庁がかかわるという縦割り行政を乗り越えた政策となっている。

このように農商工連携が政策として登場してきた背景には、地域経済が構造的な要因によって長期的に衰退してきていることが挙げられる。構造的要因とは、一つは経済のグローバル化である。高度成長時代の地域産業政策と言えば、工業団地などを造成して、そこに大企業の工場を誘致し、それによって雇用や地元中小企業の受注を確保しようとしてきた、いわゆる企業城下町の形成である。しかし、プラザ合意以降の円高時代になると、大企業は生産拠点を海外に移転し始め、多くの企業城下町が苦境に陥った。そこで地域経済は大企業に頼らずに自立することが求められるようになった。その自立の一つの手段が新連携であり、農商工連携なのである。

もう一つの構造的要因として挙げられるのは、少子高齢化である。農林水産業の担い手の多くが高齢化世代となり、継続することが難しくなってきている。その一方で低い食糧自給率という問題もあり、農林水産業の維持は重要な課題である。そこで、農林水産業を維持し活性化するために、異業種である商工（中小企業）との連携が考えられたのである。

このような背景の下、2007年11月、農林水産省と経済産業省によってまとめられた『農林水産業と商業・工業等の産業間での連携（「農商工連携」）促進等による地域活性化のための取組について』に基づいて、2008年、「中小企業者と農林漁業者との連携による事業活動の促進に関する法律（農商工等連携促進法、2008年7月21日施行）」、「企業立地促進等による地域における産業集積の形成及び活性化に関する法律の一部を改正する法律案（企業立地促進法改正法、2008年8月22日施行）」によって法律的な基盤が整えられた。この二つの法律は、「農商工等連携関連2法」と呼ばれている。

農商工連携によく似た考え方に「6次産業化」という概念がある。2010年には、「地域資源を活用した農林漁業者等による新事業の創出等及び地域の農林

水産物の利用促進に関する法律（6次産業化法）」が制定された。6次産業化とは、農林水産事業者が加工・販売などに進出することで、農商工連携との共通点も多く同様の背景をもつが、あくまでも農林水産事業者が主体である点が農商工連携との相違点となる。

　農商工連携には二つのスキームがある。一つは、中小企業者の経営の向上および農林漁業者の経営の改善を目的とした「農商工等連携事業計画」で、農林漁業者と中小企業者が連携して新商品の開発などに取り組む計画を作成し、認定を受けるものである。もう一つは、「農商工等連携支援事業計画」と呼ばれるもので、公益法人やNPO法人が農商工等連携事業を支援する計画を作成して認定を受けるというものである。

　後者は2014年2月3日現在、全国で13件、近畿地方では京都府で1件認定を受けている。ここでは、前者の「農商工等連携事業」について考えていくことにしよう。

　農商工連携の認定を受けると、補助金、低利融資や信用保証の上限引き上げなどの支援を受けることができる。補助金は、連携体が行う新商品開発（製品・サービス）にかかる試作、実験、連携体構築費、研究会、マーケティング、市場調査などの経費について、上限3,000万円、補助率3分の2以内で補助される。また、融資に関しては、日本政策金融公庫・沖縄振興開発金融公庫からの特例としての低利融資などがある。そして信用保証については、普通保証などの別枠設定などがある[29]。

　農商工連携と一口に言っても、そのなかには様々なタイプが存在する。農林水産業・経済産業省の農商工連携研究会座長の門間敏幸氏は、①農中心、②商中心、③商工中心、④工中心、⑤研究開発型、⑥公・商工会・農協組織型、⑦直売組織型に分類している[30]。

---

[28]　農商工連携促進法第1条。
[29]　「農商工連携パーク」中小企業基盤整備機構ホームページ（http://j-net21.smrj.go.jp/expand/noshoko/shiensaku/index.html）2014年3月10日閲覧。
[30]　門間敏幸「農商工連携の推進と発展プロセス――成功の原動力と課題」（第5回農商工連携研究会（2009年3月24日）におけるプレゼンテーションより）http://www.maff.go.jp/j/shokusan/sanki/nosyoko/n_study/05/pdf/6.pdf

6 人口減少と地域開発

（1）地域開発の歴史的展開

　我が国の戦後地域開発の展開をフォローしよう。

　日本の工業は、戦前においてすでに京浜・中京・阪神・北九州の四大工業地帯が形成されていた。1955年から始まる高度成長期前期では、この四大工業地帯を中心に重化学工業化が進んでいった。

　工業地帯の立地条件の一つは労働力である。四大工業地帯周辺では必ずしも十分な労働力が確保できなかったため、農村部から工業地帯への人口移動が始まった。四大工業地帯への集中は、過密による生活環境の悪化という結果をもたらした。都市部への人口集中を防止するために、工場などの都市部への新増設を制限する工場等制限法が制定されている（首都圏1959年、近畿圏1964年）。これを切っ掛けとして、重化学工業の工場が地方の臨海地区へ進出することとなった。

　地域の開発政策に関する法律的な枠組みは、1950年の国土総合開発法によって形成された。同法は、様々な視点から見て総合的な国土の利用・開発・保全を図るために制定されたが、制定後何年にもわたって具体的な計画は立てられなかった。同法に基づいて初めて作られたのが、1962年の全国総合開発計画、通称「一全総」であった。

　同計画の目標として設定されたのが「地域間の均衡ある発展」で、これはその後の計画でも目標とされてきた。同計画の下、全国15か所の新産業都市、6か所の工業整備特別地域が指定された。この指定により、重化学工業の工場を誘致して企業城下町を形成するという、地域の開発モデルが生まれた。しかし、これは国土全体の均衡ある発展というよりも、特定の拠点に重点を置いた開発計画であった。

　1969年には「新全国総合開発計画」（通称、新全総あるいは二全総）が立案された。二全総の背景には、一全総によってもまだ解消されない都市への人口

集中があった。目標として「豊かな環境の創造」が立てられた。また、開発方式としては、一全総時にはまだ建設されていなかった新幹線や高速道路による交通ネットワークのさらなる発展を背景として、大規模プロジェクトの推進があった。その後、1973年の石油危機による高度成長の終焉、安定成長への移行を経て1977年に「第三次全国総合開発計画」（三全総）が立案された。今回の目標は「人間居住の総合的環境の整備」とされ、二全総に続き、自然との調和のとれた開発が目指された。開発方式としては、「定住構想」として全国44か所の「モデル定住圏」を指定した。

バブル経済真っただ中で、改めて人口や企業の東京一極集中が進んだ1987年に「第四次全国総合開発計画」（四全総）が立てられた。今回の目標は「多極分散型国土の構築」であった。開発方法としては、交通網の整備や情報通信システムの整備によって、地方の拠点間での交流を促進するという「交流ネットワーク構想」が掲げられた。

四全総の下、1987年には「総合保養地域整備法」（通称リゾート法）が制定されている。プラザ合意の経済情勢のなかで、内需拡大が重要な政策課題となっていたこともあるが、従来の企業誘致に代わってリゾート開発による地域開発を目指した。しかし、多くの施設が不良債権化してしまい、バブル崩壊のシンボルになってしまったことはご存じの通りである。

最後の全国総合開発計画が、1998年の「21世紀の国土のグランドデザイン」（五全総と呼ぶこともある）である。目標は、「多軸型国土構造形成の基礎づくり」とされている。2005年には国土総合開発法は改正され、名称も「国土形成計画法」となった。改正された国土形成計画法に基づいて、2008年と2015年の２回にわたり国土形成計画（全国）が立てられ、2014年には「国土のグランドデザイン2050――対流促進型国土の形成」が公表されている。

この背景としては少子化・高齢化・人口減少などが掲げられており、六つの「基本的な考え方」が示されている。その冒頭に置かれているのが、「コンパクト＋ネットワーク」という考え方である。人口減少下で地域を集約化（コンパクト化）し、各種サービスの提供を効率的に行い、コンパクト化された地域をネットワークでつなぎ、より大きな圏域人口を確保しようという考え方である。

（2）地域発の開発政策

　経済が安定成長から低成長時代に入り、人々の価値観も多様化するようになり、さらに地方で著しい少子化・高齢化・人口減少のなかで、国主導の産業誘致型の地域開発政策には限界が生じ、より地域に密着した地域開発が求められるようになった。その地域開発は、地域が主体となったものである。

　山崎［2011］は、「伝統的国土計画思想の終焉」と言い切っている。伝統的国土計画思想とは「国土の均衡ある発展」であり、「地域間格差の是正」である[31]。「国土の均衡ある発展」とは新幹線などの交通網整備と一体であり、これはほぼ完成した。また、「地域間格差の是正」に関する一人当たり県民所得も、一全総の基準年である1960年に比べれば大幅に改善している。そういった意味で、旧国土計画の目標はほぼ達成されたという。

　山崎［2011］は、これからの地域政策を人口減少下でも豊かな地域社会を実現しなければならないと論じる。そのために提案するのが、「国土のグランドデザイン2050——対流促進型国土の形成」にも登場する地方都市の都心コンパクト化である。そして、その都心へのアクセスの確保である。

　そのためには、人口密度が低くなった「低密度地域」を、居住地域内で多様なサービスを享受できるようなシステムを構築するための社会実験の場としなければならない、としている。インターネットの多方面での活用や分散型のエネルギー供給システムだけでなく、モビリティ確保のために自動車運転免許年齢の引き下げ、2台目以降の乗用車購入における免税、速度制限の緩和などを検討すべきだという大胆な提案をしている[32]。

　自動車に関する提案はともかく、インターネットの活用に関しては、本書第7章、第8章で紹介する徳島県の事例では大変重要な要素となっている。

---

(31) 山崎［2011］第6章第1節。
(32) 山崎［2011］第6章第3節。

参考文献一覧

- 石田信隆・寺林暁良［2012］「U・Iターンで活性化する海士町」『農林金融』第65巻第12号（2012年12月）。
- 大内章子［2012］「女性総合職・基幹職のキャリア形成」『ビジネス＆アカウンティングレビュー』第9号。
- 大内章子［2012］「女性ホワイトカラーの中期キャリア――均等法世代の総合職・基幹職の追跡調査より」『ビジネス＆アカウンティングレビュー』第9号。
- 大内章子・奥井めぐみ［2009］「女性管理職への道のり――中小企業勤務者の事例研究」『ビジネス＆アカウンティングレビュー』第4号。
- 加藤久和［2001］『人口経済学入門』日本評論社。
- 加藤久和［2007］『人口経済学』日本経済新聞社（日経文庫）。
- 川口章・西谷公孝［2009］「ワーク・ライフ・バランスと男女均等化は企業業績を高めるか：大阪府における中小企業の分析」『同志社政策学研究』（3）。
- 川澄文子・松井雄史［2013］「中小企業の女性経営者に関する実態と課題――ジェンダーギャップの存在について」日本公庫総研レポート No.2013-3。
- 北山幸子・橋本貴彦・上園昌武・関耕平［2010］「島根県3地域（海士町、美郷町、江津市）におけるU・Iターン者アンケート調査の検討『山陰研究』第3号。
- 木全晃・大西隆［2002］「テレワークの研究傾向に関する考察」『日本テレワーク学会誌』第1巻、第1号。
- 国立社会保障・人口問題研究所［2013］「第7回人口移動調査報告書」。
- 塩見英治・山崎朗編著［2011］『人口減少下の制度改革と地域政策』中央大学出版部。
- 総務省［2003］「過疎地域における近年の動向に関する実態調査報告書（概要）」。
- 武石恵美子［2011］「ワーク・ライフ・バランス実現への課題：国際比較調査からの示唆」経済産業研究所ポリシー・ディスカッション・ペーパー・シリーズ11-P-004。
- 田中恵美子［2008］「女性起業家の創業の困難性とその回避策――女性起業家の簇生・成長を促進するための基礎的考察」『日本中小企業学会論集㉗』。
- 筒井清子・田中睦美［2007］「女性経営者とジェンダー」京都マネジメントレビュー第11号。
- 富沢木実［2012］「海士町にみる「地域づくり」の本質」『地域イノベーション』第5号。
- 豊川正人・箆島専［2009］「テレワーク社会構築と地域活性化戦略に関する一考察」『情報社会学会誌』第3巻第2号。
- 増田寛也［2014］『地方消滅』中公新書。

- 山口一男［2013］「ホワイトカラー正社員の管理職割合の男女格差の決定要因――女性であることの不当な社会的不利益と、その解消策について」RIETI Discussion Paper Series 13-J-069、経済産業研究所。
- 山本勲・松浦寿幸［2011］「ワーク・ライフ・バランス施策は企業の生産性を高めるか？――企業パネルデータを用いたWLB政策とTFPの検証――」RIETI Discussion Paper Series 11-J-032、経済産業研究所。
- 山崎朗［2011］「人口減少時代の地域政策」塩見英治・山崎朗『人口減少下の制度改革と地域政策』中央大学出版部、第6章。
- 吉田良生・廣嶋清志［2011］『人口減少時代の地域政策』原書房。
- Goffee, Robert and Richard Scase［1985］, *Women in Charge: The Experience of Female Entrepreneurs,* Unwin Hyman.

第2章

伝統産業のグローバル化と若手の育成
―丹後織物産地の挑戦と課題―

北野裕子

はじめに

　伝統産業は江戸時代の鎖国体制のもとで、今日のように中央政府からの交付金や補助金がなかった時代に各藩が財政を支えるため、地域住民が必死になって生み出した特産品が多い。そして、明治になると、生糸や絹織物、工芸品をはじめとして多くの製品が輸出され、外貨を稼いだ。しかし、戦後、高度経済成長期に大量生産型の自動車や家電品などへ日本経済の主力が移行するなか、外貨獲得の責任や職人そのものが減り、衰退の道を辿っていった。

　そのような伝統産業とグローバル化に関する研究事情を論文検索サイト「Cinii」で検索すると30数点ある。それらを通覧してみると、ある時期にグローバル化のとらえ方に変化が現れていることが分かる。2005年頃までは海外からの安価製品の輸入が増大し、伝統産地が崩壊するという危機感を訴えたものが主流だったが、近年は、人口減少による国内市場や労働力の縮小から、海外への販売や海外での生産に内容が移行している[1]。

　最初に、研究分野から伝統産業の海外進出に取り組んだのは村山裕三である。

---

[1] 前者には村上克美［2000］などがある。後者のなかで、全体を俯瞰した黄完晟は［2011］で「グローバル地場産業論」を提案し、従来、閉ざされていた産地をOPENなものとしてとらえ、産地が商社機能や開発管理等のノーハウをもつ必要性を説いている。産地＝下請けの状況からの脱出を主張するが、その具体的方策までは論じていない。

2005年に京都の職人（次世代経営者）が通う同志社大学専門職大学院「伝統産業グローバル革新塾」を設置し、パリ・京都・東京で展示会を開催した。その成果として、伝える見せる技術の向上、他分野とのコラボレーション、スター職人の誕生などがあったものの、当初の目的であった海外展開は不十分であったという[2]。

しかし、革新塾に招聘していた講師のなかから、海外展開の成功者「(株)細尾」が登場する。日本文化を象徴する西陣織の高度な技術を、従来の着物や帯をはじめとするテキスタイル分野から、世界の高級ブランド店・ホテルの壁紙、家具生地などのインテリア分野へ広げ、さらなる分野への展開に挑戦している。同社の特徴は、完成品で海外販売を目指すという従来の動きとは異なり、技術を提供する、いわば「おあつらえ」への対応にあり、相手がイメージする以上のモノを短期間に織物で表現することにある[3]。なお、同社については第2節（44ページ）でも述べる。

また、同じく京都では、(株)細尾の後継者はじめ、開化堂（茶筒）・金網辻・中川木工芸・公長齋小菅（竹工芸）・朝日焼で構成した若手職人（次世代経営者）の伝統工芸ユニット「GO ON」がデンマーク人のデザイナーを擁して、海外ニーズに合わせた商品製作を行って海外販売における実績を上げている。

そして、政策面で大きな契機となったのが、中小企業庁「JAPANブランド育成支援事業」（「JB事業」と略）である。このJB事業は、2004年度から地域資源を活用した国内外への販売を目的として創設されたものである。熊野筆（広島）・高岡銅器（富山）・豊岡鞄（兵庫）・鯖江メガネ（福井）など工芸品や実用品の産地組合が採択され、海外販売を展開している[4]。

実は、全国には「産地」と呼ばれる産業集積地が2005年で486（調査回答産地数）あり、うち繊維衣服関連は131に上っている（中小企業庁［2006］参照）[5]。ただ、繊維関連はJB事業では苦戦している。現時点での海外販売における成功事例のナンバーワンは、組合の経営コンサルタントが招いたプロデューサー佐藤可士和とともに四国タオル工業組合が取り組んだ「今治タオル」プロジェクトであろう[6]。

このほかにも、若いデザイナーを受け入れ、さらにクール・ジャパン事業へ

も挑戦する綿織物の播州産地なども今後の展開が注目されている。とはいえ、これらの産地は、JB事業以前から海外販売を模索していた場合も多い。

そこで本章では、他の伝統産地と異なり、戦後の高度経済成長期にも内需に恵まれ、海外販売への取り組みがほとんどなかった和装着物地の産地「丹後織物産地」を取り上げる。丹後産地の実態については次節で詳述するが、約300年の歴史をもつ丹後ちりめんは、着物離れの風潮のなかで生産量が減少し続けている。言ってみれば、海外市場と最も距離のあった丹後産地が2005年からJB事業に採択され、海外展示会を展開し、経済産業省から成功を収めた繊維産業の事例として評価を受けた（第3節参照）。

海外販売への挑戦から10年を迎え、現在はどのようになっているのか、また事業へ挑戦したことで産地にどのような変化が生まれたのかを紹介し、産地が生き残る要件と課題について検討したい。

なお、調査方法について述べておくと、展示会（丹後求評会・丹後ファブリックマルシェ）や百貨店催事（三越、髙島屋、阪急）の見学、関係者へのヒアリング（事業者・JAPANブランド育成支援事業関係者）などが主なものとなる。さらに、新聞記事や統計・アンケート（与謝野町・京丹後市、丹後織物工業組合、京都府織物・機械金属振興センターなど）の資料を補足した。

---

(2) 村山裕三［2012］。その他にも村山［2010］［2013］など講演録・対談が多数ある。2014年10月24日、京都府中小企業診断協会での講演「伝統産業活性化の要件」も参考とした。革新塾では、西陣織・友禅染・清水焼・木版画・扇子・酒・米など伝統産業の次世代を担う経営者の育成を目指した。前半は講義、後半は商品開発を行った。
(3) 金泰旭［2014］79〜114ページ。2015年5月28日の細尾真生氏へのヒアリング、および、2015年6月30日、龍谷大学大学院経営学研究科付置機関京都産業学センターでの講演会などを参考とした。
(4) 日本商工会議所・全国商工会連合会［2005］［2006］［2011］、株式会社日本総合研究所［2007］［2010］など。
(5) 中小企業庁［2006］。
(6) 佐藤可士和・四国タオル工業組合［2014］。

1　丹後織物産地とJAPANブランド育成支援事業

（1）丹後織物産地の歴史・現状・先行研究

　丹後織物の歴史は古く、奈良時代、743年に丹後国から納められた「絁(あしぎぬ)」が正倉院宝物に現存し、それ以前の古墳からも織物の断片が発掘されている。その後も、精好(せいごう)・撰糸(せんじ)など、当時としては高度な絹織物が生産されていた。江戸時代の1720（享保5）年に峰山（京丹後市峰山町）の絹屋佐平治（1683～1744）が西陣で撚糸技術を学んで創始したと伝承される「丹後ちりめん」が、今日まで約300年にわたって織り続けられている主力製品である。

　丹後ちりめんの厳密な定義はなく、当地で織られた「ちりめん」を指す。ちりめんとは、緯糸(よこいと)を強く撚ることで凹凸（シボ）を生み出した生地のことで、この撚糸技術を最大の特徴としている。中国（明）から堺、西陣へその技法が伝わり、元禄（1688年～1704年）の頃に宮崎友禅斎（1654？～1736？）が創始したと伝えられる友禅染とともに発展した。

　撚糸技術で生み出されるちりめんの生地のシボが色に深みを与えている。振袖・訪問着・礼装（留袖・喪服）など絹糸でつくる高級着物地の代表で、今日では、その技術がポリエステルなどの化繊にも応用されている[7]。丹後から、白生地のまま主に京都室町問屋へ出荷し、そこで友禅染などで染色されて、全国の問屋・百貨店・呉服店などへ送られている。

　戦後の高度経済成長期（1960～1970年代）に一般的な伝統産地は衰退していったが、丹後産地は逆に、豊かになっていく人々が成人式には娘に振袖を、結婚する時には着物一式をあつらえ、母になれば黒羽織と色無地の着物がPTAの行事における制服のようになり、非常に活況を呈した。織機が「ガチャ」と言えば万札を生み出す、と言われた「ガチャ万」の時代であった。

　生産量の推移を図2-1に示すが、ピークは1973（昭和48）年の約920万反(たん)で、2014（平成26）年には約40万反となり、ピーク時の4％にまで減少している。それでも、絹織物産地としては全国のトップである[8]。

図2-1　丹後織物工業組合・白生地（ちりめん）生産数量の推移

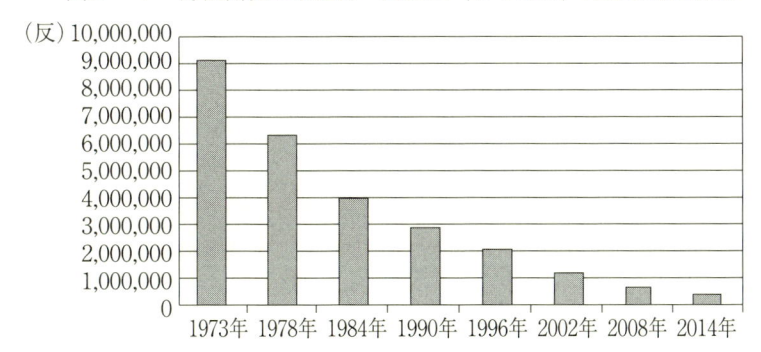

出所：丹後織物工業組合ホームページ掲載「白生地生産数量（暦年）」より作成。

　丹後織物工業組合が発表している白生地（ちりめん）の生産数量の減少ばかりが着目されるが、ここ10年、丹後産地の展示会や催事を見学調査してきた筆者の実感では、近年、和装のちりめん以外の織物やカラフルな商品に挑戦する事業者の増加が目につく。彼らのなかには、苦境を打開するために、新事業や新分野へ挑戦するという意欲的な若手後継者達が多い。

　そこでまず、京都府の公設試験場である京都府織物・機械金属振興センター（京丹後市、「織金センター」と略）による最新の丹後産地調査から現状を見てゆく。産地の事業者1,600余りのうち、親機203事業者へアンケートを送付し、85業者から回答が得られたという（41.9％）、いわば有力な事業者達の調査である[9]。ちなみに「親機」とは、資本（資金・土地・工場・機械・原料など）で自立し、産地では有力な事業者達のことで、そこから発注を受け、1反当たりいくらという形で賃織している人は「出機」と呼ばれている。

　丹後では、出機でも多くの人が織機を所有している。まず、自家工場（内機）と出機の割は、自社工場のみが21％、外機（出機）のみが30％、両者の併用が

---

(7)　北野裕子［2013］の序章（4〜27ページ）を参照。
(8)　丹後織物工業組合［2015］23ページ。
(9)　京都府織物・機械金属振興センター［2015］、調査対象：丹後地区内の織物事業者（「丹後織物工業組合」に加入する親機事業者）、調査期間：2014年12月〜2015年2月、市町村別：京丹後市45％・与謝野町53％・宮津市2％。

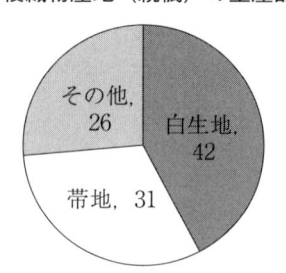

図2−2　丹後織物産地（親機）の生産品の割合（％）

　　白生地, 42
　　帯地, 31
　　その他, 26

出所：京都府織物・機械金属振興センター［2015］「丹後織物業の景況・動向調査結果」より作成。

49％と最も多く、出機への依存度は高い。

　次に事業者の規模は、従業員数1〜4人が74％、5〜9人が14％、10人以上が12％と、圧倒的に小規模事業所が多い。そして、製品の主力は、白生地が42％と最も多く、帯地が31％と次ぐ。帯地は、その大半が西陣織の下請けを担っている。そして、「その他」（洋服地・風呂敷・ネクタイ地・小物など）が26％と全体の4分の1強にまで達していることからして、現在の丹後産地は白生地だけでは語れないことが分かる。

　出機（でばた）を含む産地全体の実態は第4節（56〜57ページ）で検討するが、ここで丹後産地に関する先行研究についてまとめておく。歴史・経済・地理・労働問題などについては多数の研究があり、拙著［2013a］の序章で解説し、文献一覧も掲載している。ただ、丹後産地とグローバル化に関する研究は拙著［2009・2010］くらいであろう。これらの研究では、京都糸商と一緒に丹後から2社がベトナムでちりめん生産をする実態を現地調査した。長らくちりめんの輸入国としてトップであった中国は、近年減少し、2014年度にはベトナムが1位になっている[10]。ベトナム製とはいえ、日本の企業が海外で生産したちりめんである。

　これまでも丹後産地のグローバル化問題としては、他の産地と同様に韓国や中国での海外生産問題があり、その輸入品に悩まされた時期もあった。（株）山藤の山添憲一社長によると、最初は1970年代に韓国へ進出し、1990年代のバブル崩壊後は、京都企業とともに中国での生産に乗り出した事業所はいくつもあ

ったが、要求するレベルに達するまでに人件費が高騰し、数年で撤退したケースが多かったという[11]。

（２）JAPANブランド育成支援事業の概要と丹後産地

　2004（平成16）年、中小企業庁は「既にある地域の特性等を活かした製品等の魅力・価値を高め、全国さらには海外のマーケットにおいても通用する高い評価（ブランド力）を確立」（日本商工会議所・全国商工会連合会［2005］）することを目的にJB事業を立ち上げた。JB事業は、中小企業庁から、日本商工会議所と全国商工会連合会の二つの系統で進行した。

　もともと都市部を母体とする商工会議所と町村部を母体とする商工会とでは企業の規模も異なり、前者は中小企業、後者は小規模事業者が多く、２系統が存在している。初期には、市単位の商工会議所と町村商工会を統括した都道府県商工会連合会が地域の特性を生かすということで、伝統があり、事業者が集積する産地が選定されている[12]。

　現在の事業内容は、①海外市場調査、②産地ブランドの確立、③そのためのプロデューサー招聘などとなっており、当初の単年度採択から最大で４年間、事業内容の３分の２の補助金が付く（上限で１年間2,000万円。ただし、１年目は上限200万円）。また、JB事業が５年を経過した2009（平成21）年からは、商工会議所・商工会・組合だけでなく、NPOなどでの応募もできるようになった。

　2015年３月時点で累計350件が採択されており、2015年度の予算は16.1億円である[13]。なお、一般に補助金事業は成果が芳しくない場合が多いが、このJB事業については、三菱UFJリサーチ＆コンサルティング［2013］や（独）中小企業基盤整備機構経営支援情報センター［2010］などで、輸出を伸ばした産

⑽　丹後織物工業組合［2015］32ページ。
⑾　2015年２月25日、株式会社山藤代表取締役山添憲一社長へのヒアリングによる。
⑿　日本商工会議所・全国商工会連合会［2005］。
⒀　日本商工会議所・全国商工会連合会［2011］。中小企業庁［2015］。

地の成功事例から「極めて有益な政策」と官民双方から評価されている。

ところで、このJB事業の発足と丹後産地は大きくかかわっている。丹後産地を選定したのは京都府商工会連合会（以下、「京府連」）で、植松光隆（1955年生まれ。大阪府出身。当時は課長）事務局長がJB事業を考案した一人であった。植松は1982（昭和57）年から八幡市商工会に勤務し、1990（平成2）年に京府連へ移動後、京都府下の産業を調べるうちに丹後ちりめんが重要な産業と知り、京都府の経済をよくするためにも何とかしたいと思っていた。

その後、2000（平成12）年から全国商工会連合会（以下、「全国連」）へ出向し、これからは国内市場だけでなくグローバルな展開が必要と考え、中小企業庁の課長補佐とともに、全国連の青年部へ「海外進出事業」を提案した。しかし、バブル崩壊後の景気がよくない時期で結実しなかった。

やがて、2003（平成15）年、この事業を「JAPANブランド」と名付け、松村祥史全国商工会青年部連合会会長（現在は参議院議員）にもちかけると賛同を得た。松村が広島訪問中の小泉純一郎首相を県内の熊野筆産地に案内すると、小泉首相は肌触りのよさと「JAPANブランド」のネーミングが気に入り、9.3億円の予算化が実現し、翌年の2004年に中小企業庁が「JAPANブランド育成支援事業」を創設したという[14]。

2 丹後産地における展開

（1）「丹後テキスタイル」の誕生――上からの海外進出

前節の植松は、2004年、京府連に戻ってすぐにJB事業に着手し始めた。懸案だった丹後織物産地にも打診したが、初年度から動くことは難しく、すでに海外進出を模索していた京都府相楽郡の和束町商工会の「和束茶」を採択し、フランスとベルギーで展示会を開催した。この時、植松も和束茶の海外展示会に同行しており、展示会のやり方を学んだほか人脈を得ている。

2年目の2005年から丹後織物の海外展示会を開催すべく、京丹後市商工会を

表2－1　JAPANブランド育成支援事業の参画事業者（2009年度）

氏名	所属	役職	業種	従業員数(人)	備考
田茂井勇人	田勇機業(株)	代表取締役	白生地・洋装製造販売	28	＊
民谷　共路	民谷螺鈿(株)	専従者	螺鈿帯地製造	9	＊
山添　明子	(株)山藤	専従者	ふろしき製造販売	6	＊
小石原将夫	遊絲舎	代表	藤帯地製造販売	8	＊
宮崎　輝彦	(株)宮真	専務取締役	ポリエステルちりめん洋装地製造販売	10	
嶋津　澄子	染色工房嶋津	代表	染色家	1	＊
篠村　雅弘	篠春織物(株)	常務取締役	白生地製造	10	
谷口　幸一	丸幸織物(有)	営業	白生地製造販売	10	
養父　孝昭	養父織物	代表	帯地製造	2	

出所：京都府商工会連合会[2010]をもとに、植松・田勇機業(株)・(株)山藤のヒアリングを加えて作成。
　　備考＊は、第1回からの参加者。上記以外にも、弥栄工芸（小物）、木下畳、有吉（家具）、高本シルク、吉村機業、安栄機業場なども単年度で参加した。
　　現在、民谷共路・宮崎輝彦・篠村雅弘の各氏は、代表取締役に就任。

通じて業者に呼び掛けると50社ほどが集まった。その内、和装ちりめん・風呂敷・螺鈿織・藤布・染色・畳・家具などの約10社が初年度から参画し、その後、出入りがあり、最終年度の2009（平成21）年には表2－1のようになった[15]。

　和装ちりめん・洋装地・風呂敷・染色の業者らを「丹後シルク」として包括し、そこに「螺鈿織」「藤布」（第3節で詳述）を加えて3種で構成し、事業名称を「丹後テキスタイル」とした[16]。初年度はまったく手探り状態で、大きな海外展示会への出展ではなく、丹後単独の展示会をベルギーとフランスで企画した。

　大展示会であれば多数の人に見てもらえるが、その一方、多くの展示物のな

---

[14]　2015年3月17日、京都府商工会連合会植松光隆事務局長へのヒアリングによる。
[15]　京都府商工会連合会［2010］。
[16]　「丹後シルク」のネーミングは越智和子氏による。ちりめんでは和装のイメージが強く、海外の人には分かりにくいので、誰でも分かる「シルク」を使ったという。

かで埋没してしまうというケースもある。丹後の場合は、小さくてもじっくり見てもらえる場がよい、と植松と参画事業者達は考えた。ちなみに、同じ京都府内で、JB事業の初年度から参画していた京都商工会議所（京都市）は「京都プレミアム」と称し、メゾン・エ・オブジェやミラノ・サローネなどといった世界中から多数のインテリア業者が参集する展示会に出展していた[17]。

「はじめに」で述べた(株)細尾も初回からここに参加し、和のテーストを満載した若冲柄の生地を使った家具や漆糸で織ったクッションなどを出品したが、海外ではまったく売れなかった。やがて、同社の製品を見た世界的な建築事務所から高級ブランド店の壁紙地を依頼され、成功を収めている。

同社の細尾真生社長（1952年生）はグローバルビジネスに憧れ、伊藤忠に勤務していた時にはイタリアでの駐在経験もある。そして、1982年に呉服卸問屋であった自社に戻った。江戸時代に機屋（はたや）として創業した同社は、大正期に問屋へ転換していたが、1990年代から技術保存を視野に入れて、再び自家工場を造ることになった。2004年からのJB事業の間は受注が取れず、本当に苦しい時代だったという[18]。

丹後産地で当初から海外進出を考えていたのは、田勇機業(株)（ちりめん）と遊糸舎（ふじふ）（藤布）くらいであろう。前者の田茂井勇人（1964年生）社長は、すでに海外の高級ブランドへの納入経験があり、2004年、公募で知った京都とミラノ・フィレンツェとの間で行われたビジネス交流ミッションにも参加し、ここで細尾社長と知り合い、現在も交流が続いている。この田茂井社長が参画事業者の代表を務めた。また、後者の遊糸舎も、すでに海外展示会に招待されていた[19]。

丹後の場合、自ら海外へ挑戦してきた実績を持つ和束茶（わづかちゃ）と違い、京府連に要請された、いわば「上からの進出」で、最初、参画者達の多くが海外進出に対して半信半疑の思いだった。一方、呼び掛けた植松も、パリ進出で評価が高まり、国内販売が伸びた「メガネの三城」のように、海外販売が主力でなくとも海外でよい評価を得ることができれば国内需要が伸長するというビジネスモデルを描いていた[20]。しかし、展示会を重ねてゆくとメンバーに変化が訪れた。

（２）「丹後テキスタイル」の展開――海外展示会への挑戦と課題

　５年間にわたる海外展示会の日程・会場・内容をまとめたのが表２－２である。２回目以降、その内容に大きな違いがあるのが分かるだろうか。初回は多くの人が訪れたが、服飾学校の学生達が多く、実際にビジネスにつながるバイヤーなどの訪問は少なかった。そのため、参画者の代表である田茂井社長は、海外販売に情報をもつ人材を植松氏に要望した[21]。そこで、加わったのが、（有）湧元代表取締役の池田豊（1961年、大阪府出身）氏であった。

　池田は、関西の大学を卒業後、10年間にわたって総合商社イトマンに勤務した後、イタリアで現地人と共同でセーターのメーカーを設立し、その７年後に大阪で創業した。（株）涌元は従業員３人で、業務内容は輸出販売事業が３分の２、コンサルタント事業が３分の１となっている。また、輸出有望案件発掘専門家（繊維分野）としてジェトロ大阪本部でも活動している。

　同氏を日本のテキスタイルを海外販売する人物として紹介した産経新聞の記事が、京都府織物・機械金属振興センターの野村課長（当時。のちに所長を経て現在は退職）と田茂井社長の目に留まった。織金センターとJB事業の双方から要請があり、池田はとりあえず丹後産地を見に行くことになった。

　最初、螺鈿織（らでん）や藤布（ふじぬ）などの独自路線をもつオリジナルな織物、ちりめんの優れた撚糸やシボの技術に興味をもった。また、参画事業者達に魅力的な人達が多く、植松の熱心な要請もあって、一緒に何かをやってみようという思いになったという。要するに、決め手は「人」だった。

　その一方で、販売や価格は問屋任せの商習慣や、生地も小幅で価格も高く、実際に海外へ販売するには大変だろうとも思った。事実、海外の大規模展示会は慣れていないと難しい。また、高級品の世界は狭く、最初に悪評が立つとそ

---

[17] 日本商工会議所・全国商工会連合会［2005］。
[18] 2015年５月28日の細尾真生氏へのヒアリング、および、2015年６月30日、龍谷大学大学院経営学研究科付置機関京都産業学センターでの講演会などを参考とした。
[19] 2015年８月29日、田勇機業株式会社代表取締役田茂井勇人社長のヒアリングによる。
[20] 2015年３月17日、京都府商工会連合会植松光隆事務局長へのヒアリングによる。
[21] 2015年８月29日、田勇機業株式会社代表取締役田茂井勇人社長のヒアリングによる。

表2−2 「丹後テキスタイル」の海外展示会（2005〜2009年度）

年度	開催期間	場所	内容	備考
2005年度	2006.2.7〜13	ブリュッセル・日本大使館「日本文化センター」	伝手なく開催したが、一般来場者で約1000人を集客。	
	同 .2.15〜17	パリ・クレアポールデザインスクール	フランスプレタポルテ協会長・ランバンのバイヤー等が来場。	
			欧州では求められない生地と賞賛。	
2006年度	2007.1.29〜31	パリ・エドワード7世センター	来場者220名超、受注件数3件8点、スワッチ（生地検討見本）84件324点	
			シャネル・エルメス・ニナリッチ・ランバン等が来場し、商談。	
2007年度	2008.2.6〜8	パリ・HOTEL SAINT JAMES & ALBANY	来場者211名、受注件数16件、スワッチ93件、約400点	
			ニナリッチ・ランバンとの恒常的取引が実現。	
			ディオール・エルメスからも商談	
2008年度	2009.1.22〜	パリ・三越エトワール（JAPANブランドの展示会）	「丹後ホワイト」ウェディングドレス発表	＊
2009年度	2010.1.17〜23	パリ・三越エトワール及びエドワード7世センター	リサーチ機関「ネリーロディ社」よりトレンド指導を受け製作。	
			シャネルが発注。コルセットメーカーが帯の事業者と商談。	

出所：京都府商工会連合会［2010］をもとに植松・池田・田茂井（田勇機業）の各氏へのヒアリング、「進化するパリの丹後」『織研新聞』2007年2月1日付、「丹後の織物を世界に発信」『両丹経済新聞』2008年12月22日付等を追加し、作成。

＊ 2008年度（4年目）はJB事業に不採択。丹後有限責任事業組合（LLP）を設立し、「きょうと元気な地域づくり応援ファンド」に採択、継続。この年度から篠春織物・丸幸織物・養父織物ら若手が参加、単独ではなく、JAPANブランドの展示会に参加。

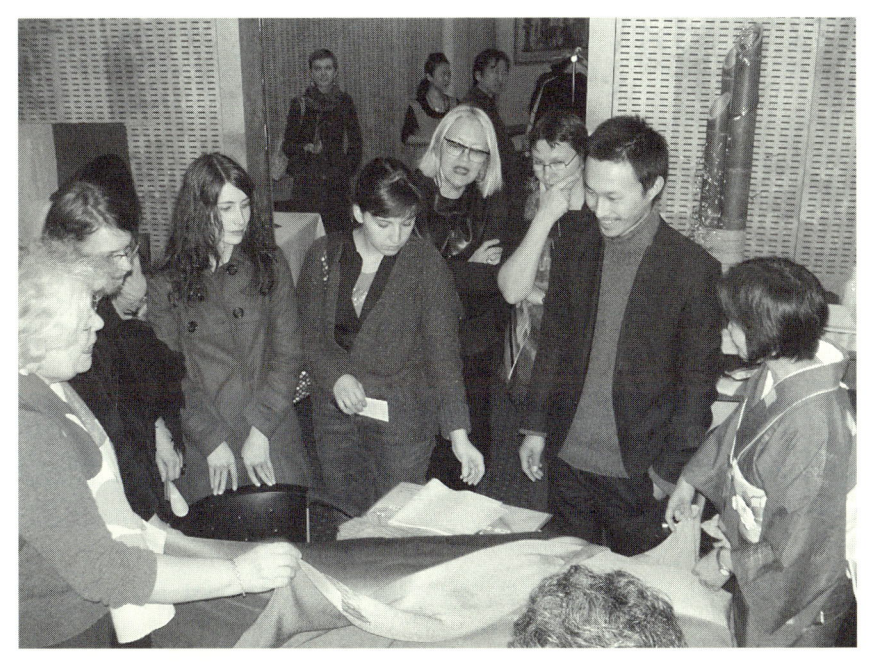

海外展示会の様子（『図説京丹後市の歴史』166ページより転載）

の後の展開に苦労するので、最初が肝心と考えていた。そこで、単独展示会の開催を提案したが、それは植松や参画者事業者の方針と一致したものだった[22]。

池田のもとに、以下のコーディネーター達が加わった。

・**空間デザイナー**──㈱デザインプラザマックス・越智和子（第３節で詳述）→展示会場の設営、伝える工夫を提案、国内で商品アドバイス。
・**フランス国内コーディネーター**──POIDS-NET の伊藤美奈子→通訳・広報活動。
・**フランス国内テキスタイルコーディネーター**──CID 代表の Delb Claude（デルヴ クラウド）→元高級ブランド勤務、高級ブランドのバイヤーに多くの人脈をもつ。

（京都府商工連合会［2010］による）

---

[22] 2015年４月１日、有限会社湧元代表取締役池田豊社長のヒアリングによる。

特に、Delb Claude が入ることで高級ブランドのバイヤーへの案内ができるようになり、展示会へも訪れるようになった。バイヤー達は、丹後織物のオリジナル性と技術の高さを評価したが、以下のような池田の懸念も的中した。
①サンプル要求に対して見本が不足しても、すぐに国内から送ることができない。
②洋服地の企業がエルメス社から要求された量に対応できず、大きな商機を逃した。
③和装の小幅が多く、広幅の洋服地が一般的となっている世界市場に真剣に取り組む気があるのかなど、生地幅が問題となった[23]。

3 JAPAN ブランド育成支援事業の影響とその後
―産地内外ネットワークの形成―

（1）直接的な影響――販売実績・海外展示会への招待

　前節で述べたように、JB 事業は 3 年間でやっと商談から取引へ進展し、4 年目には京都府の「きょうと元気な地域づくり応援ファンド支援事業」、そして最終年に再び JB 事業の補助を受けて、5 年間で約1.3億円を売り上げた。丹後テキスタイル事業に付与された JB 補助金は約2,000万円×4 = 8,000万円なので、金額的に一定の成果を上げたと言えよう[24]。

　経済産業省片岡進繊維課長も、補助金を活用した産地の成功例として「丹後テキスタイル」を取り上げている。年1回の海外単独展示会を継続し、業界に強いエージェントの協力を得、ルイ・ヴィトンやシャネルなど有名ブランドと継続して素材提案を実施したこと、さらにプルミエール・ヴィジョン（世界最大の繊維見本市。「PV」と略）の特設会場「メゾン・デクセプション」（特別な技をもつ工房達。「MD」と略）へ、丹後から遊絲舎（藤布）・民谷螺鈿（螺鈿織）の2社が招待されたことを評価している[25]。

　MD は、高級ファッション業界が低迷するなかで「脱・画一化のカギ」をテーマに企画され、リーマンショック（2008年）以降の2011年9月から始まった。

PVのなかでも、限られたバイヤーしか入場できない会場である。初回には世界から12社（日本からは3社）、4回目を迎えた2015年2月には世界から27社（日本から8社）が招待された。遊絲舎（藤布）は、2011年の初回から4回連続で出展し、2012年からは民谷螺鈿（螺鈿織）も3回連続で出展した。言うまでもなく、会場での2社の評価は高い(26)。

遊絲舎は、個展や参加する百貨店の催事日程を自社のHPに掲載している。ほぼ通年、どこかに呼ばれており、その帯地のファンは多い。明治時代にちりめん業で創業（小石嘉織物）し、1998年に小石原将夫（1948年生）氏が「丹後の藤布　遊絲舎」を設立した。

藤布とは、太古より身近にある原料の藤から糸を作り、農民や漁民達が着たものである。近代になると消滅したと言われてきた藤織の技術が宮津市上世屋で唯一残っていることを知った小石原は、「織物の原点」を学びたいと技術継承を目的に発足した「丹後藤織り保存会」に参加し、その技法を学んだ。しかし、藤蔓から作る藤糸だけで織った布はとても固く、ファッション性が乏しい。様々な技法をもつ小石原が、藤織の技術や糸を活用し、独自の織物を生み出している(27)。

小石原によると、JB事業へ参画し、PVのMDで世界デビューしてからここ数年は、売上高は10年前とあまり変わらないが、問屋卸が中心の頃に比べると直販が多くなり利益率が上昇していると言う。また、オリジナルを作って評価され、やりがいは大きいとも語る。

以前は家族中心で出機も使っていたが、藤織が中心になった現在では、工房内の事務・製織として家族以外の正社員を雇い、初夏に原料の藤蔓を収集する

---

(23)　前に同じ。
(24)　京都府商工会連合会［2010］。4年目・5年目（2008・2009年度）の「きょうと元気な地域づくり応援ファンド」は、田勇機業・民谷螺鈿・遊糸舎・山藤・嶋津の5社による「丹後シルク有限事業者組合（LLP）」（代表田勇機業）で採択され、海外展示会開催および「丹後テキスタイル」のWEBサイトを立ち上げた。
(25)　片岡進［2013］。
(26)　『朝日新聞』2011年8月24日付、『繊研新聞』2015年2月17日付。
(27)　2015年5月1日、遊絲舎小石原将夫代表のヒアリングによる。

時期雇用者も含めると従業員は7～8人に増えている。特に、若手の伝統工芸士として活躍する後継者である保充（30代）氏の存在が大きく、親子で助け合いながら全国を回っている。

　2009年には、地元網野町の異業種交流グループ「ベンチャーアミノ21」と協力し、京都府地域力再生プロジェクト支援事業も活用しながら、大藤で有名な足利フラワーパーク塚本こなみ園長の指導のもと、原料の藤を育成する「衣のまほろば『藤の郷』」を創設している[28]。

　一方、民谷螺鈿(たみやらでん)は、先代の民谷勝一郎（1945年生）氏が1970年代に西陣織元と丹後の織手を取り次ぐ「代行店」として創業した後、自社においても西陣の下請けとして帯を製造してきた。螺鈿織は、先代が蝶を帯に織込んでほしいという要望を受け、蝶の代わりに正倉院宝物に残る工芸品の螺鈿技法を帯に応用したものである。

　簡単に説明すると、アワビや夜光貝の輝く内側（真珠層）を薄く切り、西陣織の「引箔(ひきはく)の技法」（和紙に金箔を貼って極細く裁断）を応用し、金箔の代わりに貝殻を貼って極細に裁断した糸を緯糸(よこいと)にする。ただ、貝殻は硬質なため緯糸が経糸(たていと)を切ることもある難しい技術である。

　現在は、貝殻の代わりに皮や竹を応用した織物も製織している。JB事業の参画時は、売上高が最盛期の5分の1にまで減少した最低期で、新しい方向を模索していた。今では、JB事業を通じて世界の高級ブランドと取引を開始し、売上高は最低期の約2倍にまで戻している。

　海外取引の増加に伴い、従来の民谷織物（帯製造の個人事業所）から新製品を扱う部門を分離して、2014年3月に株式会社「民谷螺鈿」を設立し、共路氏（1969年生）が代表取締役に就任した。これまでは、主に先代と共路夫妻（販売・事務）・弟の信行夫妻（製造）で仕事をしてきたが、現在はパートを含めると10人程度の規模になっている。職人志望の若者から連絡も多く、新聞・TVにも露出が増加している。最近、同社は広幅織機を導入し、本格的に海外ブランドとの取引を行っている[29]。

　JB事業が終了後、丹後産地では、そこで得た人脈を通じての新たな販売ルートができつつある。海外販売は池田が主催する「Jテックス」（年2回、日

本の織物を海外で展示販売)への出展や同氏のコーディネートでルイ・ヴィトンなどの海外高級ブランドバイヤーを丹後へ招聘している[30]。また、洋服地(広幅)の(株)宮眞は、JB事業当時から和紙を織り込んだ織物で高級ブランドの顧客を獲得し、その時にできた海外人脈を使って恒常的に海外販売に取り組み、現在は売上高の15%程度を海外販売が占めている[31]。

　代表を務めた田茂井社長(田勇機業)は、海外展示会での高い評価を受け、パリコレのデザイナーに生地が採用され、国内の若手デザイナーからも問い合わせが増えたことで従業員達の士気が上がり、自社のモノづくりへの自信を得たという。現在、同社では和装ちりめんが売上高の9割以上を占めているが、売上高が5年前のヒアリング時の1.8億円から2億円へ伸びており、広幅織機を導入し、海外販売を意識した取り組みも進めている[32]。

(2) 間接的な影響――国内販売の増加とネットワークの形成

　JB事業に挑戦するなかで、2008年、三越が日本橋店と銀座店で丹後織物の催事販売会を開催した。これまで丹後織物は、丹後ちりめんに代表されるように、白生地のまま主に京都の問屋へ送られていたので、丹後の製品を消費者が直接手にする機会がなかっただけに、この催事販売会の意味は大きい。

　その後、髙島屋や阪急でも催事販売会が行われ、全国の百貨店で開催される催事や企画にも多くの丹後織物の事業者が招待されるようになった。しかし、

---

[28] 注(27)および『日本繊維新聞』2009年12月10日付。「藤の郷」の住所：〒629-3101　京丹後市網野町網野28
[29] 2015年2月27日、株式会社民谷螺鈿民谷共路社長のヒアリング、京都府産業支援センター [2012]、『日本経済新聞』2014年12月23日付などによる。
[30] 2015年4月1日、有限会社湧元代表取締役池田豊社長のヒアリングによる。平成26年度「京もの工芸品販路開拓事業」の補助金200万を活用し、7月にルイ・ヴィトン、翌3月にピエトロ・セミネリを招聘した。
[31] 2015年2月25日、株式会社宮眞代表取締役宮崎輝彦社長のヒアリングによる。
[32] 2010年9月28日および2015年8月29日、田勇機業株式会社代表取締役田茂井勇人社長のヒアリング、『京都新聞』2007年12月21日付、『日本経済新聞』2013年8月21日付などによる。

もともと白生地を製造していた産地が、急に消費者が望むような商品を提供することはできたのだろうか。

①チーム丹後（越智グループ）

　催事販売会の仕掛け人、それはJB事業で海外展示会の空間展示デザインを担当した㈱デザインプラザマックスの越智和子（1945年生、愛媛県出身）氏である。「暮らしを包む布」をコンセプトに、三越や阪急で国内産地の生地を使った服・雑貨を販売する常設店「楽居布」を展開している。なお、楽居布は同社のブランドである。

　JB事業のつながりから、織金センターが越智を招聘し、参画事業者の田勇機業・民谷螺鈿・遊糸舎・山藤・嶋津ら（最初は7社）が「チーム丹後」を結成し、新たな商品づくりに取り組んだ。まず、これまで白生地の世界では色のないまま問屋へ送っていたことから、色に対する感覚が課題となった。指導は色への改革から始まり、企画・商品開発はもとより、展示・イベント提案など「伝える」こと、さらにコストへの意識にも及んだ[33]。

　新しい商品は、従来のテキスタイルだけでなく生活用品雑貨などにも広がり、2013年には、新装開店した阪急うめだ本店の9階にあるギャラリーで、「世界のTANGO TEXTILE」という催事が開催された。出店者には、②で後述する

「世界のTANGO TEXTILE」阪急うめだ本店（2013年、筆者撮影）

「Tango＋(丹後プラス)」のメンバー達も加わっている。

　この時には、今求められているバックストーリー、すなわち職人の魅力をアピールするためのDVDの放映や、職人達が自社の製品や織物について語るトークショー、そして職人夫婦による着物ファッションショーなども行われた。このイベントは目標の売上高を超え、好評を得たこともあって翌年も「海の京都・丹後のたからもの展」として開催された。

　この催事は、越智が楽居布(らいふ)のスペースに丹後のミニ展示会を重ね、その実績から実現したものである(34)。同社は、開発にかかるリスクをつくり手と自社が対等に分け合い、産地のつくり手が自ら商品づくりを行えるようになることを目標にしている。「つくる人と生活者をつなぎ、地元に育ちあうことがライフワーク」と述べる越智の言葉は、意味深い。ただ、和装には長く深い歴史があるので、そこは産地の方々を尊重し、自身ができるこれからの生活にふさわしい新商品の分野で今後も支援をしていきたい、とも言う(35)。

② Tango＋(丹後プラス)

　「チーム丹後」と並行し、「Tango＋(丹後プラス)」というグループも動き出した。メンバーは固定ではなく、15～20人前後、JB事業の参画者(チーム丹後)をはじめ、ちりめん・風呂敷・シルクニット・染色家・作家など、30代～60代までの様々な年代が集まっている。そのリーダーは、草木染作家であり、「山象舎」の代表を務めている堤木象(つつみもくぞう)(本名は健蔵、1957年生)氏である。パートナーである染織家の東かおり氏とともに活動している。

　福岡で生まれた堤は、武蔵野美術大学を卒業後、尊敬する工芸作家のイベントの手伝いで来丹し、終了後もそのまま定住した。丹後の自然を生かした作品を生み出し、個展会場や髙島屋(京都)の呉服売り場で販売してきた。このような経歴に目をつけたのが織金センターである。21世紀を迎えた頃から、京都

---

(33)　2015年9月12日、株式会社デザインプラザマックス取締役越智和子氏のヒアリングによる。

(34)　2013年10月2日～7日・2014年9月24日～29日開催。見学調査および注(33)、越智氏提供の「丹後シルク展」資料による。

(35)　注(33)に同じ。

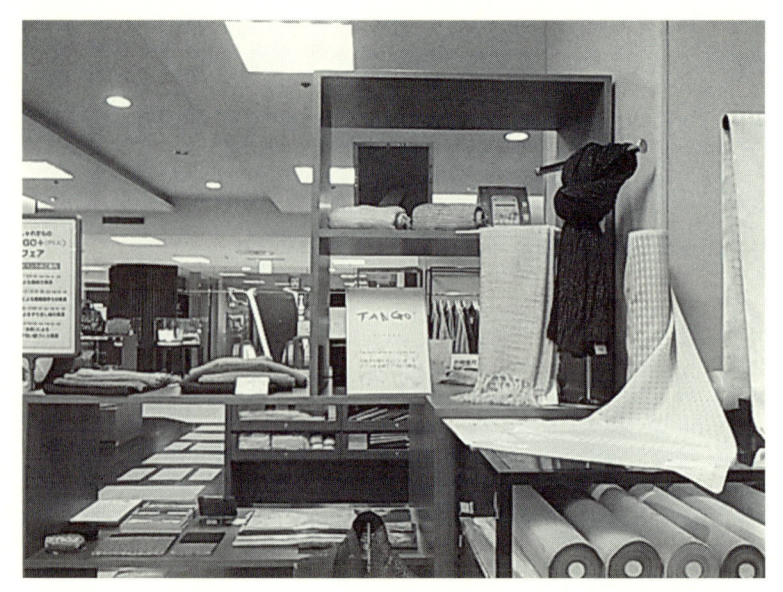

「Tango+の常設コーナー」髙島屋京都店（2015年、筆者撮影）

府中小企業特別技術指導員として、丹後の職人達に完成品の製作を指導してきた。丹後の織元は和装・ちりめんを主力とし、ほとんどが小幅の織機しか所有していないので、それを生かせる「ストール」に力を入れた[36]。

　2011年、指導10年目を機に直接販売を織金センターが提案したことで、堤が髙島屋に催事の開催を掛け合い、京都店で「丹後の職人展」が実現した。思惑通りストールの販売は好評で、髙島屋では秋に京都店で、翌年の3月には東京店・横浜店でも催事が開催され、継続している。2015年9月からは京都店の呉服売場で「Tango＋（丹後プラス）」の常設コーナー（2014年12月設置）が拡大され、男女の和服ブランド「MISOGI（みそぎ）」・「七姫」やストールなど、商品点数が5倍の400点になった。

　Tango＋のなかには、男の着物づくりに挑戦する「MISOGI」というグループも結成されており、需要が減少する女性の着物に対して、新たな需要の掘り起こしを図っている。それまで、直接消費者と対面することがなかった職人達には大きな刺激になっているが、今後、常設での販売を継続していくためには、

髙島屋任せではなく、商品に熟知した良質な販売員の確保という課題がある[37]。

　現在、網野町の山中にある山象舎の自宅兼工房がチームの拠点兼事務所となっており、時には飲み会を伴いながら議論を闘わせ、創作活動を続けている。慣れない催事の準備や事務手続きは、主に山象舎が行っている。それには多くの時間が取られるため、メンバーは売り上げの５％を山象舎へ納めている。他人に製品を見せなかった先代までのことをふまえると、考えられない動きである。そのため、Tango＋(丹後プラス)は各紙で大きく紹介された[38]。

　①②の動きを通じて、先代まではなかったモノづくりや販売のネットワークが形成されたことは重要である。この新しい動きに、多くの次世代経営者（職人）も参加している。JB事業のパリ展示会に挑戦したことが発端となり、そこで得た人脈が国内での三越や阪急の催事販売へとつながった。なお、Tango＋はJB事業とは直接関係しないが、三越や阪急での催事が先行したことで髙島屋の催事が促進したと思われる。

　JB事業を通じて、海外高級ブランドと取引を始めた民谷螺鈿(たみやらでん)の民谷共路社長も、小さな自社だけでは国内・海外バイヤーを丹後へ呼べない、多くの工房があるからこそ来てもらえる、地域みんなでのモノづくりが必要、と述べる[39]。

　また、上記で紹介したような完成品への取り組みには、織金センターの役割も大きい。三越から始まり、髙島屋・阪急ほか地方百貨店へと国内販売が波及し、植松の狙い通り海外での高評価が国内販売を促進している。

---

(36) 2015年3月4日、山象舎・堤木象氏のヒアリングによる。
(37) 2015年9月2日、髙島屋京都店の見学、および『日本経済新聞』9月4日付による。
(38) 『日経 REVIVE』2012年12月号、『産経新聞』2013年1月21日付、『朝日新聞』2013年6月11日付。
(39) 2015年2月27日、株式会社民谷螺鈿民谷共路社長のヒアリングによる。

4 残る課題:若手職人の育成

―ちりめん・帯の生産をどうつなぐのか―

(1) 生産者の実態――職人の高齢化と減少

　JB事業は、数社の海外展開とその後の国内販売で効果が顕著に表れ、新商品の開発や販売にやりがいを感じて挑戦する人達に新たな道を開いた。では、従来型の京都室町問屋へ白生地を卸す形態や、西陣帯の下請けをする大半の職人達はどのような状況なのだろうか。

　第1節の「(1) 丹後織物産地の歴史・現状・先行研究」(38～40ページ)では中核となる親機について述べたが、丹後の2市2町のうち、織物業者が集積する京丹後市と与謝野町による実態調査(京丹後市 [2012]、与謝野町 [2012])では、その従事者が2011年度で2,979人となっている。年代別に見ると、60代以上が74%を占め、高齢化問題というより高齢者が主力で働いている。50代以下から相乗して減り、20代が16人、10代が12人となっている(**図2-3**を参照)。

　職人の高齢化で、織物業従事者は2005年の4,934人から2011年には2,979人へと6年間で約2,000人も減り、60%にまで縮小し、生産基盤の縮小が問題となっている。さらにその内訳を見ると、全事業所数1,619のうち93%(1,491事業

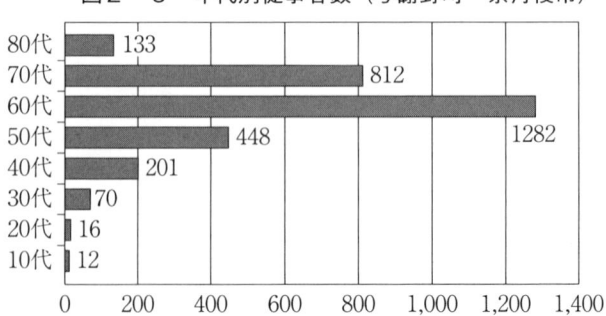

図2-3　年代別従事者数(与謝野町・京丹後市)

年代	人数
80代	133
70代	812
60代	1282
50代	448
40代	201
30代	70
20代	16
10代	12

出所:京丹後市 [2012]『平成23年度　京丹後市織物実態統計調査報告書』・与謝野町 [2012]『平成23年度　与謝野町織物実態統計調査報告書』により作成。

所）が出機で、独立した親機は5％（90事業所）にすぎない。これは高度成長期に需要が急増し、京都問屋の要望と京都府北部の経済振興策から蜷川虎三知事（1897〜1981。1950年〜1978年まで京都府知事）が出機を増やした結果だが、この出機が多いという構造が今後ますます職人の減少に拍車をかける[40]。

そのような状況のなかで閉鎖する事業所の話はあっても、新規雇用する事業所の話はほとんど聞いたことがなかったが、近年、若手の育成を始めたという話を耳にするようになった。2007年の織金センターの親機調査では、10代がゼロ、20代が7人なので、図2－3を見ても分かるように、わずかながら2011年のほうが若い人が増えている[41]。

確かに、若手の育成はここ3年ほど増えており、2014年の年頭には、『繊研新聞』で田勇機業（内機60台・出機5台）、篠春織物（同47台・同8台）、ワタマサ（同34台・同13台）など自家工場をもつ有力な白生地企業の若手育成が報じられた[42]。

田勇機業では、これまでも退職者が出ると採用を続け、現在の従業員28人のうち、20代5人・30代4人・40代5人で半数を占めている。5年ほど前から雇用した人は、地元出身の営業職の男性（20代）が勧誘したケースが多い。2014年春には、東京の美術系大学を卒業したばかりの地元出身者を雇用している。様々な新事業に挑戦している丹後産地の動きを知り、卒業後は地元に戻って丹後織物に従事したい、と自ら門を叩いてきたという[43]。

また、3社のうちワタマサは、高齢化で出機が減少するなか、3年余り前から急速に内機化を進めている。保有する内機のうち、半数以上がこの間のものである。後継者の渡邉正輝専務（30代）は京都室町商社の勤務経験もあり、毎年春に京都で自社の単独展示会も開いている。Uターンした専務の妹（20代）も織手として働いており、「反物を織り上げた時の達成感がいい」と言って、地元の同世代の人達を誘っている[44]。

---

[40] 2015年2月26日、株式会社吉村商店代表取締役吉村孝道社長のヒアリングによる。
[41] 京都府織物・機械金属振興センター［2007］。
[42] 『繊研新聞』「人材確保・育成に動く丹後産地」（2015年1月8日付）
[43] 2015年8月29日、田勇機業株式会社代表取締役田茂井勇人社長のヒアリングによる。
[44] 2014年3月3日、株式会社ワタマサ渡邉正輝専務のヒアリングによる。

職人達によるトークショー（2013年、阪急うめだ本店。筆者撮影）

（2）新たな若手育成への取り組み

①年齢構成のよい企業――有限会社河芳織物（京丹後市網野町）の試み

　産地では若い人の育成が大きな課題になっているが、従業員数29人、その半数以上が20代・30代という年齢構成のよい企業が「(有)河芳織物」である[45]。ちなみに、同社は JB 事業には参画していない。

　1934（昭和9）年、和装の事業所から分家し、洋装で創業した。現在、資本金3,000万円、売上高1.5億円、小幅織機101台・広幅6台と、丹後でもトップの規模を誇り、白生地（ちりめん）を主力に（全製品の90％）自社工場で90％の生産を行い、その大半を京都室町問屋へ出荷している。

　河田芳宏社長（1977年生）は早稲田大学第一文学部を卒業後、不動産会社に勤務したのち、Uターンした。この間、イタリアへの留学経験もある。自社に入社したのは事業継承のためではなく、学生時代から友人と起業を模索しており、商品開発や営業は勤務先で学んだが、総務・人事・経理を父の会社で学ぼ

うと思って2004年に戻り、営業部長として働いた。ところが、2006年頃、先代（父、当時65歳）が「続けるも、潰すも、全て任す」というメモと通帳・印鑑を残して突然、会社に来なくなった。周囲から、いや応なく後継者とされてしまい、課題が山積みとなった。

　社長就任時の従業員数は25人、平均年齢が52歳と、自分より若い人はいなかった。高齢化のため数年後には従業員が19人までに減り、補充せざるを得なくなったが、ずっと若い人を雇用してきていなかったのでベテラン職人には技術指導の経験がなかったため、社長自ら各工程でのマニュアル化を図った。確かに、工場内の各所には指示書が張られていた。この経験から従業員の年齢構成をバランスよくしようと考えたが、これには大変苦労したという。

　現在、丹後は若者が望む仕事かどうかは別として、完全な労働者不足だという。そこで若い人材を集めるために重視したことは、地元の若い人達が結婚して一緒に子育てをしていけるような「地域標準の給料」と「労働時間」であった。

　共働きで子育てをするには、夜勤がなく、日祝休みという勤務条件が望しい。男性には丹後の主力産業の一つである機械金属業に従事者が多いが、給与は高いものの夜勤がある場合も多い。また女性は、商業施設や福祉施設の求人が多いが、日曜や祝日も出勤というケースが多い。そのため、求人広告を出すと、ワーク・ライフ・バランスを求める地元の人が応募してくる。さらに、勤務時間の希望にも応じ、子育て世代は勤務時間が短いパート希望が多く、みんなでシェアする形をとっている。従業員の男女比は5：24、網野町を中心に市内から通勤している。

　しかし、給料維持は決して簡単なことではない。常に技術向上を心掛け、特別な織物に挑戦し、あらゆる特注（利益率の高いもの）を生産してきた。とはいえ、社長は工学系でもないし、繊維系を専攻してきたわけでもない。いったい、技術向上の秘策は何だったのか。

　茫然としていた社長を指導したのは織金センター技術幹であった石田幸治郎

---

(45) 同社の「みんなのブログ」（2015年1月現在）によると、年齢構成は20代4人・30代9人・40代6人・50代4人・60代3人になっている。

(現在は退職)氏だった。その助力を得て、突然の継承から約10年、最初は本当に厳しかったが、やっと軌道に乗ってきたという。2015年4月には、地元高校の新卒者も採用し、育成を図っている。日常生活にマッチした企業が少ない地域で、みんなで仲間としてやっていける会社づくりを心掛け、人柄のよい人を採用してきた。同社の「河芳織物みんなのブログ」にも、社長と社員が一緒に書き込んでいる。「みんなで働いてみんなで暮らせないようなら、そんな会社は潰したほうがよい」と言う、河田社長の言葉が印象に残る[46]。

②帯（先染）事業の人材育成──養父織物（京丹後市大宮町）の試み

300年の産地ブランド織物である丹後ちりめんの生産現場では、有力企業を中心に若手の育成が始まっているが、織手の不足が最も深刻なのが先染（帯）事業である。帯の事業所は京丹後市と与謝野町を合わせると1,235あり、ちりめんの事業所数329より多い[47]。事業所数が多いのは、工場形態ではなく、個人で西陣の下請け（出機）の帯を織っているためである。

西陣機業調査委員会［2011］によると、西陣の総織機台数は4,473台（内機1248台・外機3225台）で、そのうち丹後出機が52.2％、外機だけでは67.6％を丹後出機が占めている。ただ、西陣の内機の稼働率は62％しかなく、そのなかにはインテリア製品を大規模に製造する(株)川島織物セルコンやネクタイ・洋装・ストールのメーカーも含まれている。

外機の製品割合調査がないので推測にすぎないが、西陣織の帯のうち丹後産の比重はかなり高く、丹後では8～9割とよく耳にする。現在でも、西陣メーカーと産地をつなぐ代行業は丹後内に100店弱ある。しかし、そのうち、自家工場に従業員を置いて生産しているのは、JB事業に参画した民谷螺鈿と以下に紹介する「養父織物」くらいであろう[48]。

養父織物は先代（代表の父）が西陣の代行店を始め、1965年に京都の支援会社の援助で直工場を造っているが、この時を創業としている。形態は個人事業所で、売上高は代行業と工場生産の割合が6：4となっており、今から3～4年前が最も厳しかった。

現在、売上高は変わらないが、収益率が工場生産で上昇している。従業員数

は10人、織機台数は自家工場に15台（力織機14台、手機1台）、出機も35台（12～13軒）ある。主力製品は帯で、販売先は西陣メーカーが80％、室町商社15％、小売店5％という売上比率になっている。

　代表の養父孝昭（1971年生）氏は、地元の高校を卒業後、大阪の会計専門学校へ進学し、卒業後は西宮の会計事務所に勤務して税理士を目指していたが、先代が体調を崩したため18年前に家業に入った。当時は代行業が主で、2人の職人が4台の力織機で生産するだけだった。

　この体制は2011年まで続いたが、出機の高齢化を危惧し、経験のある職人を2人雇用したほか4台の力織機を増設して4人8台体制となり、2014年2人、2015年3人と続いて雇用し、6台を増設して9人14台体制となっている。さらに2014年、京都からIターンした手織り職人（1975年生）も雇用し、手織り帯の生産も始めた。工場の年齢構成は50代4人、30代3人、20代2人、10代1人で、内訳は男性2人、女性8人となった。

　採用方法は主にハローワークからの紹介で、2014年来の採用者6人（手織り職人を含む）のうち3人は未経験者で、新人は先輩の側について仕事を覚えていく。ハローワークからの新規採用の助成金を活用し、3か月の給与補填を受けているが、それにしても、なぜここ2年で織機を増設して6人も雇用できるようになったのだろうか。

　実は、養父代表が、西陣のメーカー（取引先）に対して、従来の「1反(たん)でいくら」という工賃方式をやめて、「1台1か月いくら」という定額方式を提案した。それを西陣側が了承したことで給与の安定化につながり、若い従業員の育成ができるようになったという。

　丹後（自社）で工場設備や人材育成などをするので、西陣側でも人を雇用できる値段にし、お互いにリスクを折半しようという新しいビジネスモデルである。2014年からの本格的な増設には、絹友会（組合若手グループ、40歳以下）で同期だった「篠春織物」をはじめとし、「田勇機業」、「ワタマサ」という白

⑷⑹　2015年3月3日、有限会社河芳織物代表取締役河田芳宏社長のヒアリングによる。
⑷⑺　京丹後市［2012］、与謝野町［2012］。
⑷⑻　2015年9月7日、養父織物養父孝昭代表のヒアリングによる。

生地企業が若手の育成をしている動きも刺激になった。

　ただ、これまで参加してきた新規事業は一旦やめている。養父代表はJB事業にも後半の2年間に参画し、池田氏とともに渡仏して高級ブランドを回っている。世界市場を見たことで、自分の立ち位置が分かり、改めて和装の帯の生産が自分の行く道だと再認識したという。

　また、Tango＋(丹後プラス)での小売販売事業についても、「製造・企画・販売は別もの。それぞれ得意な所がすればよい。自分は製造を軸に、企画は販売側と要望をやり取りしながら進めていき、職人を育成して生産基盤を確立することに集中したい」と述べる[49]。

おわりに

　本稿では、2005年からJB事業を通じて海外販売へ挑戦し、10年を迎えた丹後織物産地の現在を追った。海外販売とは無縁だった「丹後テキスタイル」は、長い技術の蓄積から欧州の高級ブランドから高い評価を受けた。特に、世界でも類を見ない藤布と螺鈿織(らでんおり)は、JB事業後、世界の最大の繊維見本市にも継続して招待されている。JB事業で培った人脈で欧州での販売や高級ブランドバイヤーの招聘などが現在も継続しており、広幅織物へも挑戦を続けている。

　ただ、世界市場に本格参入するためには、最低年2回は新しい商品を提供しなければならない。それほど厳しい世界であり、その早いサイクルに対応できるのか、また言葉の壁もあり、通訳の確保も必要となるであろう。そして、JB事業時に立ち上げたホームページも現在更新されていないことなどを見ると、乗り越えねばならない課題も多い。

　一方、国内では、新商品への挑戦と新たな販売ルートができつつある。国内販売では、従来の和装をベースとする「Tango＋」と、今の生活マッチした商品開発をする「チーム丹後」での販売ルートが少しずつ枝を太くしており、確かにヒアリングをした事業者達は、ここ5年ほどで売上高や利益率を伸ばしている。さらに重要なこととして、小さな機屋(はたや)が結束して「丹後のみんなで」助

「海の京都・丹後のたからもの展」阪急うめだ本店（2014年、筆者撮影）

け合う産地内でのネットワークが形成されてきていることが挙げられる。JB事業や国内販売事業に挑戦しなければできなかったものだろう。そのなかで、若手の経営者も成長していると言える。

　本稿では取り上げていないが、ユナイテッドアローズのOEMから手織りネクタイの自社ブランドを立ち上げ、2015年12月、京都三条通に店舗をオープンした「クスカ」、阪急の催事では最も売れていた軽くて暖かい絹マフラーをつくった「糸あそび」、ピエールカルダンの洋傘地や和柄のマスクなど新商品開発に熱心な「安田織物」など、今後の動きが気になる若手の工房はまだまだある。

　そして、長らく丹後産地の課題となってきた職人の高齢化問題への対応も起こっている。白生地の分野では、JB参画事業者と従来型の事業者の双方ともに若手の育成に力を入れ始めている。また、西陣の下請けで出機(でばた)がほとんどだった帯の生産現場からも、西陣のメーカーに賃金方式から定額方式を求めて自

⑷9　注⑷8に同じ。

社工場を建設し、若手の育成を始めるといった事業所も現れた。その際、年齢構成がアンバランスになっている工場へ若手を取り込むには、まず若い人を何とかして一人確保し、その人材に呼び水になってもらうことである。そして、子育て世代には労働時間をシェアし、賃金の安定と上昇への新モデルを構築することが求められている。

　京丹後市も2014年度から新産業創出事業のなかに養蚕業を位置づけ、無菌での生糸づくりや産業資材への挑戦など織物業への支援も増えている（第5章参照）。かつて白生地を問屋に卸してさえいればよかった構造が崩壊するなかで、多くの種がまかれている丹後産地はどのような方向を目指していくのか。また、各事業所は何を選択するのか。しばしば登場した「みんなで」という言葉通り、モノづくり・人づくり・地域づくりの三位一体での挑戦が続く。

●お詫びと謝辞●

　お名前が何度も登場する場合、敬称を省略しましたことお詫び申し上げます。

　本稿を作成するにあたり、多くの方々がご多忙な中、ヒアリングに応じてくださいました。紙面に挙げさせていただいた方々はもとより、多くの丹後産地の方々に深謝申し上げます。

参考文献一覧

・片岡進［2013］「繊維産業の現状及び今後の展開について」経済産業省。
・北野裕子［2009］「伝統産業の海外進出――ベトナム進出の丹後機業調査」龍谷大学社会科学研究所『社会科学研究年報』第39号、29～36ページ。
・北野裕子［2010］「丹後機業と京都老舗糸商のベトナム進出」松岡憲司編『地域産業とネットワーク―京都北部を中心として』新評論、81～110ページ。
・北野裕子［2013a］『生き続ける300年の織モノづくり――京都府北部・丹後ちりめん業の歩みから』新評論。

- 北野裕子［2013b］「老舗織物産地・丹後の事業承継──新事業への挑戦」松岡憲司編『事業承継と地域産業の発展──京都老舗企業の伝統と革新』新評論、149～180ページ。
- 京丹後市［2012］『平成23年度　京丹後市織物実態統計調査報告書』。
- 京都府織物・機械金属振興センター［2007］『丹後織物産地　生産基盤実態調査報告書』。
- 京都府織物・機械金属振興センター［2015］「丹後織物業の景況・動向調査結果」。
- 京都府産業支援センター［2012］「北部企業紹介（民谷螺鈿）」『クリエイティブ京都 M&T』No.080、6ページ。
- 京都府商工会連合会［2010］「JAPANブランド・丹後テキスタイルの軌跡」「丹後テキスタイル展　JAPANブランド事業のまとめ」（内部資料）。
- 金泰旭［2014］「地域ファミリー企業の事例分析 2：株式会社細尾」『地域ファミリー企業におけるビジネスシステムの形成と発展』白桃書房、79～114ページ。
- 黄完晟「歴史的転換期の地場産業と地場産業論」［2011］大阪経済大学中小企業研究所『中小企業季報』No.2、1～10ページ。
- 佐藤可士和・四国タオル工業組合［2014］『今治タオル　奇跡の復活』朝日新聞出版。
- 第20次西陣機業調査委員会［2013］『西陣機業調査報告書（調査対象：平成23年）』。
- 丹後織物工業組合［2015］『産地の概況と統計・資料──平成26年版』。
- （独）中小企業基盤整備機構経営支援情報センター［2010］『中小機構調査レポート──地域資源を活用して海外販路開拓を図る産地中小企業の実態と課題』No.5。
- 中小企業庁［2015］「ＪＡＰＡＮブランド育成支援事業について」。
- 中小企業庁［2006］「全国の産地　平成17年産地調査概況調査結果」。
- 日本商工会議所・全国商工会連合会［2005］「平成16年度JAPANブランド育成支援事業」中小企業庁。
- 日本商工会議所・全国商工会連合会［2006］「平成17年度JAPANブランド育成支援事業」同。
- 日本商工会議所・全国商工会連合会［2011］「JAPANブランド育成支援事業　活用のためのガイドライン」同。
- 株式会社日本総合研究所［2007］「JAPANブランドの取り組み手順──各地の取り組み事例から学ぶ」同。
- 株式会社日本総合研究所［2010］「JAPANブランド育成支援事業評価等事業報告書」同。
- 三菱UFJリサーチ＆コンサルティング［2013］「中小企業の海外等販路開拓に関する実態調査報告書」。
- 村上克美「グローバル化と地場産業の危機」［2000］中小商工研究所『中小商工業研究』第65号、18～29ページ。

・村山裕三［2010］「京都型ビジネスの光と影：伝統産業を事例として」（講演録）龍谷大学大学院経営学研究科付置機関京都産業学センター『京都産業学研究』第8号、41〜79ページ。
・村山裕三［2012］『伝統産業から文化ビジネスへ』マリア書房。
・村山裕三［2013］「伝統産業から文化ビジネスへ」（対談）株式会社京都総合経済研究所『FINANCIAL FORUM』No.102、2〜7ページ。
・与謝野町［2012］『平成23年度　与謝野町織物実態統計調査報告書』。

第3章

新しい経済環境下における、女性による企業経営[1]

松岡憲司・北野裕子・辻田素子

はじめに

　財政の悪化、リーマンショック以降の景気低迷、円高など、わが国の地域社会を取り巻く経済環境は近年ますます厳しくなっている。地域開発も、従来のような企業誘致や公共事業では立ち行かなくなった。ますます進展するグローバル化の下、多くの地域社会は大胆な変革を迫られている。そして、高齢化し、かつ人口が減少するなかで、地域の人的ネットワークやソーシャル・キャピタルはより重要性を増してきている。そんな状況下において、地域社会は競争力を向上させ、雇用を創出して、地域住民の福祉や生活の質向上につながる発展経路を見いださなければならない。

　グローバル化進展のなかで地域社会は、海外に進出した企業や人材のホームタウンであり、情報交換のコアとならなければならない。確かに、地域社会では高齢化・人口減少が進んでいるが、安定した生活基盤をもった地域経済の存在こそが安心した海外進出の基礎となる。そのなかで地域社会は、高齢者や女性も含め、人々の働き方を大きく変容させていかなければならないだろう。高

---

[1] 本章は、松岡憲司・辻田素子・北野裕子「新しい経済環境下における、女性による企業経営」『龍谷大学社会科学研究所研究年報』第43号、2013年3月の一部を加筆・修正したものである。

齢者や女性、外国人といった新しい担い手への期待は小さくない。第2次安部内閣でも、女性労働力の活用が重要な政策課題の一つとされている。

就業者数については、2004～2014年の雇用者数（役員を除く）で男性が1.3％の増加であるのに対して、女性の雇用者数は10.7％増えており、労働力として女性の重要性が高まっていることが分かる[2]。「平成24年就業基本調査」[3]によると、総労働人口の43.0％に当たる2,768万人の女性が仕事に従事している。その内、2,425万人が雇用者（会社などの役員を除く）であり、仕事をしている女性の87.6％となる。

女性就業者の特徴的な点と言えば、家族従業者が多いことである。家族従業者の内、82.5％が女性となっている。一方、経営者（自営業者と会社などの役員を合計したもの）に占める比率は24.1％に留まっており、女性労働力の8.1％でしかない。しかし、女性の事業活動への期待は大きく、『2012年版中小企業白書』では、潜在的な需要を掘り起こす担い手として注目されている。

調査会社である帝国データバンクは、定期的に「全国女性社長分析」という調査を実施している。2015年10月に公表された第3回全国女性社長分析によると、全社長に占める女性社長の割合は7.51％である。大分類で見た業種では、不動産業や小売業で女性社長の比率が高くなっている。細分類では、保育所、化粧品小売り、美容業などにおいて女性社長の比率が高い。社長になった経緯では、51.04％が同族継承であり、男性社長の同族継承が37.42％であるのに比べると高くなっている。しかし、創業者や内部昇格は男性社長よりも低い割合となっている。

京都の老舗企業では、男子第一子、すなわち長男が事業を承継するケースが多い。我々が実施した老舗へのアンケート調査では、現経営者の64.8％が長男であった。男子がいない場合、娘に婿養子をとって継承者とすることも老舗の特徴であるとも言われている[4]。しかし、われわれのアンケート調査によると婿養子は意外と少なく6.8％であった。では、実子の女性が継承しているのかというとそうではなく、同調査では1.8％、件数では4件でしかなかった[5]。しかし、近年、老舗の先代社長の娘が事業を承継するといったケースのなかに注目すべき事例が出てきている。

本章では、女性経営者に注目し、地域社会において女性経営者が果たしている役割について、いくつかの事例を挙げながら明らかにしていきたい。

1　老舗企業の後継者としての自覚[6]
―株式会社半兵衛麸―

　京都には様々な伝統食品があり、それが京都の魅力の一つともなっている。そのなかに「生麸」がある。餅のような弾力のある食感は独特のものであり、多くの日本人に親しまれている食品である。

　麸には、乾燥した焼麸と生麸の二種類がある。乾燥した焼麸は、すき焼きや味噌汁に入れることで全国的に知られている。では、焼麸と生麸はどのように違うのであろうか。単に焼いているかどうかという違いだけでなく、原材料も製造工程もまったく違っている。事実、焼麸の店と生麸の店はそれぞれ専業の場合も多かった。

　生麸は、小麦粉から抽出されたグルテンにもち粉を加えて蒸すか茹でることでつくられている。一方、焼麸は、グルテンに小麦粉を加えて焼くという工程となる[7]。(株)半兵衛麸（以下、半兵衛麸とする）では両方がつくられており、登録商標をとった「京麸」ということで括られている。

　麸はもともと中国の食材であり、修行僧によって仏教とともに日本に伝来された。室町時代になると、お寺の精進料理や宮中の行事食として利用されるようになった。そして江戸時代に入り、お寺の法要の料理などを通じて一般にも広まりはじめた。江戸時代の文化年間（1804～1818年）、京都で麸の製造に株

---

(2)　総務省統計局［2015］『労働力調査（詳細集計）、平成26年（2014年）平均、速報』。
　　（http://www.stat.go.jp/data/roudou/sokuhou/nen/dt/pdf/index1.pdf）
(3)　総務省統計局のホームページに「平成24年度就業基本調査」の結果が掲載されている。
　　http://www.stat.go.jp/data/shugyou/2012/index2.htm#kekka
(4)　婿養子の仕組みの意味については、ウィワタナカン・沈［2015］40～41ページが詳しい。
(5)　松岡・村西・姜［2012］41ページ、表7。
(6)　この節は、2015年6月17日に龍谷大学で行われた玉置万美氏の講演に大きく依存している。松岡憲司執筆。
(7)　製法は、京都府中小企業総合センター『京都府産業の展望』70ページによる。

玉置万美社長

仲間の鑑札が発行されたという記録が残っているという[8]。

　経済センサス、あるいはかつての工業統計では、「ふ・焼ふ」は他に分類されない食料品（0999）のなかに設けられており、「099931」という産業コードが付けられている。2012年の経済センサスによると、全国244事業所から136億7,300万円の出荷額が生み出されている。ちなみに、京都府では、6事業所で出荷額は9億100万円となっている[9]。一方、2000年の工業統計を見ると、8事業所、約15億円の出荷額となっており、その市場は縮小傾向にあることが分かる。

　半兵衛麸は、1689（元禄2）年創業の麸の製造販売企業である。創業者である初代玉置半兵衛（1679〜1736）は奈良県の玉置村（現在の奈良県吉野郡十津川村玉置川）の出身である。玉置一族は、宮中で大膳寮という料理番を務めていた。初代玉置半兵衛も大膳寮を務め、そこで麸づくりなどを学んだ。年季が明け、それまでは宮中や寺院でしか食べられていなかった麸を世の中に広めたいということで、京の町に「萬屋半兵衛」という麸屋を1689（元禄2）年に開業した。これが半兵衛麸のはじまりである。

現社長の玉置万美は、2014年9月に就任した。それまでは、長年にわたって専務取締役として社長をサポートしてきた。玉置万美は、先々代の社長である11代玉置半兵衛（本名：辰次）の長女（三姉妹）として生まれた。両親からは何も言われなかったが、幼少時より親戚を含む周囲からは「店を継ぐねんな」と言われ続けてきたという。学校の同級生からも、名前変わらないだろうし、家も引っ越さないだろうからと同窓会役員に推されたという。

　そのような周囲の雰囲気もあって、若い頃から「私が継がなあかんねやな」、「麩屋さんするのやったらどうしたらいいのかな」と潜在意識のなかで考えてきたと言う。そして、20歳ぐらいから家業の仕事を手伝うようになった。

　京都の老舗では、伝統がもちろん重視されているわけだが、その一方で新しいことに挑戦し続けているところも多い。半兵衛麩の家訓の一つは「不易流行」である。代々積み重ねられてきた歴史や伝統を大事にしながら、新しい技術や新商品の開発などといった革新を続けることを家訓としている。半兵衛麩の326年にわたる歴史を見ても、何度かの革新（イノベーション）が起こされている。

　その一つは、九代目虎治郎の時代に行われた粉の変化である。麩は小麦粉から抽出したグルテンが主材料であるが、虎治郎以前は石臼で挽いた粗い粉であった。明治時代に入って細かいメリケン粉が日本に入ってきたが、その時点では麩に使うことが許されていなかった。そこで虎治郎は、木綿の布の上に人力の石臼で挽いた粉を広げ、それを斜めにして大きい粒を捨て、布に残ったきれいで細かい粉が箱の中に溜まるように工夫した。このような方法で粉の品質を向上させ、その細かい粉で麩をつくり出したわけである。ちなみに、この方法によって麩の細工や色づけが可能となっている。新しい製法でつくられた焼麩は、1903（明治36）年に平安神宮で開催された第二回内国博覧会に出品され、三等賞を受賞している。そして、翌年の第三回内国博覧会では有功銀牌を受賞した。

　もう一つのイノベーションは、万美の父である11代目辰次の代において行わ

---

(8)　同書、70ページ。
(9)　「平成24年経済センサス産業別集計（製造業）品目編」による。

れている。それまで、半兵衛麩の売り先は主に料理屋であった。すき焼きやおつゆに入れる焼麩は一般家庭でも食べられていたが、生麩は料理屋でしか食べることができなかった。しかし、冷蔵庫の発達もあり、家庭でも食べられるのではないかということで生麩の小売りをはじめることにした。

とはいえ、当時、外食の機会があまりなかった女性にとっては、生麩は馴染みのない食材であるため、「どのように料理をしていいのか分からない」という声が寄せられた。そこで、生麩の料理を実際に食べてもらう場として半兵衛麩店内に茶房「半兵衛」を開業し、生麩料理のつくり方を簡単に説明することでその料理法を覚えてもらうことにした。この茶房「半兵衛」は、特定の食材専門レストランの先駆けとも言えるものであった。

このような革新への挑戦が続く環境のもとで育たれた万美も、新しいことに挑戦している。先述のように、20歳頃から家業の手伝いをはじめた万美は、当時の客層が40代以上の中高年であることに気付いた。将来、経営者になることを意識していた万美は、自らが経営に携わる頃にお客様がいるのだろうかと不安を抱くようになった。

そこで万美は、同世代の友人などに麩を食べてもらうためにはどうしたらいいのだろうかと考えはじめた。まず、万美自身が食べたいと思う料理方法を考え、様々な食べ方を試した。その際、麩の大きさやパッケージについても工夫を重ねている。例えば、麩を切ってオリーブオイルで焼き、とろけるチーズを乗せてみるなどの食べ方である。

従来からのお客様には、「そんなん、お麩にしたらあかん」とか「お麩はそんなんして食べたらあかん。もっと、ちゃんとした食べ方せえへんかったら怒られますよ」と言われてしまったという。そんな時、「今では、すき焼きで麩を使うのは当たり前になってますけど、江戸時代にはなかったんですよ」と伝えると、お客様も「あ、ほんまやねぇ」と言われ、麩の新しい食べ方を受け入れてくれたという。

このように新しい料理方法がさらに広まり、生麩を入れたリゾットや、芯に生麩が入っているロールケーキなども生まれてきている。リゾットからの発想で、お粥に生麩を入れるなどといった、洋から和へ戻ってくることもある。こ

ふふふあん

れらの新しいレシピは本としてまとめられており、『京都半兵衛麸のやさしいお麸レシピ』というタイトルで出版されている[10]。また、その延長として、スープに合うようにブラックペッパーやバジル、チーズなどを練り込んだ麸を開発し、それらの専門店として「ふふふあん」という店を本店の向かいに開店している。

インターネットへの対応も早かった。Windows95が登場した2000年頃には、いち早くホームページを開設している。言うまでもなく、当時はネットショッピングというものが一般的なものではなかった。そこで、注文用としてファックスが使われていたという。

幼少時より将来経営者となることを意識しながら育った玉置万美は、料理法という女性の感性を存分に生かしながら、家訓である「不易流行」を実践し、新しい老舗をつくり続けている。

---

[10] 玉置万美［2012］『京都半兵衛麸のやさしいお麸レシピ』淡光社。

2 アートと老舗の出会い⁽¹¹⁾

—株式会社本家尾張屋—

　半兵衛麸の玉置万美社長と同様、近年になって老舗を引き継いだ女性経営者に「本家尾張屋」の稲岡亜里子社長がいる。亜里子は、2014年、本家尾張屋の16代目当主として社長に就任した。

　老舗の蕎麦屋として知られる本家尾張屋は、名前が示すように尾張の国（愛知県）にあった店だが、1465（寛正6）年にある公家からの招聘により京都に移り、菓子屋として創業した。したがって、2015年はちょうど創業550年にあたる。

　京都における蕎麦文化は、寺院から蕎麦づくりの注文が菓子屋に入り、お寺に納めたことが出発点であるという。蕎麦と菓子の共通点は、粉を水で練ってつくるというところにある。当時、粉を練り、延し、切る技術をもっていたのは菓子屋だけだったので、菓子屋に蕎麦の注文が来たのである。

　火災に遭ったため本家尾張屋には記録が残っていないが、京都発祥の老舗菓子屋の「虎屋」には、江戸時代に寺院より蕎麦やうどんの注文を受けた時の注文書が残っているという。京都の禅寺では、15世紀頃から日常の食事として蕎麦を食べていたので、日本における蕎麦発祥の地は京都と言ってもいいのかもしれない。

　本家尾張屋が生業（なりわい）として蕎麦屋をはじめたのは、初代稲岡伝左衛門の時代で1700年頃とされる（同社 HP による）。江戸時代後半より明治初期までは綾小路室町東入に店を構えていたが、1885（明治18）年に現在の二条車屋通下ルに移転した。

　先代社長には、長女の稲岡亜里子の下に弟と妹が一人ずついた。代々、当主は男子が継承することが多いため、亜里子も弟が店を継ぐものと思い、店の経営にはあまり関心をもつことなく育ったという。しかし、弟が継がないであろうと感じはじめた20代半ばより、将来の経営について責任を感じはじめるようになった。

　亜里子の経歴は大変ユニークなものである。京都の老舗であるにもかかわら

第3章　新しい経済環境下における、女性による企業経営　75

本家尾張屋の座敷

ず、普段の生活は、フランス留学の経験がある母の影響もあって洋式の生活スタイルであった。このような生育環境もあってか海外への思いは強く、高校生（17歳）の時にアメリカへ留学している。そこで出合ったのが「写真」である。本場であるニューヨークの大学で写真を学び、そのまま写真家になって、主にコマーシャルの写真撮影をニューヨークと東京を拠点として活動してきた。つまり、典型的なアーチストなのである。

ファッション雑誌や芸能人の撮影といった華やかな世界に身を置いていた亜里子に、転機が訪れた。その切っ掛けは、2001年9月11日にニューヨークで起きた同時多発テロ事件であった。戦争や死というものへの恐怖を実感したという。

翌年、亜里子は北大西洋の北極圏にあるアイスランドを訪れ、そこで見た風景から自分のなかにある京都の記憶がよみがえった[12]。アイスランドを訪問することによって亜里子は、「京都の記憶を、子どもの頃に感じた記憶を、写真を通して探してたんじゃないのかということに気付いた」と言う[13]。このよう

---

[11] この項は、2015年7月15日に龍谷大学で行われた稲岡亜里子氏の講演に大きく依存している。松岡憲司執筆。
[12] この時の写真は、『SOL ARIKO』（赤々舎、2008年）として出版されている。

利休そば

な体験を通じて、実家の商売が京都の文化や歴史と深いつながりがあることに感謝する気持ちとなり、先代である父に「事業を継ぐ」と伝えた。2009年のことである。

長年にわたってアートに携わってきた亜里子は、当初、老舗や伝統を継ぐということは、同じことを毎日しなくてはいけないのではないか、アートとは逆のことをしなければいけないのかと思っていたという。しかし、店の歴史を学ぶなかで、「そうではなく、ご先祖がここまで続けてきたのは、何か新しいことにずっと挑戦し続けてきたからなんだ」ということに気付いた。また、先代社長からは、「尾張屋を知り、歴史を理解し、その上で新しいことをしていくことがあなたの役目ですよ」とも言われている。

店の名物である「そば板」「そば餅」「宝来そば」「利休そば」は、代々の当主がつくった当時の新メニューだった。新しい当主として亜里子は、「お菓子に向き合いたいと思ってます。今の時代にあった蕎麦菓子づくりに挑戦したい」と言っている。だからといって、何か新しいものに全部つくり替えるというわけではなく、先祖が残してくれたものに何かプラスすることでそのよさをさらに引き立てていくのが自らの役割と考えている。それを称して、「先祖とのコラボレーション」という言葉が筆者の耳に届いた。言い得て妙である。

アーチストでもある亜里子にとっては、もう一つの大きな挑戦として「経営」がある。社員とパート合わせて100人の生活に責任をもたなければならないという立場をふまえて、新しい責任に大変なやりがいを感じている。「10年後、20年後、100年後の尾張屋を意識しながら仕事をする」と言う亜里子は、「継続することが最も重要です」とも言う。京都の老舗に共通する経営理念を反映した言葉であり、グローバルに活躍してきた稲岡亜里子にもその理念が共有されているというのは、550年にわたる歴史の賜物であろう。

創造というアート感覚と女性としての感性を通じて、創業550年という歴史の意味を再発見した稲岡亜里子の下、本家尾張屋が今後どのように展開していくのか大変興味深い。

3 社長自ら動く広告塔に
―株式会社比叡ゆば本舗ゆば八[14]―

　(株)比叡ゆば本舗ゆば八は、1940（昭和15）年創業の「ゆば八商店」を出発点とするゆばの製造販売業を営んでいる。1994年から代表取締役社長に就任している八木幸子は、2006年、内閣府より「女性のチャレンジ賞」を授与されるなど女性経営者として高く評価されている。

　京都で有名なゆば、その発祥は比叡山延暦寺の開祖と言われる伝教大師最澄が約1200年前に仏教やお茶とともに日本に持ち帰ってきたものとされている。言うまでもなく、比叡山の精進料理の一つであり、戦前のゆば八商店時代から、当店のゆばは延暦寺御用達であった。そして、1969（昭和44）年に「比叡ゆば」というブランドを設け、社名を「比叡ゆば本舗ゆば八」として「ゆば八」という名を残した。

　伝統食品、伝統産業では家内工業に近い経営をしているところが多いが、当社は「日本一のゆば屋になりたい」という大きな夢のために企業として経営してきた。先代社長が、1976（昭和51）年に栗東工場、1979（昭和54）年に瀬田工場というように工場を広げ、商品群も次々と開発していき従業員も100名近くになった。現在の本社社屋は1993（平成5）年に建てられたものだが、その翌年に先代社長が急逝され、夫人の八木幸子が社長に就任した。幸子は先代が急逝される5年ほど前から経営にかかわっていたため、経営を引き継ぐことに不安はなかった。

　もともとは料理店などへ業務用として販売していた当社だが、幸子が社長に就任してからは消費者向けの販売も開始した。現在、9割が業務用、小売りは

---

[13]　龍谷大学での講演より。
[14]　2012年9月14日訪問、松岡憲司執筆。

ゆば八の正面

1割という比率となっている。業務用に販売しているうちの1割ぐらいが、相手ブランドでの販売（OEM）となっている。

幸子社長が最も重視しているのはブランド戦略である。ブランド価値を高め、納入先において「比叡ゆば」を使っているということが付加価値を高めることにつながっていけばと考えている。

この「比叡ゆば」というブランドについて、当初、特許庁は地名とゆばではだめだと言い、ブランドとしての登録が認められなかったという。1997（平成9）年、農水省の例外ということで認めてもらったようだが、業務用が中心であったために知名度はあまり高くなかった。そこで、幸子社長自らが動く広告塔になり、知名度を高めていくことにした。全国を講演活動で回るという日々が続いたが、その回数は約600回にまで上っている。

社会福祉協議会からの要請で、高齢者の方々に講演する機会も少なくない。幸子社長の講演は「元気が出る」ともっぱらの評判となっている。

「気持ちをまず、ありがとうにもっていって命に感謝し、世のため人のためのお役立ちをすることが、やっぱり天の喜ぶ生き方。さらには、命が喜ぶ食材は『比叡ゆば』ですよ」と、広告も忘れない。

「ありがとう人生」は三つの「9」、すなわちサンキューとして1999年からはじめたという。「ありがとう角度」からものを見ると、すべてが「ありがとう現象」にしか物事を理解できなくなるとも言う幸子社長の言葉、筆者が教える学生にも伝えたくなった。

店内に並ぶ数々の「比叡ゆば」

　ゆばの料理法も知られていなかったため、湯葉料理教室を比叡山ホテルの叡山閣で開き、春は花見懐石、五月は薫風懐石、九月はお月見懐石、一一月は紅葉懐石、二月は雪見懐石として開催した。また、バリ島や韓国でもゆばの料理教室を開いているし、パリで滋賀県県人会が開催されたときには、パーティーでゆばを使ってもらい、パリのシェフからも注目された。
　そんななか、日本政策金融公庫の紹介で「レストランNOBU」の松久信幸と知り合い、クッキングブックに比叡ゆばを載せてもらうことになった。また、ショップチャンネルに幸子社長が出演し、10分間で1万袋を売ったこともある。直接の小売りは百貨店の催事を通して行っているが、その際、店頭に立つことで消費者ニーズを直に捉えることもできている。
　経営をしていると、不況期など苦しい時期も当然ある。そんな不況期こそ、人材教育、新規の顧客開拓、新商品の開発、そして設備投資など、対処しなければならないことがたくさん出てくる。そのためには、内部留保金が重要となる。これまでの企業経営において存亡の危機にあったのは、OEM商品のなかにクレームが発生した時である。長浜の工場を建てた3か月後のことだった。

「ブランド戦略をしている我々としては、一番大きなダメージでした。企業、特にブランドを構築している企業の存続にとって、危機管理が一番重要です」

このように語ってくれた幸子社長の目は、さらなる未来を見通しているかのようだった。

4　機屋のおかみさんの活躍
―株式会社山藤　取締役山添明子氏[15]―

　(株)山藤は、約300年の歴史をもつ丹後ちりめん業のなかで、1833（天保４）年に創業し、180年余の長きにわたって白生地を織り続けている丹後屈指の老舗織物工場である。丹後織物産地は白生地・ちりめんを中心に戦後は西陣の下請けの帯や着物地を製造し、高度成長期には「ガチャ万（織機がガチャと動けば万札を生む）」と言われるほど異常な伸びを示した。白生地は、最盛期の1973（昭和48）年には約920万反を生産し、ピークを迎えたが、2014（平成26）年には約40万反にまで減少している。

　そのなかで、業績回復を遂げたのが(株)山藤である。長らく山藤織物工場という個人事業所だったが、2011（平成23）年に資本金1,000万円・従業員数６人の規模で株式会社化した。現在、６代目となる山添憲一氏（以下、敬称略）が代表取締役を務め、４歳下の夫人が取締役の明子氏（同）である。

　創業から戦前までは、着物用の丹後ちりめん・白生地を織り、戦争中はパラシュートや軍人のコートなどを織りながら苦難の時代を乗り越え、昭和40年代半ば、先代（５代目）の時代からは着物地のほかに、風呂敷地・帯揚げ・半襟などの和装小物用も手がけ始めた。この新事業への取り組みは、同社独自というより、旧岩滝町（現与謝野町）での動きでもあった。

　６代目は同志社大学を卒業後、大阪の鉄工商社や京都室町問屋を経て、28歳で帰ってきた昭和50年代半ばは、まだ景気のよい時代ではあったが、価格は買い手の問屋側が決めるといったように、取引の主導権は大手の問屋が握っていた時代である。大手の問屋がクシャミをしたら機屋は飛んでしまうという現実に疑問を感じていた。

山藤の工場外観（筆者撮影）

　丹後ちりめんの機屋（織物製造工場）は織るだけで、大半は染色をしない白生地のまま、日本最大の和装問屋が集積する京都室町へ出荷されている。完成品でない白生地では直接消費者へ販売するのは難しく、京都室町や東京の大手卸問屋に販売を委ねるしかなかった。
　平成に入り、バブル経済が崩壊した頃から山藤織物工場の売上は落ち続けた。この現象は同社だけではない。着物離れ、大手呉服小売チェーンの倒産、不景気が続くといった社会状況のなか、丹後織物産地自体が「丹後ちりめん業界や機屋はもうダメ」という消極的かつ否定的な固定観念に縛られていた。そのような環境を打破したのが、宮崎県の出身で、外からの眼をもつ妻・明子の発想であった。伝統ある確立した技術によって製造されてきた丹後ちりめんや、山藤の風呂敷が廃れてゆくはずがないという信念がそこにはあった。
　白生地を大量に生産していると、「難もの」と呼ばれるキズものが出て問屋から返却されてくる。そこで、キズの部分を避け、自社で完成品となる風呂敷にすれば自ら販売できるという発想のもと、1998（平成10）年、パソコンを仕

⒂　2012年8月23日訪問、2013年2月6・22日、11月8日に展示会見学、北野裕子執筆。

風呂敷を持つ山添社長（2014年、筆者撮影）

事に活用していた隣人の協力を得ながら明子がホームページをつくり、インターネットでの販売に挑戦した。

　直接、機屋が風呂敷を1枚ずつネットで販売するということなど、とても考えられなかった時代である。しかし、ネット販売の効果はすぐに出た。最盛期の売上高4億円から、一時はその10分の1近くにまで落ち込んでいた売上高を1.5倍にまで回復させている。現在は本業の白生地を上回るほどの売上となり、相乗効果をなしている。

　成功の秘訣は、1枚からでもお客様の要望に沿い、喜んでもらえるものを提案して、オリジナルの風呂敷をつくったことにある。従来の業者によってつくられていた画一的な風呂敷に不満をもっていた人たちから評価され、結婚式の引出物をはじめとして、故人が書いた文字を染めた法事用の風呂敷などといった注文が増えはじめた。言ってみれば明子は、現在のライフスタイルにあったオリジナルデザインの風呂敷を提案している。このような細やかな対応は、女性ならではものであろう。

　しかし、無地ならともかく、もともとデザインを勉強してきたわけではない明子は、どのようにして風呂敷のデザインをしているのだろうか。そこで生きてくるのが180年を超える伝統であった。「同社には多くの古布が保存されてお

り、それらを復刻し、現代風にアレンジすれば、当分はデザインに困ることはない」と明子は言う。また、「染色は京都の染工場に委託しており、そこの若い女性デザイナーにも相談したりしながら商品開発を進めている」とも言う。

筆者が丹後織物の研究をはじめてから約15年が経つ。その過程で、丹後ちりめんは女性の高級着物の生地であり、織手として多くの女性が従事してきたことを知った。にもかかわらず、これまでに女性社長には会ったことがない。そこで、丹後出身であり、京都府織物・機械金属振興センター所長や丹後広域振興局長を歴任され、丹後織物について周知されている本田進氏にうかがったところ、「丹後織物における女性経営者は、丸五織物協同組合の故平井たつ子氏（京丹後市網野町）くらいではないか」ということであった。

山添明子は、いわゆる「女社長」ではなく、機屋の「おかみさん」と呼ばれる存在と言えよう。丹後ちりめん業においては、大半が家族経営の小規模な機屋のため、おかみさんの存在は従来から大きかったと思われる。(株)山藤では対等な関係で社長とおかみさんが協力し合う。本業や経営は社長が中心となって行うが、JAPANブランド育成支援事業の「パリ丹後テキスタイル展示会」をはじめとして、「東京ギフトショー」や「京都ビジネスフェア」などには明子が参加している。その影響であろうか、徐々にだが丹後の機屋の女性達が展示会場でブースを担当しはじめている。丹後織物産地においては、従来の織手という生産分野だけでなく、デザイン・経営・営業の分野でも今後はさらに女性が活躍することが期待されている。

5　笑顔と感謝でチャンスを引き寄せる
―有限会社丹後ジャージー牧場とミルク工房そら[16]―

搾りたての牛乳をアイスクリームやチーズなどに加工し、消費者に直接販売する酪農家が増えている。これは、農林水産省などが推進している農山漁村の「6次産業化[17]」の流れに沿ったものである。京都府北部の京丹後市で(有)丹

---

[16]　2012年8月23日訪問、辻田素子執筆。
[17]　6次産業化については、本書第4章を参照されたい。

後ジャージー牧場を経営する平林衛・文子夫妻もそんな酪農一家である。

同牧場には、牛舎のすぐ側に、高原のロッジをイメージした工房やカフェレストランがあり、5月の連休や夏休みになると1日1,000人を超える客が押し寄せている。客の目当ては、ジャージー牛特有の濃厚さが魅力のソフトクリームやアイス、プリン、チーズなどであるが、取締役の文子がこうした乳製品の開発や製造・販売を仕切っている。

酪農から加工品の製造販売へ

平林家はもともとこの辺りの地主であったが、戦後の農地改革を契機に、文子の父である卓が酪農経営に乗り出した。1949年のことである。その後、衛が同家に婿入りし、文子とともに卓が経営する平林乳業(株)で働くことになった。衛が牛乳を売り、文子は経理を担当した。京都では珍しいジャージー種の導入は、1980年代からはじまっている。

ジャージー種は、ホルスタイン種よりも小柄で乳量は少ない。そのため、栄養価は高くコクはあるものの牛乳の価格は割高となっている。それでも踏み切ったのは、差別化すれば大手乳業メーカーの傘下に入ることなく、地域密着型の経営を維持することができると判断したからである。

衛・文子夫妻は、2000年、「ジャージー牛と触れ合ってほしい」「本物の牛乳のおいしさを知ってもらいたい」「オリジナルの乳製品をつくりたい」といった思いのもと独立し、現在地に(有)丹後ジャージー牧場を設立した。当初は、敷地内にテントを張って、搾りたてのジャージー牛乳などを販売していたが、2004年に乳製品を生産して販売する「ミルク工房そら」をオープンした。

当時を振り返って、「『牛乳を飲んでください』と言って営業しても、牛乳の売上はなかなか伸びません。平林乳業の仕事は弟に任せて、私は牛乳の本当のおいしさを伝える役割を担うことにしました」と文子は言う。また、「大阪の業者に、搾りたてのジャージー牛乳を使ったアイスクリームを試作してもらった時の感動が今も忘れられない」とも言う。フリーザーから出てきたばかりのアイスクリームを口に含んだ時、「このおいしさをお客さんに紹介することこそが私の使命である。このアイスクリームを眠らせてはいけない。工房を建て

ミルク工房そら

よう」と決意した。

　約2,000万円の事業費は、「アグリ・チャレンジャー支援事業[18]」の認定を受け、国や京都府から補助金を得ることができた。久美浜町の吉岡光義町長（当時）や商工会などに相談した成果である。さらに、カフェレストランの増改築やチーズの販売量を増やすためのピザ釜の設置においても、2011年に京都府などから補助金を得ている。

　商品開発にあたっても、すべての商品に恩人がいるという。チーズ一つとっても、クリーム、モッツアレラ、ゴーダと様々な種類がある。新商品を開発するたびに北海道や東北の蔵王、九州の阿蘇などを訪ね、チーズづくりの「名人」から手ほどきを受けた。また、カフェメニューにカプチーノを導入する際には、京都工芸繊維大学の学生や宮津市にあるカフェ店主の支援があったという。文子は、幾度も感謝の言葉を繰り返した。

---

[18]　アグリ・チャレンジャー支援事業とは、新商品や新技術の開発、流通経路の開拓、施設整備などのリスクを伴うアグリビジネス（創造的高付加価値農業）にチャレンジする者（アグリ・チャレンジャー）を積極的に支援しようとするものである。

「こんな商品をつくりたいと思うと、どこからともなく誰かが手を差し伸べてくれるのです。私の力ではなく、みなさんの力が集まって今があると思っています」

ものづくりへのこだわりと消費者の視点

　文子には、いくつかのこだわりがある。その一つが、地元・京丹後の食材を使った製品づくりである。地元の名産でもある琴引浜の塩やカニ、地元で採れたカボチャやトマトなどがアイスクリームに使われている。NHKやTBSなどのテレビ番組で取り上げられた「わさびで食べる醤油アイス」は、地元の眼鏡ショップ経営者と老舗の醤油屋が開発した、わさびと相性のよい「ブラック鰤醤油」をアイスに練り込んだものである。新鮮で濃厚な醤油アイスにわさびをつけて食べると、後味スッキリの絶妙なおいしさが楽しめるという。

　新規取引をはじめるにあたっては、譲れないことがある。
「どのようなプロセスを経て製品が誕生しているのかを実際に見て、理解してもらえた方としか取引はいたしません。ですから、牧場に来ていただき、一緒にお話をさせていただくことからはじめています」

　牧場では、搾乳牛を18頭、子牛・育成牛を22頭放牧している。わざわざ牛舎横となる牛臭い場所に工房を立てたのも、牛乳ができるまでのプロセスをできるだけ多くの人に実感してもらうためだ。
「生まれたての子牛を約2年間手塩にかけて育て、ようやく乳が出るようになるのです。牛の匂いもかいでほしいし、牛の排出物も見てほしいのです」

　このように文子は、京丹後ならでは、牧場ならではといったモノづくりを大切にしつつ、主婦としての視点や消費者としての視点もあわせもっている。

　プリンの生産で余った卵白を活用しようとして誕生したのが、卵白を泡立てたメレンゲのお菓子「ダックワーズ」である。また、乳酸飲料の「ミルクピス」は、ジャージー生クリームを生産する際にできた脱脂乳を利用している。「もったいない」という文子の視点が、新商品の開発に十二分に生かされている。また、消費者目線や顧客志向も徹底している。
「創業は、私が55歳、主人が56歳の時です。だから、二人が食べていけたら十

分という気持ちでした。お金を儲けて贅沢したいといった私欲はなかったですね。お客様に喜んでもらいたいというのが私達の商売の基本ですから、新商品の値段も、このぐらいなら買ってもらえるのではという感覚で付けてしまいます」と苦笑する。

　同社の製品や経営は、第三者からも高く評価されている。チーズ業界で国内最高峰とされる審査会「ALL JAPANナチュラルチーズコンテスト」（主催・社団法人中央酪農会議）では、チーズづくりをはじめてわずか2年で優秀賞をもらっている。また、2012年には、京都府が推進している「知恵の経営」の実践モデル企業に認定された。文子にとっては、こうした外部評価が大きな自信につながっている。

夢をともに語り、実現に向けて努力する

　平林家は家族の結束も強い。大阪から帰郷した長男は妻とともに工房で働き、次女はホームページの運営やインターネット販売などを担当している。ジャージー牛乳をたっぷりと使ったカプチーノは、長男のアイデアであった。息子や娘から言われた、「帰る場所をつくってくれてありがとう」の一言が、文子にとっては「これまでで一番うれしかった」と言う。

　同牧場には、2013年現在、13人（パート・アルバイトの3人を含む）が働いている。牧場で3人、ミルク工房で10人という陣容となっており、6次産業化することで新たな雇用を生み出した典型例といえるだろう。従業員のすべてが地元採用であり、20代が2人、30代が3人と若者の比率も高い。
「主人と私が夢を見て、工房を立ち上げました。2人が見た夢のうえに、息子や娘の夢、若いスタッフの夢が広がっています。今は、夢を見るだけでなく、聞く楽しみがあります」と、文子氏はにこやかに語ってくれた。

　女性の視点や感性を生かしつつ、「男みたいに話がしやすい。でも、女だから助けてあげたい」という多くの文子ファンを取り込み、次々と夢を実現してきた文子、今は若い世代の夢をバックアップする側に回りつつある。

むすびにかえて

　高齢化・人口減少の時代には、人々の働き方や企業のあり方も大きく変容せざるを得ない。高齢者や女性、外国人といった新しい担い手をいかに確保・育成し、地域の産業振興につなげるかは、地域の存亡にかかわる極めて重要な課題となっている。とりわけ、女性の経営への参画は、これまでの企業経営にはない新たな視点をもたらし、地域経済への刺激となる可能性が大きい。

　女性が経営する企業の事業分野は、飲食店・宿泊業、教育・学習支援、生活関連サービスなどの個人向けサービスが多いとされている。本稿で見た各企業の女性経営者は、このような個人向けサービス以外の分野で活躍をしている。また、女性経営者では「経営に必要な知識やノウハウの不足」が困難の要因として挙げられることも多いのだが、本章で見た女性経営者は、むしろ消費者目線に立ち、女性ならではの企業経営がなされていた。今後の、女性による企業経営の一つの方向性を示しているのではないだろうか。

参考文献一覧

・ウィワタナカン・ユパナ、沈政郁［2015］「ファミリービジネスと戦後の日本経済」『一橋ビジネスレビュー』2015年 Autumn。
・河口充勇・竇少杰［2013］「京都老舗企業の事業承継に関する一考察──株式会社半兵衛麸を事例として」『同志社社会学研究』No.17。
・玉置半兵衛［2003］『あんなぁ　よおぅききや』京都新聞出版センター。
・玉置万美著［2012］『京都半兵衛麸のやさしいお麸レシピ』淡光社。
・松岡憲司・村西一男・姜紅祥［2012］「京都の老舗企業における事業承継と経営革新」『社会科学研究年報』第42号。

第4章

畜産経営における経営革新と新たな事業展開
—農商工連携・6次産業化に取り組む経営を事例として—

長命洋佑

はじめに

　我が国の地域経済は、地域産業の停滞、雇用・就業機会の減少、高齢化の進展などによって「都市と地域の格差」が顕在化し、その格差が拡大している（細川［2009］）。そして、農山村や地方都市をはじめとする各地の地域は疲弊しており、旧来の産業別振興方策によってはその克服が困難な状況となってきている（金井［2009］）。

　また、農業分野においても、農業生産者の著しい高齢化および後継者不足、食のグローバル化の進展と国内農産物価格の長期的な低迷化、異常気象や鳥獣害の頻発による農業生産者の生産意欲の低下、さらに不耕作・遊休農地の拡大など多くの問題を抱えており、農業生産および農業経営を取り巻く環境は厳しさを増している（小田ら［2013］）。

　そうしたなか、低迷する地域経済、農業・農山村の活性化方策の一つとして、農商工連携および6次産業化に注目が集まっている。これらの方策では、農林漁業と商工業などの有機的連携により、豊富な地域資源を活用した商品開発や販路開拓を通じて地域経済を牽引し、新たな産業ならびに雇用・就業機会を創出することで地域活性化の推進が試みられている。

　両方策は、類似もしくは重なっている部分が多くあるが、概ね前者はIT企

業などを含めた商工業者が主体性をもって農業生産者と連携し、原料調達から加工、販売まで、あるいはシステム開発などを担い、後者は農業生産側が主体性をもって加工から販売までを担っていくというものである。これらの方策は、どちらも農業を中心としつつ地域の関連主体が連携することによって新たな絆を形成し、これを頼りとした農林水産物の付加価値の創出を目指すことで地域内の雇用や所得を確保することにより、地域経済の活性化を推進しようとするものである（小田［2012］）。

そこで本章では、農商工連携および6次産業化事業に取り組んでいる畜産経営を事例として取り上げ、畜産経営の技術革新と新たな事業展開の実態について検討していくこととする。本章で畜産経営を事例として取り上げるのは、他の作目よりも早い段階で経営の事業多角化や企業グループの形成など、新たな展開が図られてきたためである。

肉用牛経営などにおいては、異業種とのネットワーク構築による新たな連携関係が見られるようになってきている。また、養豚経営や養鶏経営においては、生産から流通・販売、川上から川下までの部分の統合、すなわちインテグレーションが進展している。その一方で、畜産経営は経営内外において様々なリスクにさらされた環境下に置かれている。例えば、土地利用からの乖離（かいり）が進行しており、海外から大量に輸入されている飼料への依存が高まっている。そのため、飼料価格の高騰は経営の存続に大きな影響を及ぼすこととなる。また、2001年に発生したBSE事件、2010年に発生した口蹄疫、中国産食料加工品の偽装・毒物混入事件などの発生により、近年消費者は安全な食肉を求める機運が高まっている。

以下、次節では、統計資料などを用いて、農商工連携と6次産業化事業の現状について概観することとする。第2節では、農商工連携の事例として、肉用牛の繁殖・肥育一貫生産と焼肉店との連携事業の事例を取り上げる。第3節では、6次産業化事業の事例として養豚経営を取り上げ、当該経営が展開する加工・製造事業および販売事業の実態について見ていく。そして最後に、本章のまとめとして農商工連携および6次産業化への期待と課題について整理を行う。

1 農商工連携と6次産業化の現状

　本節では、統計資料などを用いて、農商工連携および6次産業化事業の現状について概観していくこととする。

（1）農商工連携

　2007年11月末、農商工連携の取り組みが農林水産省・経済産業省の共同施策として公表された。農商工連携は「農商工連携促進等による地域経済活性化のための取組」と題して公表され、地域経済の活性化を目的に農林水産業者と商工業などの中小企業者が連携する事業を農林水産省および経済産業省が横断的に支援するというのが基本的な枠組みとなっている。

　その後、政府は、「中小企業者と農林漁業者との連携による事業活動の促進に関する法律（農商工等連携促進法、2008年7月21日施行）」および「企業立地促進等による地域における産業集積の形成及び活性化に関する法律の一部を改正する法律案（企業立地促進法改正法、2008年8月22日施行）」のいわゆる農商工等連携関連2法を制定した。この法律は「農商工連携」に取り組もうとする中小企業者および農林漁業者の共同による事業計画を国が認定し、認定された計画に基づいて事業者を各種の支援策によりサポートするものである。

　認定に関しては、両者がこれまでに開発、生産したことのない商品・サービスであることや市場からの需要増による両者の経営改善などが基本的な要件となっており、以下の四つが主な要件となっている（室屋［2008］）。
① 中小企業者と農業者がそれぞれの経営資源、ノウハウ等を持ち寄り明確な役割分担をもつ連携体を構成する。
② 新商品・サービスの開発などを行うこと。
③ 5年以内の計画策定。
④ 中小企業者、農業者双方の経営改善の実現（それぞれの売上高、付加価値が5年間で5％以上向上）。

すなわち、農商工連携においては、中小企業者と農林水産業者の両者が単なる商取引関係にあるだけではなく、両者が主体的に事業に参画し、お互いの得意分野における経営資源をもち寄り、工夫を凝らした新事業を計画していかなければならない。また、それぞれが独立した動きをするのではなく、企画の段階から情報や知識の共有・蓄積を図っていくことが重要となる。これら農業者を含む複数の関連主体（ビジネスパートナー）との関係をバリューチェーンの視点から模式化したのが図4－1である。

　表4－1は、2015年7月6日時点における地域別法認定計画数および分野別の内訳を示したものである。第1回認定（2008年9月19日）において65件の事業計画が認定を受けて以来、現在まで累計659件の事業計画が認定を受けている。

　地域別の見てみると、首都圏に近い関東地域での認定数が140件と最も多い。次いで、中国・四国（99件）、東海（87件）と続いている。特に、中国・四国において水産物分野での認定数が多いことが特徴となっている。認定事業分野の内訳を見ると、農業分野が最多の526件（全体の約79.8％）となっている。次いで漁業分野が96件（全体の約14.6％）、林業分野は最少の37件（全体の5.6％）となっている。だだし、659件のうち、農林漁業者が主体となっている取り組みはわずか47件（7％）でしかない。

　また、図4－2は、事業計画で活用されている農林水産資源の内訳を図示したものである。内訳を見ると、野菜が最も多く30.6％を占めている。次いで、水産物（14.4％）、畜産物（11.8％）と続いている。

　認定事業類型の内訳を見てみると、「新規用途開拓による地域農林水産物の需要拡大、ブランド向上」を目的とした取り組みが307件と全体の半数近くを占めている（表4－2参照）。これまでのところ、新商品開発による新たな需要拡大、ブランド化を図ることで地域の農林水産物の資源供給量の増大への展開が図られてきたと言える。その一方で、「観光とのタイアップによる販路拡大」や「海外への輸出による販路の拡大」に関する事業は、現時点ではハードルが高い状況にあると言える。

　以上、農商工連携に関する事業計画の認定状況を概観してみると、地域、農

図4－1　農商工連携における関連主体（ビジネスパートナー）との関係

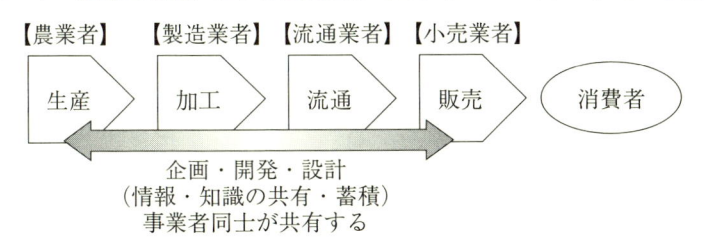

【農業者】　【製造業者】【流通業者】【小売業者】

生産 → 加工 → 流通 → 販売 → 消費者

企画・開発・設計
（情報・知識の共有・蓄積）
事業者同士が共有する

出所：筆者作成。

表4－1　農商工連携における地域別の認定状況

地域	総合化事業計画の認定件数	うち農畜産物関係	うち林産物関係	うち水産物関係
北海道	49	38	4	7
東北	62	53	1	8
関東	140	117	5	18
北陸	53	40	5	8
東海	87	72	5	10
近畿	77	68	3	6
中国・四国	99	68	7	24
九州	72	57	6	9
沖縄	20	13	1	6
合計	659	526	37	96

出所：農林水産省（2015a）より筆者作成。
注：合計659件のうち、農林漁業者が主体となっている取り組みは43件（7％）である。

林水産資源、認定事業に関して、特定の地域や分野・領域に差異が見られることが分かる。今後は、これまでに認定を受けていない、未成熟な分野・領域において新たな事業展開を図っていくことが重要となろう。例えば、「特にIT等の新技術を活用した生産や販売の実現」に関しては、現時点では30件と認定数は少ないものの、実用化に至る研究の蓄積が近年増加している。また、農業経営者においてもITへの期待が高いことも明らかになっているため（例えば、南石［2014］）、今後の実用化に向けた取り組みが期待される。

図4−2　農商工連携における事業計画で活用される農林水産資源

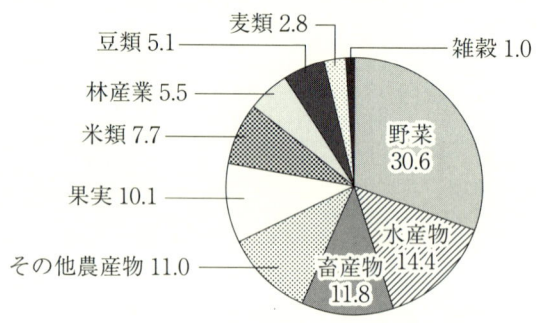

- 麦類 2.8
- 豆類 5.1
- 林産業 5.5
- 米類 7.7
- 果実 10.1
- その他農産物 11.0
- 畜産物 11.8
- 水産物 14.4
- 野菜 30.6
- 雑穀 1.0

出所：農林水産省［2015a］より筆者作成。

表4−2　農商工連携における認定事業の類型（件）

	計
①規格外や低未利用品の有効活用	107
②生産履歴の明確化や減農薬栽培等による付加価値向上	49
③新たな作目や品種の特徴を活かした需要拡大	144
④新規用途開拓による地域農林水産物の需要拡大、ブランド向上	307
⑤ITなどの新技術を活用した生産や販売の実現	30
⑥観光とのタイアップによる販路の拡大	14
⑦海外への輸出による販路の拡大	8
合計	659

出所：農林水産省［2015a］より筆者作成。

（2）6次産業化

　6次産業化は、2011年3月に「地域資源を活用した農林漁業者等による新事業の創出等及び地域の農林水産物の利用促進に関する法律」によって施行された。『平成23年度食料・農業・農村白書』では、6次産業化について「農産物の生産、販売や生産コストの低減のみならず、農山漁村に由来する様々な地域資源を活かしつつ、第一次産業、第二次産業及び第三次産業を総合的かつ一体的に融合させた事業展開を図ること」が求められている。また、このような農

図4－3　六次産業化における関連主体（ビジネスパートナー）との関係

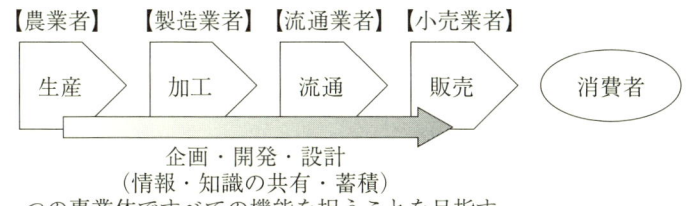

【農業者】　【製造業者】【流通業者】【小売業者】

生産　→　加工　→　流通　→　販売　　消費者

企画・開発・設計
（情報・知識の共有・蓄積）
一つの事業体ですべての機能を担うことを目指す。

出所：筆者作成。

業の6次産業化を通じた所得の増大を図るため、基本計画においては、「食生活の変化や地域の実情、品目ごとの特性を踏まえ、農産物の品質向上、加工や直接販売等による付加価値の向上やブランド化の推進等による販売価格の向上を図る」旨が記載されている。

　6次産業化の目的は、これまで農業では大半がその生産の部分しか担ってこなかったが、加工や販売・サービスなどの第2次・第3次産業も含めて経営の多角化を図り、加工や流通にかかるマージンなど、これまで第2次・第3次産業の事業者が得ていた付加価値を農業者自身が得ることで、農業および農山村を活性化させようというものである（小田ら［2014］）。

　また、6次産業化事業の認定を受けることは農業経営者にとって、農業改良資金の優遇措置、加工・直売施設の設置にかかる農地転用手続きの簡素化、指定野菜のリレー出荷による契約販売に対する交付金の交付などの特例の支援措置を受けることなど、様々なメリットがある。

　これら農業者を含む複数の関連主体（ビジネスパートナー）との関係をバリューチェーンの視点から模式化したのが図4－3である。6次産業化では、これまで蓄積してきた様々な資源を活用しながら、他の産業に参入・移行していくことが必要不可欠である。そのためには、事業体内の各組織が有機的な連携を図り、一つの事業体ですべての機能を担うことが可能となる戦略の策定や組織づくりを行っていくことが重要となる。

　6次産業化事業の認定は、2015年9月18日時点で2,109件の事業が認定を受けている。地域別の認定件数を示したのが表4－3である。その内訳を見ると、

表4-3 六次産業化事業における地域別の認定件数

地域	総合化事業計画の認定件数	うち農畜産物関係	うち林産物関係	うち水産物関係	研究開発・成果利用事業計画の認定件数
北海道	121	113	4	4	1
東北	328	298	11	19	4
関東	349	317	14	18	12
北陸	106	101	1	4	1
東海	182	155	15	12	0
近畿	363	332	11	20	2
中国・四国	241	190	11	40	3
九州	365	299	26	40	3
沖縄	54	50	1	3	0
合計	2109	1855	94	160	26

出所:農林水産省［2015b］より筆者作成。

表4-4 六次産業化事業の事業内容の割合(%)

加工	20.0
直売	2.6
輸出	0.4
レストラン	0.1
加工・直売	68.8
加工・直売・レストラン	6.5
加工・直売・輸出	1.6

出所:農林水産省［2015b］より筆者作成。

最も多いのが九州(365件)であり、次いで近畿(363件)、関東(349件)、東北(328件)となっている。単独の県単位では、北海道が121件と最も多い。また、認定分野としては、農畜産物関係が1,855件とおよそ9割近くを占めている。

次いで、6次産業化事業の認定事業内容の割合を示したのが表4-4である。その特徴を見てみると、認定内容の多くが、加工事業を展開していることが分かる。ただし、加工事業単独の割合は20.0%と少なく、直売やレストランなど、

図4－4　六次産業化における対象農林水産物の割合

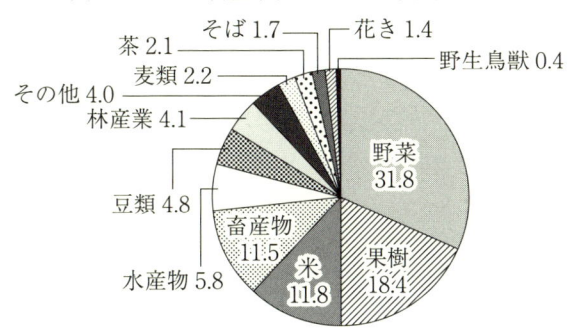

（野菜 31.8、果樹 18.4、米 11.8、畜産物 11.5、水産物 5.8、豆類 4.8、林産業 4.1、その他 4.0、麦類 2.2、茶 2.1、そば 1.7、花き 1.4、野生鳥獣 0.4）

出所：農林水産省［2015b］より筆者作成。
注：複数の農林水産物を対象としている事業計画については、すべてをカウントした。

いくつかの事業を組み合わせて複合的に展開しているケースが多い。また、表には示していないが、取り扱っている商品としては、ドレッシング、ジュース、ジャムなどの加工製品が多く、それらの販売場所としては自社の販売所、直売所、観光施設などが考えられる。

その一方で、「攻めの農業」として政府が力を入れている輸出に関しては、輸出のみの割合が0.4％、加工・直売・輸出の割合が1.6％とともに低い値となっている。現時点では、生産現場サイドとしても試行錯誤の段階であると言える。しかし近年では、生産者グループと商社などが一緒に海外視察を行う動きが加速しており、今後の展開が期待される。

図4－4は、6次産業化事業の認定対象農林水産物の割合を示したものである。最も多いのは野菜であり31.8％を占めている。次いで、果樹（18.4％）、米（11.8％）、畜産物（11.5％）の品目割合が高くなっている。表4－4の結果と照らし合わせてみると、割合の高かった野菜や果樹は、ジュース、ジャムなどの商品を直売所で販売することやレストランで提供していることが考えられる。

また、米に関しては、直売所で販売するほかに、餅や煎餅などの加工商品として販売している例が見られる。畜産物に関しては、家畜を飼養している牧場などで、ジェラートやハム、ウインナーなどの加工品の販売、レストランでの提供、バーベキュー施設の運営といったケースが考えられる。

2 安全・安心な牛肉のブランド化と販売戦略

―京都丹後地方の日本海牧場における農商工連携事業―

本節では、農商工連携の事例として、京都府丹後地方の日本海牧場を事例として取り上げ、安全・安心な牛肉のブランド化と販売拡大に関する取り組みについて見ていくこととする。

(1) 連携の概要

農事組合法人日本海牧場は、京都市内から150キロほど離れた京都府北部の京丹後市網野町に位置している。日本海牧場は、建設業を営む山崎工業の先代社長山崎欽一(現代表理事の山崎高雄の父。以下、現代表理事の山崎高雄を山崎とする)が1981年に開始した。「もったいない」という言葉にこだわりをもち、循環型社会をイメージした会社・グループづくりを行ってきた。

「地域内にある未利用資源を生かして、何か京丹後ならではの食材を生産できないか」という考え方から肉牛の飼養が始まった。日本海牧場はその「もったいない」の精神を受け継いでおり、牧場の建物は、古い小学校や公民館の解体工事で発生した古材を用いて建設したものである。

山崎は、本業の建設業および日本海牧場のほかにも生コン製造、車海老の養殖など四つの法人にかかわっている。そのほかにも、民宿や天然塩の製造販売、有機野菜、米づくりなど多岐にわたる取り組みを行っている。また、農繁期には関連会社の間で建設会社のオペレータが牧草の刈り取りを行うことや牧場のトラクターで農地造成工事を行うなど、グループ全体の取り組みが相互に補完し合う循環型のシステムが形成されている。

牧場開始当時は、里山で乳牛(ホルスタイン種)の放牧による「山地酪農」に挑戦をしたが、ダニなどの問題により飼養を断念した。次いで、黒毛和種でも同様の試みを図ったが、うまくいくことはなかった。

「何としてでも放牧飼養を行いたい」という思いから、山間地での放牧に強い岩手県の日本短角種の導入を図った。この日本短角種の導入が成功したことで

放牧飼養の基礎を形成することができた。その後は、日本短角種の雌牛に黒毛和種の雄牛を掛け合わせた「たんくろ」の生産を開始し、事業の展開を図っている。

現在は、肉用牛の繁殖・肥育一貫生産を行っている。日本短角種と黒毛和種の繁殖雌牛を飼養しており、黒毛和種と日本短角種とのF1（交雑種である「たんくろ」）と黒毛和種を生産している。

飼養頭数は、2008年の時点では、繁殖牛60頭、肥育牛70頭程度であったが、近年ではそれぞれ100頭近くまで増頭している。繁殖牛である日本短角種と黒毛和種の比率、肥育牛である「たんくろ」と黒毛和種の比率は、どちらもおよそ1：1となっている。

日本海牧場での放牧風景（写真提供：山崎高雄氏）

放牧に関しては、急峻な山にシバを播種して14ヘクタールの放牧地を造成し、そこに日本短角種の母牛（妊娠している牛）を20頭程度放牧している。放牧期間は5月から11月上旬頃までの間である。それ以外の期間は牛舎で飼養している。

放牧地には牛舎も併設しており、夜間は舎内で管理が行われている。放牧メリットとしては、地域内の資源利用、労働作業の省力化や牛の健康改善・増進が挙げられる。堆肥は、牧草地への散布や米や野菜の有機栽培に利用され、循環型の農業が行われている。

山崎は、牛肉の輸入自由化や国内で発生したBSEの影響などにより、経営と取り巻く環境が悪化していたため、農業経営をやめるために牧場を引き受け

た。そのため「どうせ農業経営から手を引くのであれば、自分のやりたいようにやろう」と思い、先代の時に行っていた庭先での取引をやめ、枝肉の写真をつけて市場に出荷するようになった。

　給餌飼料に関しても他の肥育農家と同じような飼料を与え、ビタミンコントロールなども行った。その結果として、出荷した枝肉の多くが4等級以上（等級は5段階に分かれており、最も良い評価が5等級である）のものとなり、これまでにない高い評価を得ることとなった。しかし、山崎は濃厚飼料多給型の肥育方法に対して、「そこまでサシ（霜降り）を入れなくてもよいのでは？」という疑念を抱くようになった。

　その後、山崎は、サシを重視する肥育方法から牛の健康を重視した肥育方法へと方針転換を図ることにした。我が国では、肉用牛が食べる餌は、トウモロコシや大豆などの濃厚飼料（穀物）や安価な稲藁など、その多くが海外からの飼料に依存している。日本海牧場でも、以前は同様の飼料を与えていた。しかし、海外から輸入した藁のなかにはネズミの死骸や金属のくずが混入されているなど藁の腐敗といった問題があり、牛に与えることのできない飼料も多く、ロスが発生していた。

　日本海牧場では、口蹄疫の問題や国内BSEの問題などが発生したことを契機に、できるだけ安全・安心な国産の餌を給餌する方向へと転換を図った。これまでの濃厚飼料に代わり、7ヘクタールの牧草地にスーダンやイタリアンなどの牧草を播種し、粗飼料を中心とする飼料体系へと移行した。またそのほかにも、飼料用米や稲藁、ビール粕や食品残渣を利用したエコフィードなど、地域内にある遊休資源や未利用資源を有効活用し、粗飼料の自給率向上に努めるようになった。

　こうした安全・安心への取り組みや地域資源の有効活用、生産現場や処理段階での厳格な管理体制を行ってきた結果、2007年10月31日に京都府初の「生産情報公表牛肉JAS規格」（登録認定機関：社団法人京都府畜産振興協会）認定の牧場として登録されることとなった。こうした情報はすぐに各方面に伝わり、新聞や雑誌で取り上げられることが多くなった。

（2）農商工連携の展開と課題

　以上のように、日本海牧場では自身の放牧地を活かすため、短角種を飼養・放牧し、「たんくろ」を生産してきたが、粗飼料を主体とした飼養のため赤身に近い肉質であった。サシが入らないため市場出荷での格付けは低く、その価値は評価されにくかった。そうしたなか、焼肉店の「きたやま南山（京都市左京区。以下、南山）」との出会いがあった。南山では、牛肉の提供を通して地域が元気になるような取り組みを行っており、近江牛や短角種などの1頭買いを行っていた。両者が連携するきっかけとなったのは、以前に南山の期間限定メニューとして日本海牧場の「たんくろ」を取り扱った経緯があったからである。2009年2月には国の農商工連携の認定を受け、「京たんくろ和牛」を京都のブランド牛として育成していく取り組みを始めている。

　今後の課題としては、第一に飼養環境を整えることである。「京たんくろ和牛」の生産は年間にわずか30頭ほどである。この頭数では、一般的な流通はおろかブランド牛としての地位を確立することは難しいであろう。今後は、自給飼料や飼料用米を給与している特徴を前面に出し、差別化を図ることでブランド牛としての地位を確立するとともに「京たんくろ和牛」の安定供給が可能となる飼養環境を整備することが重要となる。第二に、山崎も述べていたが、京都に来た観光客を京丹後にまで足を運んでもらうような仕掛けをつくっていくことが重要であると考える。放牧している牛の風景や京都でしか食べることのできないブランド牛など、希少性のある地域資源やツーリーズム的要素を取り入れた付加価値を創出していくことも必要になってくるであろう。

3　消費者が求める安全・安心な養豚生産と販売戦略
――徳島県の石井養豚センターにおける6次産業化事業――

　本節では、徳島県阿波市の石井養豚センターを事例として取り上げ、養豚の生産から加工、販売までの一貫した6次産業化事業に関する新たな取り組みについて見ていくこととする。

（1）経営の概況

　石井養豚センターの本社は、徳島市中心部から車で30分ほど離れた名西郡石井町に位置している。また、併設している市場農場は、徳島県阿波市の標高450メートルの山腹に位置している。石井養豚センターでは、養豚の一貫経営を行っている。詳細はのちに述べるが、石井養豚センターは、豚肉の加工会社であるウインナークラブに出資を行うとともに、精肉やハム・ソーセージなどの販売に関しては自然派ハム工房リーベフラウを直営するなど、生産・加工・販売が一体となった事業体である。

　石井養豚センターは、1969年に先代の社長が年間2,000頭の生産からスタートした。現在では、常時1,000頭の母豚を飼養する大規模養豚経営である。現在、母豚の自家更新率は100％である。品種へのこだわりとして、中ヨークシャー種をベースに大ヨークシャー、デュロックを掛け合わせたオリジナル豚を飼育している。

　豚舎は、養豚にストレスのかからないよう様々な工夫がなされている。豚舎の設計に関しては、ヨーロッパの豚舎をモデルとして獣医師である農場長自らが設計を行った。飼料は、NON-GMO（非遺伝子組み換え大豆）を中心としたオリジナル飼料設計による給餌を行っている。主な飼料は、トウモロコシ・大豆粕・マイロ・大麦・小麦・米糠・フスマなどである。また、食品メーカーの食品残渣（豆腐粕やパン屑等）を用いた発酵リキッド飼料の給餌や飼料用米も利用し、コストの削減と飼料自給率の向上に努めている。

　さらに、ふん尿に関しては、週に一度豚舎より排出し、ふん尿処理施設へと運搬する。そこでは、尿と固形物を分離したあと、尿は浄化槽で処理され、固形物はコンポストで発酵処理される。処理された尿は、ばっ気処理などを行ったあと、飲用可能な水に戻して再利用している。また、発酵処理されたふんは、最終的に完熟堆肥「スター堆肥」として飼料稲生産農家などへ販売を行っている。これらの独創的な取り組みが評価を受け、2007年には農林水産大臣賞（畜産経営管理技術）を受賞している。

第4章　畜産経営における経営革新と新たな事業展開　103

空から見た養豚場（写真提供：近藤保仁氏）

（2）ウインナークラブの設立

　石井養豚センター経営が大きく展開したのは、約30年前に大阪の泉北生協（現在のエスコープ）と豚肉の販売提携を結んだのがきっかけである。当時の社長（近藤功）は、「消費者が求めている安心なものを直接生産者に届け、喜んでもらいたい」との考えをもっていた。そうした社長の理念と泉北生協との理念が一致したことにより販売提携が開始した。

　豚肉の取引は通常、ヒレやロースといった部分肉での流通が主であるが、両者の間では、当時めずらしい一頭丸ごと購入する取引契約を結んでいた。締結後、約6年間で一頭買いの養豚の頭数は月200頭にまで広がった。その後、組合員のなかから販売提携を見える形にしたいとの動きが高まったため、石井養豚センターと生協が共同出資を行い、オリジナル豚だけを取り扱う解体処理・精肉加工場である「加工会社ウインナークラブ」を設立した。

　なお、ウインナークラブの名称は組合員の発案によるものである。ウインナークラブの設立から現在まで、組合員は様々な意見を出し合い議論を重ねてき

た。例えば、半丸の枝肉（一頭を縦半分に割ったもの）を解体して、各部位の用途や調理方法、また無駄のない肉の利用方法、新たな商品の開発などについて議論を重ねてきた。

　現在のウインナークラブの代表取締役は、石井養豚センター社長の母親である近藤智佐恵が務めている。ウインナークラブは、設立当初より、大手食肉メーカーとの差別化を図ることをしないと生存競争に生き残れないとの認識をもっており、現在も一貫した考えをもっている。ウインナークラブのホームページには、以下の想いが明文化されている。

> 「養豚と精肉・加工、流通の全てが明確な豚肉が食べたい」という生協の組合員の思いと「品種や飼料、飼い方にこだわった、良質の豚肉を食卓へ届けたい」という養豚家の思いがつながって生まれました。
>   設立後ほどなくして、「子どもたちも安心して食べられるハム・ソーセージを作ってほしい」という要望に応え豚肉加工品の製造を開始しました。

ウインナークラブの外観（筆者撮影）

（3）リーベフラウの設立

　次いで1999年には、豚肉専門のレストランおよび直売店である自然派ハム工房「リーベフラウ」を開店している。当店舗は石井養豚センターの直売店であり、店長は、石井養豚センター社長の叔父である近藤保仁が務めている。

　保仁は、獣医免許取得後にウイニークラブに入社した。転機が訪れたのが1992年である。食肉製品製造販売のマイスターの資格をもつオランダ人、シェフケ・ダンカースに師事し、無塩せきウインナーをつくる技術を習得した。その後、1993年より1年間、ドイツ南西部の精肉店メッツゲライ・グートよりハム・ソーセージの製造に関する研修を受けた。

　研修では、豚の屠殺から肉の解体・処理、加工まで、一連の流れを学んだ。同氏にとって、この経験が極めて重要な意味をもつこととなった。現在のリーベフラウの理念の根幹を成している、加工技術の追求、おいしさへのこだわりは、研修で培ってきた調理道具の準備や手入れ、解剖学などの学問的基礎知識が土台となっていると言える。

　リーベフラウは神戸にも出店しているが、出店当初は関西の牛肉文化に対する障壁が高く、経営状況は悪化の一途を辿り、撤退を考えたほどである。しか

リーベフラウの店内（筆者撮影）

し、関西の牛肉文化に合うように、養豚の精肉よりも加工品にシフトしていくことで経営を立て直した。

リーベフラウでは、消費者への商品の直接販売のみならず、店内での食事（ランチなど）も可能となっている。さらに、バーベキュー施設や冬季限定のしゃぶしゃぶハウス、ソーセージづくり体験、ポニーや豚、ヤギなどがいるミニ牧場といった家族連れでも楽しめる工夫がなされており、休日には多くの人々が訪問している。現在では、ハム・ソーセージのほかに、餃子、アイスバインのポトフセットなど100を超えるアイテムを直営店やインターネットで販売している。

（4）6次産業化の展開と課題

本節で取り上げた石井養豚センターは、泉北生協（エスコープ生協）との協議、連携を進めるなかで展開を図ってきた。生産者自らが加工会社に出資し、ウインナークラブを設立し、その後、販売分野を強化するためにリーベフラウを設立するなど、事業の多角化を図ってきた6次産業化事業の典型例であると言える。

先に述べたようにウインナークラブでは、大手食肉メーカーとの差別化を図るために無添加のハム・ソーセージの製造を行っている。しかし、設立当初は専門家がいなかったため、製造ノウハウがなく商品は不評であった。そのため、本場ドイツの製造方法を学び、高度な技術を習得することに努めた。その一方で、生協は苦難の期間もウインナークラブを支援し続けた。そうした努力と支援の結果、スラバクトコンテスト（ヨーロッパの食肉職人において権威ある食肉加工品コンクール）でスターゴールド賞（最高栄誉）のほか、数々の加工品において金賞・銀賞を受賞することとなった。現在では、120を超えるアイテムが製造・販売されている。特に、生協との連携において、アレルギーをもつ消費者に対応可能な様々な商品開発に力を注いでいる。

このように、石井養豚センターは、消費者目線での対話・議論を続けるなかで消費者が求める分野・領域への展開を図ってきた。それがウインナークラブ

であり、リーベフラウである。石井養豚センターを中心に関連事業体や生協などのビジネスパートナーと有機的なネットワークを築き展開を図ってきた。こうした事例は、我が国でも少ないマーケットインの事例であると言える。

今後は、事業規模の拡大に伴う多角化や消費者ニーズの多様化など、経営を取り巻く様々な環境変化に対応していくことが必要であろうが、設立当初の基本的理念を忘れることなく消費者と向き合っていくことが重要である。そのためには、価値観の共有と実践において、経営が継続していくための仕組みづくり（人材育成や組織文化の形成）をより一層図っていくことが重要になってくると思われる。

4 農商工連携および6次産業化への期待

これまで述べてきたように、近年、農業を取り巻く環境は大きく変化しており、かつ多様化してきている。急速に変化している社会に対応するためには、これまでの経営内部における経営資源の利活用のみでなく、経営外部の環境に対応可能な戦略を打ち立てていくことが必要となっている。すなわち、自身の経営にとって必要な資源を異業種関係者とのネットワーク構築などにより、経営外部から獲得・調達してくる能力が極めて重要になってきていると言える。そうした経営戦略の新たな方向性の一つとして、本章で取り上げた農商工連携や6次産業化への展開が考えられる。

今後の農商工連携や6次産業化事業への展開には、個別経営のみならず個別経営を取り巻く地域に対して、以下のような期待が込められている。

第一に、農業生産の特質などから必ず発生し、従来は基本的に廃棄していた規格外品や裾物などを農産物加工などを通じて付加価値化することへの期待である。このことにより、これまでは廃棄していた農作物の商品化が図られ、農業生産者の手取りを増加させることが考えられる。

第二に、農業生産・加工・サービスなどを通じて農業経営体が行う事業活動を周年化・通年化させることで、農業生産者の所得を増加させるという期待で

ある。畜産の場合は、一年を通した作業があるが、他の農作物に関しては季節性が伴っているため一年を通しての作業は少ない。季節労働的なアルバイト・パートを雇うのではなく、正規雇用として雇う場合には、一年を通じた仕事・作業の確保が必要不可欠である。農商工連携や6次産業化事業を展開することで、例えば加工施設やレストランなどを併設し、年間を通した作業を提供することが可能となる。また、こうした事業展開により、地域における新たな雇用の創出も期待される。

　第三に、この種事業を通じて産地に代表される地域農産物に対してブランド化を含む新たな市場価値の創造し、地域農産物の価値水準を向上させるという期待である。また、衰退している産地を再生させることへの期待もある。この点に関しては、気象や土壌特性等栽培に適した農業生態的環境を備えた「栽培適地」への集中度が再び高まりつつあり、かつての産地への回帰が進んでいることも重要な要素として考えていく必要があろう（小田ら［2015］）。さらに将来的には、農産物・加工品などの海外への輸出を図ることも期待される。

　第四に、都市農村交流の進展や地域への人々の回帰を含め、地域経済の活性化への期待、そして地域における他産業への経済的な波及効果を生み出すことへの期待である。

　最後に、農商工連携や六次産業化事業では上記のような期待をもちつつ、個別経営の経営発展を通じて、地域農業の維持・発展、特に農地を中心とした地域の農業生産諸資源の維持を図ること、そして次世代に様々な諸資源を引き継いでいくことが大きな役割として期待されている。

参考文献一覧

- 石井養豚センターホームページ（http://www.ishii-youton.com/）2015年9月24日閲覧。
- ウインナークラブホームページ（http://www.wiener-club.com/ =3）2015年9月24日閲覧。
- 小田滋晃［2012］「アグリ・フードビジネスの展開と地域連携」、『農業と経済』第78巻第2号、51～61ページ。
- 小田滋晃・坂本清彦・川﨑訓昭・長谷祐［2015］「わが国における果樹産地の変貌と産地再編——新たな「産地論」の構築に向けて——」、『生物資源経済研究』No.20、65～84ページ。
- 小田滋晃・長命洋佑・川﨑訓昭編著［2013］『農業経営の未来戦略Ⅰ 動きはじめた「農企業」』昭和堂。
- 小田滋晃・長命洋佑・川﨑訓昭・坂本清彦編著［2014］『農業経営の未来戦略Ⅱ 躍動する「農企業」ガバナンスの潮流』昭和堂。
- 金井萬造［2009］「農商工連携を進める上での実践的課題」、『農業と経済』第75巻第1号、5～11ページ。
- きたやま南山ホームページ（http://www.nanzan-net.com/）2015年9月14日閲覧。
- 中国四国農政局資料「京都丹後地方の「京たんくろ和牛」の安全・安心な牛肉のブランドかと販売拡大」（http://jlia.lin.gr.jp/seisan/pdf/00332.pdf）2015年9月15日閲覧。
- 南石晃明［2014］「農業法人経営におけるICT活用と技能習得支援」、南石晃明・飯國芳明・土田志郎（編）『農業革新と人材育成システム』農林統計協会、349～364ページ。
- 細川孝［2009］「農商工連携をどう進めるか——産業政策の視点から」『農業と経済』第75巻第1号、40～47ページ。
- 堀田和彦［2012］「石井養豚センターによる6次産業化ビジネスの実態とナレッジマネジメント」、『農商工間の共創的連携とナレッジマネジメント』農林統計出版、147～157ページ。
- 農事組合法人日本海牧場（http://kyochiku.com/nihonkai/index.html）2015年9月15日閲覧。
- 農林水産省編［2012］『平成23年度食料・農業・農村白書』（http://www.maff.go.jp/j/wpaper/w_maff/h23/pdf/z_1_3_2.pdf）2015年9月21日閲覧。
- 農林水産省［2015a］「農商工連携の推進に向けた施策」（http://www.maff.go.jp/j/shokusan/sanki/nosyoko/pdf/270706s.pdf）2015年9月25日閲覧。
- 農林水産省［2015b］「6次産業化をめぐる情勢について」（http://www.maff.go.jp/j/shokusan/renkei/6jika/pdf/1270918.pdf）2015年9月25日閲覧。

・松岡憲司・辻田素子・木下信・長命洋佑・北野裕子［2014］「京都府・滋賀県における農商工連携の現状と課題」、『社会科学研究年報』No.44、227～236ページ。
・室屋有宏［2008］「「農商工連携」をどうとらえるか──地域の活性化と自立に活かす視点」、『農林金融』第61巻第12号、2～16ページ。
・山崎高雄［2008］「京の丹後で農舞台を!!」、『畜産システム研究会報第32号』21～27ページ。
・リーベフラウホームページ（http://www.wiener.co.jp/）2015年9月25日閲覧。

第5章

地域経済再生に向けた地方自治体の取り組み
—京丹後市の場合—

増田知裕

1 京丹後市の概要

　京丹後市は、京都府北部の丹後地域にある六つの町が2004（平成16）年4月1日に合併してできた市である。京都市から北西方向に約90キロ離れた場所に位置しており、東西約35キロ、南北約30キロ、面積は約500平方キロメートルと、京都府全体の10％超の面積を誇っている。
　人口は59,038人であり、うち生産年齢人口は32,718人（いずれも2010年国勢

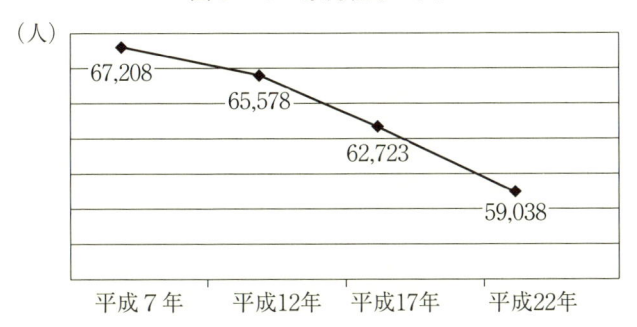

図5-1　京丹後市の人口

（人）
- 平成7年：67,208
- 平成12年：65,578
- 平成17年：62,723
- 平成22年：59,038

出所：国勢調査結果による（平成7年および12年は、合併前の6町の合計人口）。

図5-2　65歳以上人口の比率

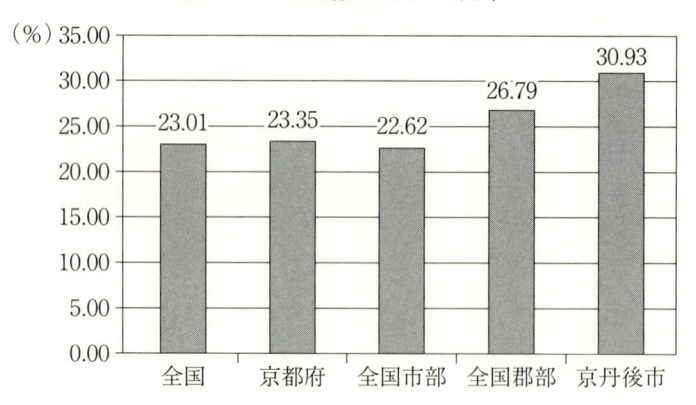

（％）
- 全国：23.01
- 京都府：23.35
- 全国市部：22.62
- 全国郡部：26.79
- 京丹後市：30.93

出所：平成22年国勢調査結果から作成。

調査）であるが、地方の多くの市町村と同様、人口減少と少子高齢化の波が押し寄せてきており、合併前後の10年で人口が約10％減少するなか、65歳以上の人口は全国や京都府の平均値をはるかに上回り、30％を超える状況となっている（**図5－1**、**図5－2**参照）。

　主な産業は、農林水産業、絹織物業や機械金属業などのモノづくり産業、海岸・水産資源を活用した観光産業であるが、近年は地域資源を活用した食料品製造も伸びてきている。

　また、平成24年経済センサス活動調査結果によると、事業所数では、絹織物業を中心とする繊維工業が飛び抜けて多い状況になっているが、これは個人経営による絹織物業が多いことに起因しており、従業者数では、生産用機械器具製造業や輸送用機械器具製造業などの機械金属業が最も多く、次いで繊維工業、宿泊業の順となっている。そのほか、小売業や医療・福祉関係の従業員も多い。

2 地域産業の強みの追求

―行政版『知的資産経営報告書』の作成―

（1）知的資産経営とは

「知的資産」とは「従来のバランスシート上に記載されている資産以外の無形の資産であり、企業における競争力の源泉である、人材、技術、技能、知的財産（特許・ブランドなど）、組織力、経営理念、顧客とのネットワークなど、財務諸表には表れてこない目に見えにくい経営資源の総称」[1]のことを言う。また「知的資産経営」とは、企業が自社の知的資産をしっかりと把握し、それを活用することにより業績の向上に結び付けていく経営のことを言う（**図5－3参照**）。

この知的資産経営についてまとめたものが「知的資産経営報告書」であり、この報告書を従業員、金融機関、取引先などのステークホルダーに開示することにより、理解と共感を得てさらなる関係の強化につなげていくことを目的としている。いわば企業の「見えない」部分（強み）を「見える化」することによって、それらステークホルダーからの信頼をさらにあついものとし、より強固な関係を築こうというものである。

また、既存のステークホルダーのみでなく、潜在的な顧客に対し報告書を開示することにより、製品やサービスのカタログだけではなく、それを提供できる企業の仕組みまで示すことができるため、新規顧客の信頼を格段に向上させ、その開拓にもつながるものであると言えるであろう。

日本における知的資産経営の歴史は浅く、国の施策として示されたのは、2005（平成17）年8月の「産業構造審議会新成長政策部会経営・知的資産小委員会」の中間報告をふまえ、同年10月に経済産業省から「知的資産経営の開示ガイドライン」が公表されたのが始まりである。

ただし、この知的資産経営報告書を作成するにあたっては、相当の知識と労

---

(1) 独立行政法人中小機構基盤整備機構「事業価値を高める経営レポート（知的資産経営報告書）作成マニュアル改訂版」による。

図5−3　知的資産のイメージ図

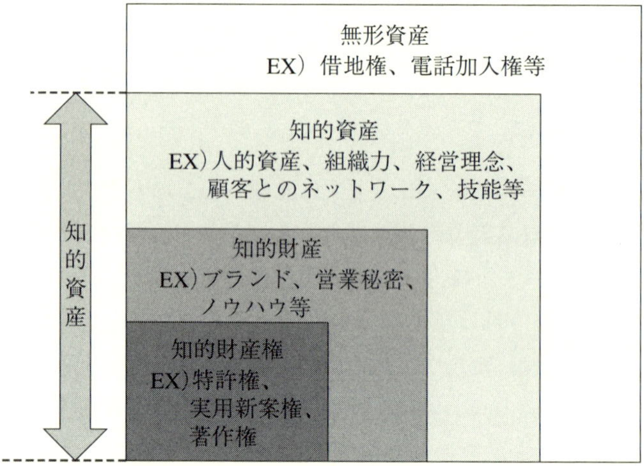

```
┌─────────────────────────────────────┐
│　　　　　　　無形資産                │
│　　　EX）借地権、電話加入権等        │
│　┌─────────────────────────────┐　│
│　│　　　　　知的資産　　　　　　│　│
│　│EX）人的資産、組織力、経営理念、│　│
│　│　　顧客とのネットワーク、技能等│　│
│　│　┌─────────────────────┐　│　│
│　│　│　　　知的財産　　　　│　│　│
│　│　│EX）ブランド、営業秘密、│　│　│
│　│　│　　ノウハウ等　　　　│　│　│
│　│　│　┌───────────┐　│　│　│
│　│　│　│　知的財産権　　│　│　│　│
│　│　│　│EX）特許権、　　│　│　│　│
│　│　│　│　実用新案権、　│　│　│　│
│　│　│　│　著作権　　　　│　│　│　│
│　│　│　└───────────┘　│　│　│
│　│　└─────────────────────┘　│　│
│　└─────────────────────────────┘　│
└─────────────────────────────────────┘
```

出所：独立行政法人中小企業基盤整備機構「事業価値を高めるレポート」から作成。

力が必要なことから、当初中小企業がこれを独自に作成公表することは大変難しい状況があった。実際、当市において2006（平成18）年に民間事業者の作成を支援した際にも、大学教員、税理士などを含めてのパッケージによるハンズオン支援を行っている。

　現在では、この知的資産経営報告書をより手軽に作成するため、独立行政法人中小企業基盤整備機構が「事業価値を高める経営レポート（知的資産経営報告書）（※）作成マニュアル改訂版」を公表しているところであり、また京都府では2008（平成20）年5月に小規模企業でも作成可能な京都版知的資産経営報告書「知恵の経営報告書」の作成ガイドブックが作成・公表されている。

　これにより、2015（平成27）年8月末までに、「知的資産経営報告書」または「事業価値を高める経営レポート」の開示は、経済産業省「知的資産経営ポータル」サイトに掲載されている分のみで300社となり、また「知恵の経営報告書」の京都府認証を受けた企業は累計で140社を超えるなど、次第にではあるがその浸透が図られてきている。

（2）京丹後市と「知的資産経営」の出会い

　この「知的資産経営」と京丹後市との出会いは、経済産業省のガイドライン公表から約半年が経過した2006（平成18）年の春先である。
　京丹後市では、当時、平成17年度からの3か年にわたって厚生労働省からの受託による「地域提案型雇用創造促進事業」に取り組み、モノづくり技術者とその受け皿をつくり出す経営者の育成を進めていた。その一環として行う経営者向け講座の一つの企画にあたり、コーディネーター兼講師である京都工芸繊維大学の中森孝文准教授（現・龍谷大学政策学部教授）から提案を受けたのが、「知的資産経営セミナー」である[(2)]。
　そして、2006年6月から7月にかけ、「知的資産経営」というものが産業界にもまだあまり認識されていないなか、「知的資産経営セミナー」を、恐らく国内では初であろう5回にわたるシリーズセミナーとして開催。さらに、その修了生のなかに、知的資産経営報告書の作成公表を希望する事業者が現れたことから、講座終了後も引き続き中森准教授とともに支援を行い、2006年10月、流通販売業としては国内初となる有限会社平井活魚設備（鮮魚流通販売業）の知的資産経営報告書の作成公表を行った。
　その作成公表にあたり、市では産学連携の取り組みによる成果として、事業者や中森准教授同席のもと定例記者会見の場において発表を行ったが、その事前打合せの場において中山泰京丹後市長が言った一言が、我々が行政版知的資産経営報告書を作成する大きな切っ掛けとなった。
「民間企業はもちろんだが、まちづくりや地域産業振興の視点から、行政が知的資産経営報告書を作成して公表することも可能なのでは？」
「前例はありませんが、十分アリですよ！」
　これが、市が知的資産経営報告書を作成する切っ掛けとなった。
　経済産業省によるガイドライン公表から約1年。民間企業による作成公表事例もまだ少数であるなか、民間企業の取り組みを前提とした「知的資産経営報

---

(2) 京丹後市と京都工芸繊維大学は、2005（平成17）年12月に「連携・協力に関する包括協定」を締結。この協定に基づき大学から講師などの派遣を受けていた。

告書」を果たして行政が作成し公表することができるのか、まさに暗中模索のなかで、京丹後市知的資産経営報告書の作成に向けた動きは始まった。

（3）横断的組織による産業の「強み」の追求

　行政が担う業務は、社会資本整備、市民生活環境整備、産業振興、福祉など極めて幅広い。したがって、これを網羅的に捉えて知的資産経営報告書を作成することは、困難と言わざるを得なかった。そのため我々は、まず産業振興に的を絞ることとした。また、一口に産業振興と言っても、1次産業から3次産業まで幅広いため、庁内に4部8課にまたがる実務者による横断的チーム「京丹後市知的資産経営報告書作成検討チーム」を結成し、中森准教授の指導を受けながらその検討を進めていくこととした。

　チームによる学習・検討会では、「誰のために、何のために報告書を作成するのか」「検証すべき京丹後市の産業とは何か」から始まり、「産業に共通する"強み"とは何か」「なぜその強みが生まれたのか」「その強みを生かして産業を活性化させていくには何が必要か」まで徹底した議論が行われた。

　また、代表的な地場産品である「間人(たいざ)ガニ」「丹後ちりめん（絹織物）」「機械金属製品」「丹後産コシヒカリ（米）」を対象に、その事業所や生産者、研

京丹後市知的資産経営報告書作成検討チームによる事業者ヒアリング（左）と検討会議（上）
（「京丹後市知的資産経営報告書」より転載）

所研究員へのヒアリング調査を繰り返し行い、"強み"と"その強みがなぜ生まれたのか"について徹底的な追求を行った。

この学習・検討会は延べ15回に上ったが、それにより少しずつ見えてきたのが、京丹後人の気質に裏打ちされた「品質管理」こそが京丹後市の産業に共通する"強み"であるということであった。

（4）京丹後市知的資産経営報告書

職員の手づくりにより作成し、2008（平成20）年5月に公表したのが、京丹後市知的資産経営報告書（産業活性化編）「地場産品にみる京丹後の"強み"」である。この報告書では、代表的な四つの地場産品について、それらが有する歴史的な背景や関係者の知恵と努力を把握し、そしてそれらが有する有形・無形の資産や地域資源としての特徴（強み・弱み）を分析するなかで、生産者の地域的な特徴についてまとめている。

つまり、「間人ガニ」については、他産地の追随を許さない鮮度と規格厳守への強いこだわりを、「丹後ちりめん」については、産地の信用を保持するための地域をあげての取り組みを、「機械金属製品」については、都市部から遠い地理的不利を乗り越えるための知恵と努力を、そして「丹後産コシヒカリ」については、最適な栽培方法を熱心に研究しそれを地道に遵守する勤勉さを、それぞれの生産者の地域的な特徴として捉えている。

そして、それら地場産品の生産者に共通するのが、「決められたことはきっちりとこなす勤勉さ」「品質に対するこだわりと、そのために自身をも厳しく律する真摯さ」「産地をあげて取り組む結束力」などであり、これら京丹後人の気質が源泉となって、上記の生産者の地域的特性を生み、厳格な品質管理という"強み"を地域産業にもたらしていると結論づけた。

事実、丹後ちりめんの製造工程や機械金属製品を製造している企業では、量産品であるにもかかわらず「全品検査」を行っており、また間人ガニの厳格な選別基準については、他の水揚げ地からの視察者に「到底真似できない」と言わせたほどである。

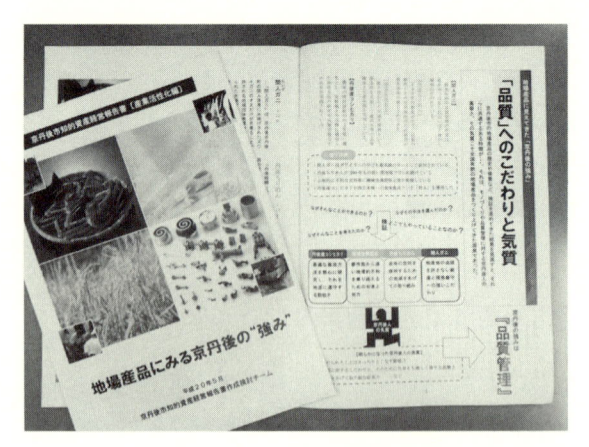

京丹後市知的資産経営報告書

　そうして京丹後人の気質が地場産品の生産過程に地域的な特性を生じさせ、それにより「品質管理」という地域産業の強みを生み出したと報告書ではまとめているが、後日、この知的資産経営報告書作成の取り組みについて視察や講演依頼を受けることになった際、視察者などから「業種の幅が広く、京丹後市のように共通の強みを見つけることは難しい」と言われた。
　確かに、地域外からの資本や技術の流入により多様な産業の集積を形成している地域にとっては、それら産業を見ている限りでは共通の強みを見つけることは難しいかもしれない。しかしながら、どの地域にもおよそ昔からの産業は存在している。なぜ、その場所にその産業が集積しているのか、また外部資本や技術はなぜその場所に集積したのか、その集積過程において古からの産業の特性がまったく生かされていないのか、といった観点から「なぜ」の姿勢を忘れずにとことん掘り下げていけば、その地域の産業の強みが少しずつ見えてくるのではないだろうか。

（5）知的資産経営報告書の活用

　知的資産経営報告書は、その作成が目的ではなく、それにより探究された

第5章　地域経済再生に向けた地方自治体の取り組み　119

"強み"を生かし、企業で言えば業績の向上、市の今回の取り組みで言えば産業の振興につなげていくことが必要である。

　市では、報告書の作成公表後、引き続き検討チームで会議を重ね、その活用について検討を行った。報告書で取り上げた四つの産品のほか、高品質なモノづくりを行っている事業所についてさらに情報収集を行うなか、見えてきたのは様々な形で品質の追求を行っていることと、その反面、多くの事業者において「販路開拓」について課題を抱えているということであった。

　これを受け、検討チームでは行うべき施策について検討を開始した。2009（平成21）年3月に作成公表した「知的資産経営報告書の活用に関する検討結果報告書」において販路開拓への支援の重点化が必要であるとの結論を出すなか、「農産物流通戦略会議」の設置や産業団体が行う販路開拓事業への支援、商工業支援補助制度への販路開拓支援メニューの追加などの施策を実施し、徐々にではあるが農産物の通販、加工会社への販路開拓や海外への試験輸出、食品加工事業者の海外を含めた販路開拓の実現などの成果を収めてきているところである。

　同時に報告書において、商工会を中心とした事業者への支援体制の強化を打ち出し、商工会職員と市職員による市内事業者の知的資産経営の推進、「知恵の経営報告書」作成支援を実施した。その結果、支援を行った5社が自社の強みや将来的なビジョン・目標を明確化するなかで、「知恵の経営実践モデル企業」として京都府知事の認証を受け、京都府補助金を活用しながら設備投資を行い、新たな販路開拓や来客数の増加し、顧客単価の向上など業績の向上を実現している。

（6）知的資産経営の取り組みを振り返って

　平成24年経済センサス調査結果によると、我が国の企業などの数は約413万企業となっている。これに平成22年農林業センサスによる農業経営体数を加えると、重複分を控除しても約580万の経済活動を行う経営主体が存在していることになる。

それぞれ業種や事業規模、経営状況などは異なるが、現にその事業が継続され顧客・取引先をもつ以上、そこには必ず存在している理由があり、その理由の源泉こそがその事業主体がもつ"強み"であると言える。その強みを各事業主体が見つけ、それに磨きをかけながら活用していくこと、またそれを行政や支援機関が様々な形でサポートしていくこと、それこそが今の時代にまさに必要なことではなかろうか。

最後に、京丹後市の知的資産経営推進の取り組みに関し、セミナーの企画・講師から行政版知的資産経営報告書の作成、その活用検討まで、長期にわたって指導・支援をいただいた龍谷大学政策学部中森孝文教授に対し、あつく御礼を申し上げたい。

3 市としての本格的な産業振興に向けた背骨の確立

（1）京丹後市誕生時の産業振興施策

本章の冒頭でも述べたように、2004（平成16）年4月1日、六つの町が合併して京丹後市が発足した。合併にあたっては、2002（平成14）年4月1日に「峰山町・大宮町・網野町・丹後町・弥栄町・久美浜町合併協議会」が設置され、そのなかで京丹後市としての産業振興施策についても検討が行われてきたが、事務担当者レベルでも各町の担当が頻繁に会議を行い、市としての産業振興施策案の調整を行ってきた。

合併した6町については過去から地域的なつながりが深く、各業務分野においてそれぞれ6町による協議会が多く設置され、情報交換などが行われてきたが、各町における種々の施策は当然、それぞれの町の歴史や特性、首長の意向を反映したものとなっており、産業振興施策、とりわけ商工業振興施策については、それぞれの町の産業構造も異なるなか特に独自性が強いものとなっていた。

そのような状況のなか、新たな市での商工業振興施策を調整していくことは

困難な作業となったが、スクラップ＆ビルドによる激変は商工業者に与える影響が大きいこと、また商工業振興施策は市長の意向が強く反映されるものであることを考慮し、6町すべてが実施していた施策については経過措置を設けるとともにその基準などを整理・統合する形で新市でも施策化すること、および一部の町が実施していた施策で成果が出ているものについてはできるだけ新市においても施策化していくことが確認された。なお、6町のいずれもが行っていない施策については、新市において検討実施していくことで調整し、合併協議会に諮るとともに、新市長・新市議会の判断のもと、新市においてその施策が実行へと移された。

（2）新市での商工業振興施策の特性

　このように京丹後市の商工業振興施策は、合併前の6町の施策を踏襲する形でスタートした。その後、新市長の強い意向もあり、合併前の町にはなかった多くの新たな施策が構築され、実施されてきたが、これら新たな施策の多くには共通する特性が存在している。それは、意思決定の迅速性とスケールメリットを生かしているという点である。
　冒頭にも述べたが、京丹後市の基幹産業として絹織物や機械金属加工品を代表とするモノづくり産業が集積しているが、これらは市町村合併前の特定の町に存在しているわけはなく、程度は異なるものの6町のすべてに存在している。
　合併前の町がこれら産業の振興を図ろうとする場合、その区域内の事業者のみを対象に施策を実施するか、あるいは6町または与謝地域を含む1市10町が合意形成して、人材や負担金を拠出しながら共同で振興策を実施するしか方法がなかった。
　例えば、研究開発・販路開拓活動への支援を行おうとする場合、町単位では区域内に存在する個別企業やそのグループへの支援は行えても、それら企業が加入する広域的産業団体への支援を行うことは難しいという状況があった。また、市町ごとに産業構造が異なるなか、特定の産業の振興に対する各町の意向も異なり、複数の町が同等に負担を行い、共同で特定産業の振興を図ることに

もなかなか取り組めない状況にあった。

　もちろん、なかには6町それぞれで類似の施策を実施し、結果としてその産業の地域全体での振興に寄与したものもあるが、産地の総合的な振興を図るという点では、合併前の町時代にはなかなかその取り組みができないという実情があった。また、広域的な産業振興については京都府の施策に委ねるという考えもあった。

　これが京丹後市の発足により状況が変わったということは言うまでもない。

　絹織物や機械金属加工製品については、京丹後市のみで産地や産業団体のエリアが完結しているわけではないが、事業者数・出荷額とも産地のなかでトップとなるなか、また行政の財政規模も1桁大きくなるなか、6町の町長・議会の合意ではなく1市の市長・議会の判断により、イニシアチブを取りながらその総合的な振興に向けた大胆な施策が周辺自治体と連携しつつ実施できるようになった。

　これにより、織物業では丹後ファッションウィーク事業などが、機械金属業に関しては販路開拓を含む総合振興事業などが、地場産品の販売促進に関しては京都市内へのアンテナショップ設置が、また産業振興を目的とした名古屋市への事務所設置などができるようになった。

（3）京丹後市商工業総合振興条例の制定

　そういった市ならではの施策を順次実施していくなか、次第に気になりだしたのが、これら施策実施の根源となる「条例」が存在していないことである。

　もちろん、市には「総合計画」というものがあり、市長や市議会の判断があるため、これら計画や判断に従って施策を実施する限り、条例がなくても施策の実施は可能である。しかしながら、個々の施策の実施やその基準となる実施要綱の制定にあたり、その根拠となる条例がないなかでは、市民との権利義務関係や施策実施の根拠といった点で不安定さは拭いきれない。

　折しも、2010（平成22）年6月に中小企業庁が「中小企業憲章」を定め、次第に中小企業振興に関する条例の制定が広がりを見せるなか、中小企業振興の

ための条例制定についても検討を行う必要に迫られていた。

　そういったなか、2012（平成24）年10月に「新経済戦略検討会議」を立ち上げ、本格的な検討を開始したのが「京丹後市商工業総合振興条例」である。検討会議では、市内産業団体や関係行政機関のほか関西や中部の産業団体役員にも参画いただき、同月から2013（平成25）年4月にかけて5回にわたって後述する「京丹後市新経済戦略」とあわせて検討が行われた。

　検討会議において様々な意見が出され、それを反映させる形で条例と戦略をつくり上げていったが、その過程においては、一部調査事業の実施を除いてコンサルタントの手は一切入っていない。条例・戦略ともまさに手づくりであり、検討会議の結果を受け、ピーク時には関係する職員が連日深夜残業を行ってつくり上げていったものである。

　でき上がった条例案は2013（平成25）年6月の議会において提案され、同年9月の議会において可決成立し、翌10月に施行された。

　この条例はいくつかの特徴を有している。その一つは、市の商工業振興のために、関係するすべてのものの責務や役割を規定していることにあり、市や商工業者はもちろん、商工関連団体や市民の理解・協力についても定めている。さらに、中小企業憲章の趣旨もふまえ、中小企業者と大企業者の役割や中小企業者の振興についても盛り込んでいる。

　また、基本方針として、「商工業者の経営安定と再生支援」「商工業者の成長支援」「新規創業と新産業の創出」「企業立地の推進」の四つの柱を掲げており、いわば現状に基づく"地に足を付けた柱"となっているほか、「農商工連携」に観光事業者を組み込んだ独自の連携についても規定している。

　さらに、この条例に基づく施策のPDCAサイクルを有効にするため、この条例自身にそれらを担う「新経済戦略推進会議」の設置を規定しているところである。

（4）京丹後市新経済戦略の策定

　この条例の制定と同時に策定・実施されたのが「京丹後市新経済戦略〜プロ

ジェクト100〜」である。この戦略は、条例に基づき当面実施する具体的な施策についてまとめたものであるが、条例の基本方針の四つの柱に基づく施策を「基本戦略の推進」としてまとめているほか、将来的な産業像を描くものとして「未来開拓戦略の推進」を掲げている。

基本戦略の推進については、条例の基本方針である四つの柱ごとにそれぞれ個別の施策・取り組みを規定したものであるが、未来開拓戦略の推進に関しては、「再生可能エネルギーや環境循環を経済活動に展開するグリーン経済の実現」のほか、特徴的なこととして「農林漁業と商工観光業との連携による、京丹後型『農商工観連携』の推進」や「豊かな自然環境と充足した通信インフラを活用した京丹後型ワークスタイルの創造」を掲げており、独自性の強いものとなっている。

このうち「農商工観連携」については、条例にもその趣旨が規定されているが、観光事業者も商工業者に含まれるなか、あえて農商工連携に「観」を組み合わせた。言うまでもなく、観光業が京丹後市の基幹産業の一つであることに起因している。これにより、観光事業者がそれ以外の商工業者との連携についても意識できることとなり、例えば産業観光などの展開が今後期待できるところとなっている。

また、「京丹後型ワークスタイル」について説明すると、豊かな食や自然環境はあるが都市部との距離が遠いという現状があるわけだが、それを逆手に取って、市が公的に整備した光ファイバーケーブルを活用して「テレワークスタイル」を創造していこうというものである[3]。

これらの戦略に基づいて各種施策が創設・拡充され、実行されているが、その成果が次第に創出されてきている。

基本戦略に関しては、例えば個々の企業が国内外の展示会等に出展して販路開拓を図ろうとする場合、意欲はあっても経費との関係から出展を躊躇するといった状況があったが、販路開拓への支援制度を設けることによってこれら企業が積極的に出展会などに参加するようになった。なかには、東アジアやヨーロッパの展示会に出展し、新たな取引先を開拓するといった事例も生まれている。

また、創業に対する市独自の支援制度を拡充するとともに、産業支援機関3者との共同により産業競争力強化法に基づく「創業支援事業計画」を策定して国の認定を受け、4者による連携や相談窓口の設置、役割分担による事業の実施などを行ったところ、市担当窓口へ創業相談に来られる方が増えたほか、創業支援の実施件数も増加した。

　さらに、企業立地に対する支援策を縦幅（金額）、横幅（支援内容）の両面を意識しつつ大幅に拡充するなか、2年間で4件の立地（うち1件は市外からの立地）が実現している。また、市外からも京丹後への立地に関して多くの問い合わせをいただくようになった。

　未来開拓戦略に関しても述べておこう。2015（平成27）年度に総務省が「ふるさとテレワーク推進のための地域実証事業」委託先の公募を行い、全国37地域からの提案に対して16地域の提案が採択されている。採択された提案のなかに京丹後市のものも入っており、都市部のIT企業数社が京丹後市にサテライトオフィスを設置し、平成27年度末までに、地域におけるテレワーク導入に向けた実証事業が行われるなど、未来開拓に向けた動きが徐々に本格化してきている。

　この戦略に関しては、先述の「新経済戦略推進会議」によりPDCAサイクルを実行することとしている。そのため、費用対効果が小さいと判断した事業については、短期で終了させるという選択も実行している。実際、全国の複数市町村が共同して取り組んだ自治体運営型通販サイト事業については、費用対効果が小さいという判断のもと、出展者へのアフターフォロー（代替出展サイトの確保）を行ったうえで、1年度限りで事業を廃止している。

---

(3)　テレワークとは、情報通信手段を活用して場所や時間にとらわれない柔軟な勤務形態のことを言う。家庭生活との両立による就労確保、高齢者・障害者・育児や介護を担う者の就業促進、地域における就業機会の増加などによる地域活性化、余暇の増大による個人生活の充実、通勤混雑の緩和など、様々な効果が期待されている。

（5）今後の期待

　経済がグローバル化するなか、また人口減少・少子高齢化が進行し、平成20年代に入って景況変動にも激しさが増すという経済環境のもと、地域産業も当然それらの影響をダイレクトに受ける状況になっている。その一方で、全国を見わたせば不況下でも元気な企業が多数存在している。そういった企業には、社会構造の変化や景況に左右されない、あるいはそれらをうまく取り込んだ戦略が存在している。

　そのような状況に鑑みれば、社会構造の変化や景況にうまく対応し、独自の成長を遂げる企業をつくり出すことは決して不可能ではない。それには、個々の企業に目を向け、その自主性を尊重しながらサポートしていくというミクロ的な視点での施策と、そういった企業の成長・集積をいかにつくり出していくのかというマクロ的な視点での施策が必要となってくる。

　京丹後市新経済戦略は、これらの視点から策定されており、これに基づくミクロ・マクロ的の両視点で施策が実行されることにより、成果が創出されることが期待されているところである。

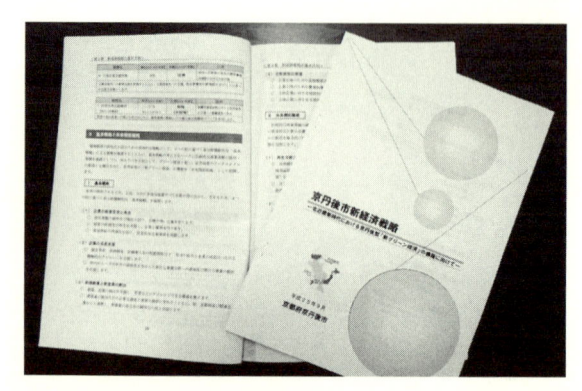

京丹後市新経済戦略「プロジェクト100」

4　新時代・新産業創造に向けた新たなステージへ

（1）地域活性化モデルケースへの選定

　商工業総合振興条例の制定や新経済戦略の策定による産業振興施策を実施しているなか、産業振興を含む新たなまちづくりの流れとして出てきたのが国の地方創生をめぐる動きである。

　2014（平成26）年1月に設置された「地域活性化の推進に関する関係閣僚会議」において、「成長戦略改訂に向けた地域活性化の取組みについて」が決定された。そのなかで、「成長戦略の改訂に向け、これまでの施策の成果が実感できない地方において、新たな活力ある地域づくりと地域産業の成長のためのビジョンを提供し、その具体化を図る」こととされ、「超高齢化・人口減少社会における持続可能な都市・地域の形成」と「地域産業の成長・雇用の維持創出」の二つの施策テーマについて、政府が一体となった取り組みを推進していくこととなった。

　具体的な取り組みとして、上記のテーマごとに、都市・地域の構造を総合的に改革する取り組みを行うモデルケースを公募・選定することとされ、選定されたモデルに対しては税財政、金融、規制などで支援をし、先進的プロジェクトとして実現していくことが打ち出された。

　これを受け、2014（平成26）年3月25日から地域活性化モデルケースの募集が開始され、全国の市町などから135件の提案が行われた。京丹後市も「グリーン・ウエルネス新公共交通体系の構築とそれを核とした環境調和・健康未来創造スマートコミュニティの実現」という提案を行い、選定された33提案の一つに入った。

　京丹後市の提案では、既に取り組んでいる公共交通改革の取り組みに加え、「EVタクシーの導入等による体系化された、グリーンでウェルネスな付加価値を有する新たな公共交通体系の構築」など、主に六つのテーマに基づいて地域活性化に向けた取り組みを行うこととしているが、そのなかの一つに位置づ

けられているのが「新たな養蚕システムへの先端的研究開発の導入による伝統産業『丹後ちりめん』の再生」、いわゆる"新シルク産業の創造"である。

（2）新シルク産業の創造に向けた取り組み

　京丹後市のモノづくり産業を代表するのが、自動車や工作機械の部品などを製造する機械金属業と、「丹後ちりめん」に代表される絹織物業である。丹後ちりめんについては、江戸時代に絹屋佐平治（のちの森田治郎兵衛）が京都に赴いて「ちりめん織」技術を習得し、丹後にその技法を広く伝授したことに始まっており、峰山藩の積極的な保護政策もあり、丹後全域にその技法が普及し産業集積を見せた（第2章参照）。

　丹後ちりめんは、絹（シルク）を用いた和装用の小幅織物が中心であり[4]、ピーク時の1973（昭和48）年には約920万反を生産していたが、和装需要の低下によって次第に生産量は減少し、2014（平成26）年にはその20分の1以下である40万反にまで減少している。

　また、丹後ちりめんの素材となる絹糸についても、過去には蚕の飼育（養蚕）やその餌である桑の葉の栽培が行われていたが、現在では地域内に養蚕農家は皆無となっている。また、桑の生産に関しては、主にその人体への効能に着目し、飲食料品に加工して販売することを目的として近年復活しているが、その生産量はまだ少量に留まっている。

　このような状況のなか、シルクのもつ様々な可能性をもとに、織物を含めて多様な付加価値を創出し、産業として創造していこうというのが「新シルク産業の創造」である。新シルク産業では、素材となるシルクに着目している。

　その一つが、近年研究が進められている遺伝子組換蚕「スパイダーシルク」である。スパイダーシルクは、羽毛より軽いながらも鋼より強いという特性をもち、紫外線吸収力の高いものもあると言われていることから、紫外線防御機能付き衣料品など、その特性を活用した分野での展開が期待されている。

　もう一つは、「無菌・無人・周年・人口飼料」による養蚕システムの実践である。過去においては絹織物産地を中心に広く行われていた養蚕だが、その効

率性の低さや輸入生糸が台頭してきたことで競争力が低下し、今ではほとんどその姿を見ることはできなくなっている。これにより、絹糸のほとんどが輸入品に頼る状況となっているが、近年、品質の問題から国内産の絹糸を求める声も出てきた。

とはいえ、従来通りの手法では、養蚕を行う側も、絹糸を購入する側も、事業としては成り立たない。これを解決するためには、生産性を飛躍的に向上させることが必要となるだけに、この養蚕システムにその可能性が期待されている。

また、この養蚕システムにより生産されたシルクは、その品質の高さから、織物の材料としての活用のみではなく、その成分であるセリシンを活用した健康産業分野や医療産業分野への展開が期待されている。さらには、シルクにかかわる産業の再集積を産業観光として活用することも期待されるところとなっている。

（3）全国に先駆けた地方創生の動きと新シルク産業の創造

京丹後市は、「まち・ひと・しごと創生法」いわゆる地方創生法に基づき、全国に先駆けて「京丹後市まち・ひと・しごと創生　人口ビジョン及び総合戦略」を策定公表したが、その総合戦略においても、新シルク産業の創造がしっかりと位置づけられており、地域再生計画の提案と、産業集積に向けた規制改革を中心とする地方創生特区の提案を行った。ちなみに、地域再生計画については、2015（平成27）年2月に地方創生を含めた計画としては国の第1号認定を受けている。

これらと並行して、新シルク産業の創造に向けた動きも進んでいる。2014（平成26）年12月、産学官それぞれからのコーディネーターを配置した「新シルク産業創造研究会」を発足させ、関係する業界企業を含め30人を超える参画を受け、繭の効率的生産や製品技術の確立、新産業創造に関する課題研究など

---

(4) 丹後ちりめんは、現在では、ポリエステルを素材とした洋装など用の広幅でも折られている。

コラム 和久傳──会社のUターン

松岡憲司

　京丹後市久美浜町の工業団地の一角に、ログハウスで建てられた工場とそれを取り囲む森がある。紫野和久傳の「おもたせ」を製造する工房と「和久傳の森」である。紫野和久傳は、京都・高台寺前の高級料亭和久傳の物販部門として、惣菜やお菓子などの製造・販売をしている。

和久傳の森

　1870（明治3）年、和久屋傳右衛門が峰山（現・京丹後市峰山町）に旅館を開業し、当主の名前から「和久傳」と名付けられた。昭和40年代、峰山は縮緬取引の中心として隆盛を誇り、和久傳も好況にわいていた。しかし、丹後縮緬の衰退とともに旅館の客足は遠のいていき、1982年に高台寺前へ料亭として進出した。幾多の障害を乗り越えて和久傳は料亭として定着していき、別店舗の開業や百貨店への進出を果たした。その一方、峰山の和久傳は縮緬業の衰退などのため、2003年に閉館することとなった。閉館が決まった時、峰山で存続を願う署名運動が起こり、2,000人の署名が集まった。いつか丹後へ帰ってくることを約束し、133年の歴史を閉じた。

　その約束を果たしたのが「紫野和久傳久美浜工房」である。2007年、工業団地の一画とは思えない森の中に新設され、さらに2015年には第2工房を新設し、外回廊から手づくりで製造する様子を見ることができるようになった。内部では徹底的な衛生管理が行われ、ロングセラーの「西湖」が手づくりされている。パートも含めて約60人が働いており、地元の雇用につながっている。

　現在、桑村氏は、食品の製造加工をするだけではなく原料である農産物の生産にまで挑戦している。地元で自然で無農薬な野菜や米づくりに取り組んでいる農家を探し、意欲的な農家を応援するシステムを模索している。いつか帰るという約束を守ってUターン。グローバル化の時代で海外に出て行く企業も多い昨今、ヒトだけでなく企業のUターンも、今後は地域政策における一つの選択肢かもしれない。

を進めているところである。

　さらに、地域再生計画の認定を受けたことをふまえて、国の財政的支援を活用して廃校利用による新シルク産業創造拠点の整備にも着手しており、2016（平成28）年度にはその拠点が稼働する見込みとなっている。また、養蚕などを担う人材を育成するために大学への研修派遣も始めている。

　新シルク産業は、従来の付加価値にとらわれない未知の付加価値の可能性をもった産業である。この産業がしっかりと創造されていけば、伝統産業の知的資産と新たな技術を融合させた、地方における新時代の産業創出のモデルの一つとなるであろう。

おわりに

　1954（昭和29）年末からの高度経済成長により、日本は戦後復興と経済的発展を遂げ、豊かな社会を築き上げてきた。しかしながら，その過程において過疎・過密という課題が発生し、今なおその課題は拡大し続けている。確かに，戦後の厳しい時代から脱却し，経済成長を果たしていくためには集中型の投資戦略をもって一気に工業化を進める必要があった。そして、その施策が奏功して日本は経済も国民生活も豊かになったと言える。言うまでもなく、地方経済もその好影響を受けて発展してきたわけである。

　しかしながら、その陰で過疎・過密の問題が生じ、景気後退や低成長時代に入るにつれてそれが加速されていくという事態が生じ、今やほとんどの地方自治体が人口減少・少子高齢化の波に飲み込まれている。京丹後市もまさにその渦中にあり、様々な対策を講じてはいるものの、その波からなかなか脱却できないでいる。人口減少を食い止めるためには生活基盤などの対策も必要であるが、最も重要であると言えるのが、やはり生活の糧となる「良質な働く場づくり」であろう。

　本章では、京丹後市の発足後に取り組んできた産業振興施策のうち、マクロ視点での他市町では見られない特徴的な施策のみをいくつか取り上げて記載し

た。これら施策に基づく個々の対策はかなりのボリュームになっており、その成果も期待以上であったもの、そうでなかったものと様々である。

　産業振興施策は、他の自治体が行っている施策をコピーしただけでは期待した効果は創出できない。もちろん、それを参考にすることは必要であるが、その自治体の産業構造や知的資産などにあわせて最適な形に変更し、独自にその施策を構築していくことが必要である。そういった点では、京丹後市はチャレンジ精神をもって施策に取り組んでいると言えるだろう。

●付記●

　なお本章は、筆者が龍谷大学社会科学研究所共同研究「新しい経済環境下における、持続可能地域経済モデルの構築——京都府北部における人口減少とグローバリゼーションへの対応を中心に」に参画し、自身が携わった産業振興施策に関して、松岡憲司教授をはじめメンバーとの共同研究を進めるなかで個人的な見解をまとめたものである。したがって、京丹後市役所としての公式見解をまとめたものではないことをお断りしておく。

参考文献一覧

- 京丹後市役所「京丹後市知的資産経営報告書」
  (https://www.city.kyotango.lg.jp/kurashi/sangyo/shogyo/chitekishisan/documents/h2005_chitekishisanhokokusho.pdf)
- 京丹後市役所「報告書の活用に関する検討結果報告書」
  (https://www.city.kyotango.lg.jp/kurashi/sangyo/shogyo/chitekishisan/documents/h2103_chitekishisan_kentokekkahokokusho.pdf)
- 京丹後市役所「京丹後市新経済戦略」
  (https://www.city.kyotango.lg.jp/kurashi/oshirase/shokokanko/shoko/documents/shinkeizaisenryaku.pdf)
- 京丹後市「京丹後市の提案が国の『地域活性化モデルケース』に選定」
  (https://www.city.kyotango.lg.jp/shisei/shicho/kishakaiken/201404_201503/documents/

20140529_n39.pdf　2015年9月12日閲覧
・京都府「平成25年京都府統計書」中「2-2. 市区町村の人口、人口密度（国勢調査結果）」
（http://www.pref.kyoto.jp/tokei/yearly/tokeisyo/ts2013/tokeisyo2013a0202.xls）2015年9月5日閲覧
・京都府「知恵の経営報告書作成ガイドブック」
（http://www.pref.kyoto.jp/sangyo-sien/documents/1227854577732.pdf）2015年9月6日閲覧
・経済産業省産業構造審議会 新成長政策部会経営・知的資産小委員会「中間報告書」
（http://www.meti.go.jp/policy/intellectual_assets/pdf/InterimReport-jpn.pdf）2015年9月6日閲覧
・経済産業省「知的資産経営の開示ガイドライン」
（http://www.kansai.meti.go.jp/2giki/chitekishisan/reference/guideline.pdf）2015年9月6日閲覧
・一般財団法人知的資産活用センター「知的資産経営ポータル」
（http://www.jiam.or.jp/CCP013.html）2015年9月6日閲覧
・独立行政法人中小機構基盤整備機構「事業価値を高める経営レポート（知的資産経営報告書）作成マニュアル改定版」4ページ。
（http://www.smrj.go.jp/keiei/dbps_data/_material_/b_0_keiei/chitekishisan/pdf/keieireport_kaiteiban_1-23.pdf）2015年9月6日閲覧
・内閣府「成長戦略改訂に向けた地域活性化の取組みについて」
（https://www.kantei.go.jp/jp/singi/tiiki/platform/data/140325_03_b1.pdf）2015年9月12日閲覧
・内閣府「地域活性化モデルケースの選定について」
（https://www.kantei.go.jp/jp/singi/tiiki/platform/140529.html）2015年9月12日閲覧
・中森孝文［2009］『「無形の強み」の活かし方——中小企業と地域産業の知的資産マネジメント』（財団法人経済産業調査会）

第6章

徳島県上勝町[1]
―U・Iターン者の定住・起業と地域づくり―

辻田素子

はじめに

　おばあちゃんの「葉っぱビジネス」で知られる徳島県上勝町は、徳島市の南西約40キロの所にある典型的な過疎の町である。109.6平方キロメートルの面積を擁するものの、その85％以上は山林で、標高1,000メートル級の山々に囲まれている。

　1955年の合併時には6,000人を超えていた人口も林業の衰退とともに減り続け、2009年には2,000人を切った。2015年1月1日現在の人口は1,742人で、高齢化率も51.44％と極めて高い。人口の年齢構成を見ると、70歳代が最も多くなっている（**図6－1**参照）。

　生産年齢人口が少ない上勝町で、産業の担い手として活躍してきたのは高齢者や女性である。料理で使われる「つまもの」として、花や草、木の葉などを生産販売する「葉っぱビジネス」は、商品が軽く、付加価値も高いため、高齢の女性がこぞって参入し、年商2億円の一大産業に成長した。

　葉っぱビジネスで脚光を浴びる上勝町に魅せられる若い世代も増えつつある。住宅の整備や第3セクターの設立などによって、上勝町はそうした若者の定住

---

[1] 本章は、松岡憲司・辻田素子［2015］「徳島県における過疎地域再生の取り組み」『龍谷大学社会科学研究年報』第45号の一部を加筆修正したものである。

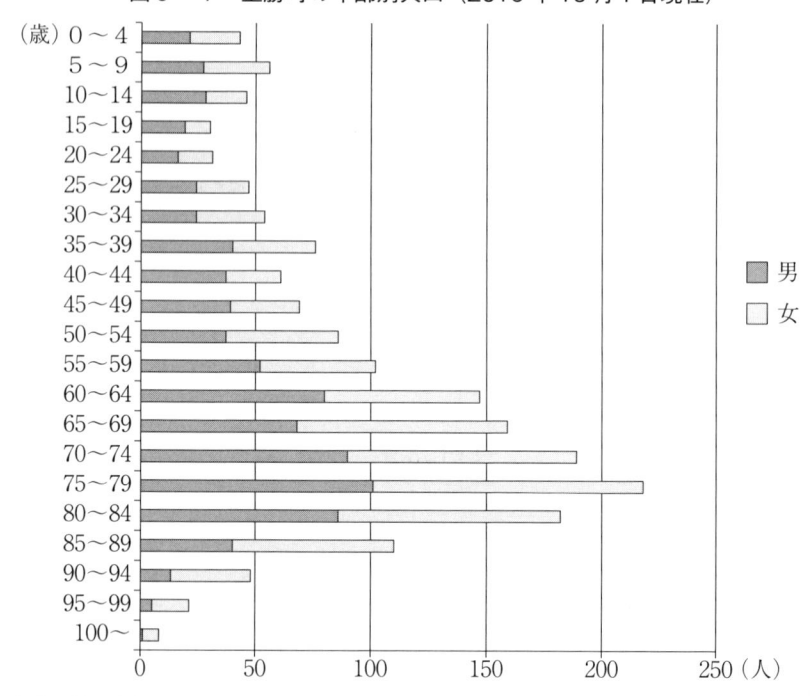

図6−1　上勝町の年齢別人口（2010年10月1日現在）

出所：総務省統計局「2010年国勢調査」の人口等基本集計結果をもとに筆者作成。

を促進してきたが、最近は地域資源の活用や過疎地域の課題解決につながる起業を積極的に支援しており、若いU・Iターン者の起業が目立つようになった。

さらに、上勝町で特筆されるのは、「地域住民が自ら考え行動する」という基本理念のもと、20年以上にわたって実践されてきた住民総出の地域づくりである。同町では、1993年、町内を5地区に分け、地域の課題に住民自身が主体的に取り組む「いっきゅう運動会」を開始した。これは、地域の一つ一つの問題（one question、1Q）に、とんちで有名な「一休さん」よろしく、住民が知恵を絞って解決しようという運動である。

「運動会」というネーミングには、各地区の住民が頭と身体を使った町づくりで競うという意味合いが込められている。住民総出の町づくり活動のなかで、

「ゼロゴミ運動」や「美しい棚田の保全」といった住民が自ら汗を流して環境を守る取り組みも広がっていった。

　上勝町では、葉っぱビジネスが町の「新産業」として定着する過程で、町内に漂っていた「何をやってもムダ」という閉塞感が徐々に薄れ、住民らは、農山村ならではの持続可能な地域づくりに取り組み始めた。新しいことに挑戦する地域コミュニティーが、若い世代の移住や起業を根幹で支える社会基盤となっている。

　ただ、人口減少は依然として深刻で、第3セクターの業績も低迷している。それだけに、様々な知識やノウハウ、経験、人脈などをもつ若いU・Iターン人材が地域づくりの主役として活躍する上勝町の新たな挑戦が注目されている。

　高齢者らによる葉っぱビジネスの思いがけない成功が住民あげての主体的な地域づくりにつながり、U・Iターン者の移住や起業を促進し、U・Iターン者の増加が今度は、葉っぱビジネスの海外への展開、上勝ブランドの構築、次世代を担う子ども達の教育環境の整備などに寄与する好循環が生まれつつある。「葉っぱをお札に変える魔法の町」とまで言われた上勝町は、階段を一つ上がり、新たなステージに入った。

1　彩事業

（1）地域資源の発掘

　彩事業を立ち上げたのは、「(株)いろどり」の横石知二社長である[2]。横石は、徳島県農業大学校を卒業した1979年に上勝町農協に就職し、営農指導員として働き始めた。その2年後の1981年、上勝町は記録的な寒波に襲われ、町の主要

---

[2] 上勝町の彩事業に関する著作は多い。後藤・立木［2008］、古川・薗部［2011］、石川［2013］などに加え、横石自身の手による書物として『そうだ、葉っぱを売ろう！』、『生涯現役社会の作り方』などがある。また、2012年に公開された映画『人生、いろどり』（御法川修監督）は、彩事業の軌跡を描いたものである。

作物であった温州ミカンが全滅した。ミカン農家は大打撃を受け、現金収入を得るための新たな農産物を早急に栽培する必要が生じた。

横石はトラックで農家を回り、季節ものの野菜を集荷しては徳島市の中央卸売市場まで運んだ。さらに、農家がより安定した収入を得られるよう、年間を通して収穫できるシイタケ栽培も推奨した。詳細は後述するが、このシイタケ栽培は現在、第３セクターの「(株)上勝バイオ」が中心的役割を担っている。

横石がミカンに代わる農作物を模索するなかで出合ったのが「葉っぱ」である。横石は、1986年、大阪の青果市場に出張した帰りに立ち寄った「がんこ寿司」(居酒屋チェーン)で、若い女性が赤い紅葉(もみじ)を見て大喜びし、持ち帰ろうとしている光景を目の当たりにした。店主に尋ねると、つまものは自分達で山へ取りに行くという。

「上勝町にいくらでもある葉っぱが売り物になる！」

ビジネスのアイデアが固まった瞬間だった。上勝町ではまったく価値のない「葉っぱ」が、都会のホテルや料亭では料理を引き立て、季節感を打ち出す「つまもの」として重宝がられていた。

もっとも、横石のアイデアは当初、農家にまったく相手にされず、1986年のスタート時に協力してくれた農家はわずか４軒にすぎなかった。もちろん、卸売市場からも無視された。

横石は葉っぱのパック詰めを持って全国の料亭や旅館を行脚したが、やはり売れなかった。どうすれば売れるのか。横石は、料理の添えものであるつまものを研究するために給料を注ぎ込んで、大阪や京都の料亭に通い続けた。２年に及ぶそうした努力の結果、つまものにもウンチクがあり、季節、種類、色合い、形、大きさなどに細かな決まり事があることを知った。

「南天は、『難を転ずる』ので縁起物に飾り付ける」、「つまもので季節を先取りする」、「サイズや色合いがそろっていないと使いにくい」といった顧客(料理人)ニーズを学んだ横石は、そのポイントを高齢者にも分かるようにイラスト入りのマニュアルにして配り、売れる葉っぱづくりを支援した。

（2）彩事業の発展

　葉っぱが売れ始めると、参入する農家は急増した。1年半後の1988年4月には44軒に増え、農協内部に「彩部会」が結成された。売上高も1年目はわずか116万円であったが、3年目の1988年には2,160万円となり、その後は毎年1,000万円単位で伸び続け、1994年度には初めて1億円を突破した。ちなみに、2003年度からは2億円を超えている。

　好業績は農家の努力の賜物でもある。おばあちゃん達は、料亭の厳しい要求に応えるため、自分の土地に種類の異なる木や花を次々と植え、丹精込めて育て始めた。また、横石が企画する会議や研修にも積極的に参加した。卸売市場の関係者から市場の動向や出荷の要領を学ぶとともに、全国の高級料亭やホテルにも視察に出掛け、自分達が出荷した葉っぱがどのような場所でいかに使われているかを学んでいった。

　販売先を開拓するため、横石も全国を奔走した。つまものという未知の市場を開拓するにあたり横石は、飲食店や旅館を回って最終的な売り先を確保してから卸売市場に出向き、飲食店や旅館の購入見込み量を伝えるといった手法をとった。そのおかげで、卸売業者は市場で安心して「上勝産つまもの」を取り扱うことができ、それが「つまもの市場」の拡大につながったわけである。

（3）株式会社いろどりの設立と情報ネットワークシステムの構築

　彩事業を立ち上げ、軌道に乗せた横石は、1996年、上勝町役場に産業課の課長補佐として転籍したが、横石が去った農協は業績が低迷し、1996年に15億円あった売上高が1997年には14億、1998年には12億円、そして1999年には8億円にまで減少した。

　横石が働く上勝町役場では、農家の事業を安定させるために農家に代わって市場分析や営業活動などを戦略的に行う組織が不可欠との認識が広がり、1999年4月に第3セクターの「（株）いろどり」が設立された。2002年、横石は取締役に就任し、再び彩事業に直接かかわるようになった。そして、2009年からは

視察に来た大学生らに、パソコンとタブレットを駆使した受注ノウハウを説明する彩農家

代表取締役社長を務めている。

　料亭やホテルで使われるつまものは市場規模が小さい。また、高い鮮度が求められる。そのため、供給過多になると、値崩れだけでなく売れ残り品を廃棄するという資源の無駄が発生する。他方、供給過少は、商機を逸するだけでなく、顧客の信頼を踏みにじることになりかねない。需要と供給のバランスが崩れないよう、市場の求めに応じて農家が商品を迅速に出荷できる体制づくりが急がれた。

　その最初の試みが防災無線ファックスである。彩事業がスタートした当初、横石は注文が入るたびに防災無線を使って全農家に伝えていたが、音声による伝達は正確さに欠けるうえ、同事業にかかわっていない多くの町民にとっては迷惑な騒音でしかなかった。そこで、防災無線を利用した防災無線ファックスが新たに考案され、1992年、日本で初めて上勝町の農家に設置された。

　この結果、全国の卸売市場から農協に入った注文は、防災無線を使って各農家のファックスに一斉送信されるようになり、農家は競って農協に電話を入れるようになった。早い者勝ちで受注する仕組みが農家のおばあちゃん達の競争意識に火を付けたわけである。

　次に取り組んだのが、「必要なものを、必要な時に、必要な量だけ」供給す

るための情報ネットワークシステム、いわゆる POS（販売時点情報管理システム）の構築である。幸運なことに、経済産業省の実証実験事業「地域総合情報化支援システム整備事業」に採択され、1998年、事業費1億6,000万円の実証実験がスタートした。

　上勝町では、この資金を活用して高齢者が使いやすい専用のパソコンとソフトを開発し、各戸に配布している。専用のパソコンは、電源ボタンを押すだけで自動的に彩事業の画面が立ち上がり、文字は大きくて見やすくなっている。画面上で、市場の需要予測や販売実績、出荷状況が確認できるため、農家の出荷調整や生産計画は以前よりも容易になった。また、日々の売上額や売上順位といった自らの情報がパソコン上で見られるので、競争心も煽られることになる。

　2007年には光ファイバーを使ったシステムが稼働したほか、2011年からは、農作業をしながら使えるタブレット端末も活用している。

（4）三位一体となった運営

　彩事業の運営にあたっては、農家、（株）いろどり、農協の三者が互いの強みを生かす関係を構築している（図6-2参照）。
　つまものの販売方法は大別すると2種類ある。一つは市場からの注文に応えて出荷する「特別注文」（受注販売）、もう一つは、農家が自らの判断で出荷し競りにかけられる見込み販売である。彩事業では、受注販売が圧倒多数を占めている。
　農協（JA東とくしま上勝支所）に寄せられた市場からの注文や市況情報は、ファックスやパソコンを通じて一斉に農家に流されている。農家は受注すると直ちに「葉っぱ」を採取し、パックに詰めて農協の選果場に出荷する。
　（株）いろどりは、農協から提供された販売単価や出荷数量などのデータを使って市況を分析し、需要を予測して、農家に出荷アドバイスなどを行う。そのツールとなるのがファックスやパソコンである。農家は、毎日送られてくる出荷状況や市況などの最新情報をもとに、翌日の生産品目や生産量の見通し、作

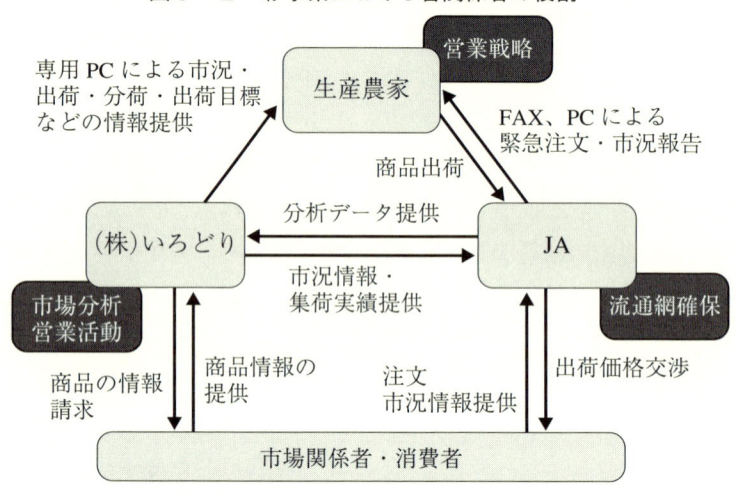

図6-2　彩事業における各関係者の役割

```
                        営業戦略
                    ┌─────────┐
                    │ 生産農家 │
専用PCによる市況・   └─────────┘  FAX、PCによる
出荷・分荷・出荷目標              緊急注文・市況報告
などの情報提供
            商品出荷
    ┌──────────┐  分析データ提供  ┌────┐
    │(株)いろどり│ ←──────────→ │ JA │
    └──────────┘                  └────┘
  市場分析        市況情報・       流通網確保
  営業活動        集荷実績提供
        商品情報の      注文       出荷価格交渉
  商品の情報  提供   市況情報提供
    請求
            ┌──────────────────┐
            │ 市場関係者・消費者 │
            └──────────────────┘
```

出所：(株)いろどりの視察研修用資料。

業の段取りをつけるのである。

　彩農家の1日は忙しい。「彩が生きがい」という西蔭幸代は毎朝5時半に起床し、6時前には畑に出て、当日出荷する葉っぱを採取している。その後、朝食をとり、「注文取り競争」が始まる9時を待つ。8時40分には机に向かってパソコンを立ち上げ、精神を統一し、秒針が9時を指すと同時に、パソコン画面上の「紅梅50トレー」、「桃40トレー」、「南天（ジャンボ）1ケース」といった注文情報のなかから、自分が出荷したいものを素早くクリックする。

　わずか数分でその日の売り上げの大勢が決まるため、画面を見る目にも、パソコン操作をする手にも、無駄な動きは一切ない。真剣そのものである。この「注文取り競争」を無事に終えると、再び畑に出て収穫し、採取した葉っぱをパックに詰め、正午までにJA東とくしま上勝支所に出荷する。同支所に集められた葉っぱは、その日のうちに専用のトラックで全国に発送されていく。

　西蔭の畑では、100種を超える木や花が栽培されている。夫婦でせっせと新しい苗を植え、種類を増やしてきた。もちろん、栽培の技やノウハウも磨きをかけてきた。西蔭が特に大事にしているのは、売れ筋商品や価格の流れ（動き）

JA東とくしま上勝支所の選果場で出荷手続きをする彩農家

を読むことである。どのタイミングでどの商品をどれだけ出荷するか。その判断の是非が収益を左右する。ちなみに彩農家は、販売額の5％を(株)いろどりに、2％を農協に手数料として支払っており、原価を差し引いた利益は販売額の65～70％と言われている。

（5）彩事業の成果

　農家は当初、彩事業にほとんど関心を示さなかったが、葉っぱが高値で売れるようになると参入者が急増した。彩事業の契約農家は現在200軒弱で、年収1,000万円を超える農家もある。

　農家はまた、自生している葉っぱを採取するだけでなく、自分の山や畑に売れそうな花や木を植えている。今では300種以上の葉っぱが、上勝町で生産・出荷されており、そのほとんどが自家栽培となっている。

　上勝町は高低差が大きいため、標高によって気温の差が生じる。単一作物の栽培には不利な条件であったが、それが彩事業では有利な条件となった。標高差があるために様々な品種を生産することができ、また標高によって同一作物の成長時期が異なるために出荷時期を長期化することができる。地域の「弱み」が「強み」に転じたわけである。

図6-3 彩事業の地元地域への波及効果

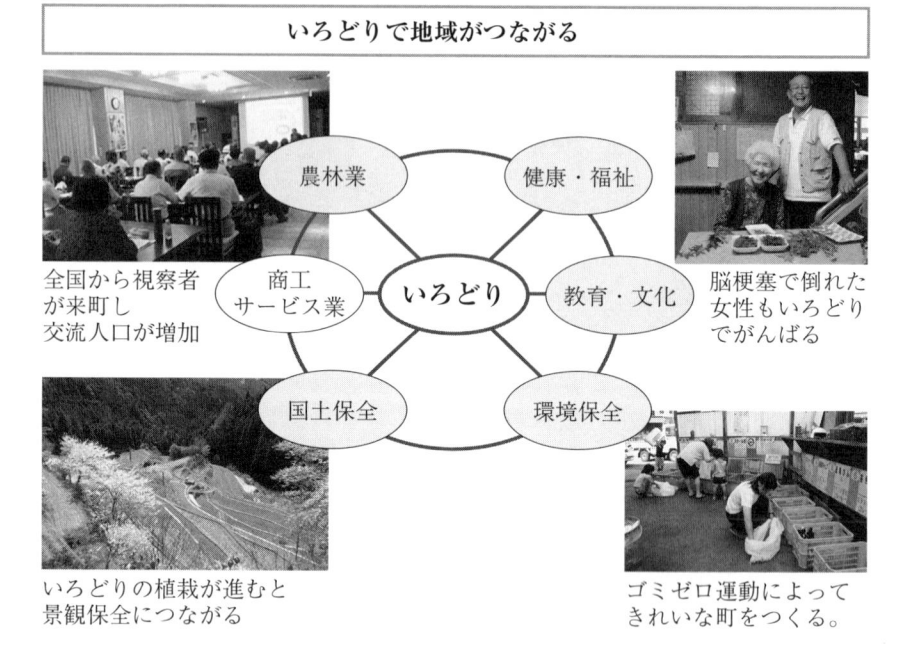

いろどりで地域がつながる

農林業 — 健康・福祉
商工サービス業 — いろどり — 教育・文化
国土保全 — 環境保全

全国から視察者が来町し交流人口が増加

脳梗塞で倒れた女性もいろどりでがんばる

いろどりの植栽が進むと景観保全につながる

ゴミゼロ運動によってきれいな町をつくる。

出所：(株)いろどり視察研修用資料。

　葉っぱは軽量かつ繊細で、収穫やパック詰めは軽作業である。草花が好きな人にとっては、季節の移り変わりを感じることができる楽しさもある。その上、パソコンやタブレットを駆使して情報を入手し、売れ筋を予測して生産計画を練る。どんな花や木を植え、いつどれだけ採取して出荷するかは、すべて農家の裁量に任されている。特に、樹木は栽培に時間がかかる。農家は、数年単位の事業計画から日々の注文取り競争まですべてを自己責任で行っている。

　ファックスやパソコン、タブレットを使った情報ネットワークシステムは、多品種少量の葉っぱものを全国各地に素早く出荷する体制づくりに寄与するとともに、農家の意識を変え、知識や知恵、経験などをフル活用して、市場競争に打ち勝とうとする逞しいおばあちゃん達を育て上げた。

　近年、この「つまもの市場」に参入する新たな産地が出てきているが、上勝

の彩ブランドは揺るがず、市場で約8割のシェアを占めている。これまで活躍の機会が少なかった高齢者や女性が、「世界中探したってこんな楽しい仕事ないでよ」と新たな生きがいを見つけ、自分の仕事や地域に誇りをもつようになったのである。

地域にとっても、年金暮らしをしていた高齢者が彩事業で収入を得るようになり、税金の納付者に転じた。畑に行くので足腰が丈夫になる。営業戦略を練るのに頭を使う。また、出荷作業は指先を使う細かい作業でもある。身体が丈夫になるだけでなく、脳も活性化され、認知症予防につながっているという。

病院通いや福祉サービスの利用者は減少した。上勝町の一人当たりの高齢者医療費は県内最低である。「忙しゅうてな、病院にいっとる暇なんてないでよ」という状況なのである。もちろん、山の保全や景観づくりも役立っている。

このように、葉っぱビジネスは健康・福祉、農林業、環境保全といった様々な分野に好影響をもたらした。そして何より、葉っぱが「お金に化けた」ことで、田舎の閉塞感が打ち破られたのである（図6-3参照）。

2 地元住民主体の町づくり

―いっきゅうと彩の里―

上記で述べてきたように、上勝町は葉っぱビジネスで広く知られているが、住民主体の町づくりでも定評がある。図6-4は、上勝町でこれまで展開されてきた主な事業をまとめたものである。以下、簡単に説明しておこう。

（1）いっきゅう運動会（1Q運動会）

「葉っぱビジネス」の成功で自信を得た上勝町では、行政と住民の双方に、町の将来を真剣に考え行動しようという新たな機運が生まれた。一方、葉っぱビジネスが成長してもなお、高齢化や人口減少に歯止めがかからなかったこともあり、「このままでは町がなくなる」という強い危機感も共有された。

上勝町は、1989年から3年をかけ、住民主導の町づくりによって、若い世代

図6-4　上勝町のこれまでの取り組み

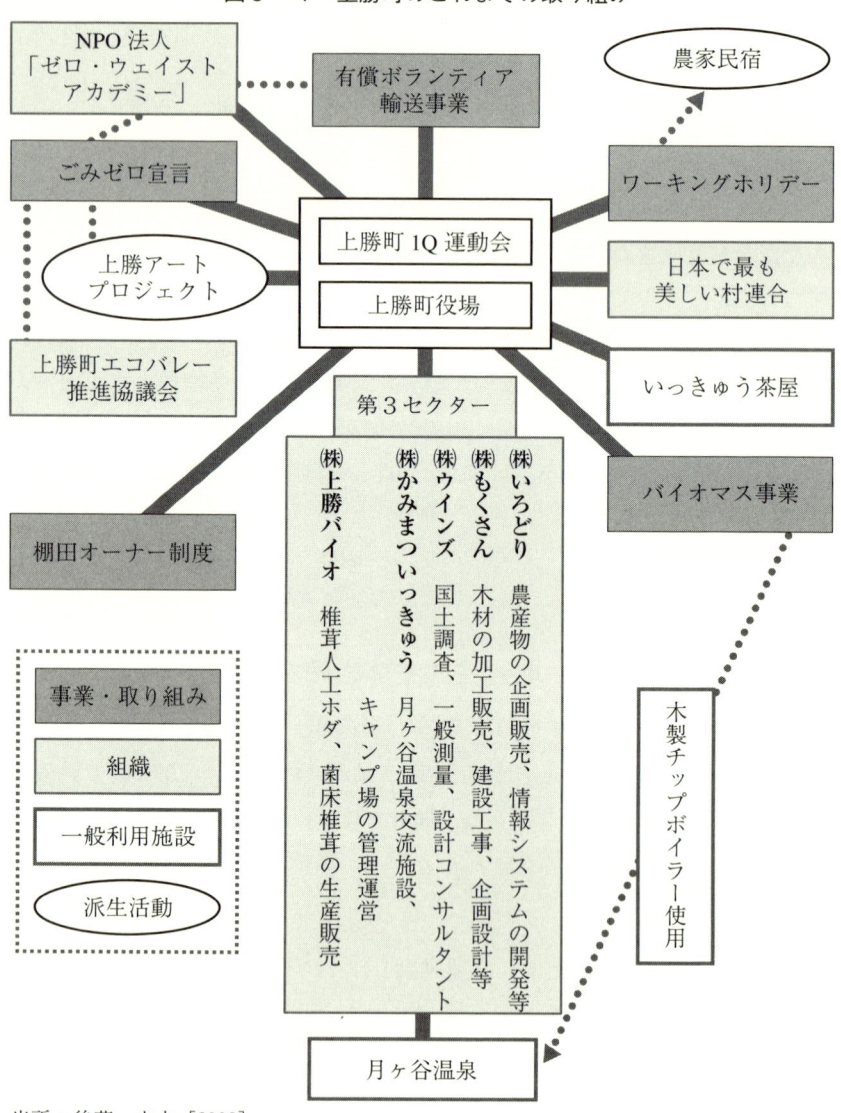

- NPO法人「ゼロ・ウェイストアカデミー」
- 有償ボランティア輸送事業
- 農家民宿
- ごみゼロ宣言
- ワーキングホリデー
- 上勝アートプロジェクト
- 上勝町1Q運動会
- 上勝町役場
- 日本で最も美しい村連合
- 上勝町エコバレー推進協議会
- いっきゅう茶屋
- 第3セクター
- バイオマス事業
- 棚田オーナー制度
- ㈱いろどり　農産物の企画販売、情報システムの開発等
- ㈱もくさん　木材の加工販売、建設工事、企画設計等
- ㈱ウインズ　国土調査、一般測量、設計コンサルタント
- ㈱かみまついっきゅう　月ヶ谷温泉交流施設、キャンプ場の管理運営
- ㈱上勝バイオ　椎茸人工ホダ、菌床椎茸の生産販売
- 木製チップボイラー使用
- 月ヶ谷温泉

凡例：
- 事業・取り組み
- 組織
- 一般利用施設
- 派生活動

出所：後藤・立木［2008］。

が定住できる地域を目指す「上勝町活性化振興計画」を策定した[3]。同町は、「ばらまき」として一般的には批判された「ふるさと創生金」(全国の市町村への一律1億円の交付)を有効に活用して、上勝町活性化振興計画を策定するとともに「上勝町ふるさと創生夢基金」を創設し、若者定住住宅の用地も買収した。

　この上勝町ふるさと創生夢基金は、現在、U・Iターン者に対する中古住宅購入や空き家改修費の助成金、子どもを対象とした転入支度金といった人材の確保育成事業の軍資金となっている。

　上勝町活性化振興計画策定のために、町役場の職員や住民らが3年間にわたって議論を尽くすなかで、みんなで知恵を出し合い町が抱える問題を解決するという独自の町づくり手法「いっきゅう」も生まれ、「いっきゅうと彩の里」という町のキャッチフレーズが固まった。「いっきゅう」には、先にも述べたように、一休和尚のように知恵を絞って、一つ一つの問題(one question、1Q)を解決していくという二つの意味が掛け合わされている。

　活性化振興計画では、町全体の将来像だけでなく、町内5地区もそれぞれ独自の将来像を作成した。住民は、行政や他人任せにすることなく、自分が住む地域の未来を展望し、今やるべきことを議論した。地域の課題を直視し、地域がもつ諸資源を洗い出し、どんな地域にしたいのかという合意形成を図るプロセスのなかで住民の当事者意識が高まった。

　計画策定後は競争原理を取り入れ、各地区の町民が運動競技のように楽しみながら町づくりにかかわれる仕組みとして、地域活動の成果を競う活動として「いっきゅう運動会」を展開した。

　「いっきゅう運動会」は、各地区で選出された6人の委員が中心になって地域づくりのプランを立て、住民と一緒に活動した成果を数年ごとに評価し合うといったもので、1993年度にスタートし、バス停待合室の整備、河川の雑木伐採、道路案内標識の設置などを住民が自主的に行ってきた[4]。

---

[3]　上勝町のまちづくりは、同町の元職員で、2001年から2013年まで町長を務めた笠松和市が環境ジャーナリストの佐藤由美とまとめた『持続可能なまちは小さく、美しい――上勝町の挑戦』が詳しい。

地域づくりは文化的な活動にも広がりを見せており、2007年に国民文化祭が徳島で開催された時には、5地区の住民と国内外で活躍する5人のアーティストがそれぞれチームを組み、町内産木材などを使って現代アート作品を作成し、その出来栄えを競っている。

（2）ゼロ・ウェイスト宣言

こうした住民参加型の町づくりは、「ゴミ・ウェイスト」（ゴミゼロ）運動にもつながっている。上勝町は財政力が脆弱なこともあり、非生産的なゴミ処理に多額の費用をかける余裕がないため、町にはゴミ収集車も焼却炉もない。あるのは、住民が自らゴミを持ち込む「日比ヶ谷ゴミステーション」だけである。

町では、1990年代から家庭用電動式生ゴミ処理機などに補助金を出すことによって、各家庭が生ゴミを自らの責任で堆肥化し、土に返す取り組みを促進してきた。1995年の包装容器リサイクル法の制定を機にゴミの分別にも乗り出し、2001年には住民が生ゴミを除くすべてのゴミを「日比ヶ谷ゴミステーション」に持ち込んで、34種類に分別・廃棄するという仕組みをつくり上げている[5]。

さらに、2003年9月には、日本の自治体では初めての「ゼロ・ウェイスト宣言」を行った。「2020年までにゴミをゼロにする」という同宣言に伴い、ゴミ問題に本格的に取り組むための組織として、「NPO法人ゼロ・ウェイストアカデミー」も結成された。同組織は、資源のムダを限りなくゼロに近づけるための普及・啓発や人材育成、調査研究、政策提案などを目的に掲げている。町でもそうした活動を推進するため、企業や団体、個人らからの寄付を基金として積み立て、効率的な利用を図る「上勝町ごみゼロ（ゼロ・ウェイスト）推進基金条例」を制定した。

日比ヶ谷ゴミステーションには介護予防センター「ひだまり」が隣接しており、「ひだまり」内の「くるくる工房」では、上勝町のおばあちゃん達が使われなくなった鯉のぼりや座布団、着物などをほどいて、ぬいぐるみやTシャツ、ふんどし、カバンなどにリメイクしている。ここでも、葉っぱビジネス同様、ゴミのリユースがおばあちゃん達の生きがいや健康づくりに寄与する副次効果

町内唯一のゴミ集積所「日比ヶ谷ゴミステーション」　「くるくる工房」こいのぼりや着物がカバンやぬいぐるみに生まれ変わる

を生んでいる。

　こうした地道な取り組みによって上勝町のゴミ量は減少し、2013年度には上勝町の住民1人が1日に出すゴミの量は435グラムとなり、全国平均（958グラム）の半分以下となった。ゴミを細かく分別し資源化に努めているため、リサイクル率は76.4％で全国平均（20.6％）を大きく上回り、人口10万人未満の市町村では全国3位に入った。

---

(4) 町は、「いっきゅう運動会」の活動費用のうち、ソフト事業は交付金で、ハード事業は住民グループへの原材料費支給によって支援してきた。上勝町は、55の集落に対し、それぞれの神社を祀る11の「名（みょう）」があり、さらにその上に五つの「地区（大字）」がある。2012年4月からは「地区」単位ではなく、「名」単位で「いっきゅう運動」が継続されている。
(5) なお、このゴミ持ち込み方式では、車を持たない高齢者らがゴミをゴミステーションまで運べないという新たな問題が浮上したが、非公式には住民同士の助け合いで、公式には人材シルバーセンターによる支援によって対応している。

また、住民1人当たりのゴミ処理費も9,076円で、全国よりも5,324円も安い。町全体ではざっと年間1,000万円の経費削減につながった計算になる[6]。詳細は後述するが、こうしたゴミゼロ運動は、環境の改善や税金の節減だけでなく、全国各地から環境に関心のある人々を惹きつける新たな地域資源になりつつある。

　ところで、NPO法人ゼロ・ウェイストアカデミーは、有償ボランティア輸送事業の事務局も請け負っている[7]。上勝町では、町内にあったタクシー会社の休業や徳島バスの上勝路線廃止を受け、登録した町民ボランティアが自家用車を使って、車を運転できない高齢者らの買い物や通院を支援する事業を2003年に開始した。地域住民による助け合い精神をベースにした有償運送（1回500円）で、2014年10月現在、運転手として23人（車は26台）が登録されている。利用実績を見ると、2013年度は209人が会員登録をし、合計525回の運行依頼が出された。

（3）棚田オーナー制度

　かつて、中山間地域の上勝町は、山の斜面を切り開いた棚田で春から秋にかけては米、秋から翌春にかけては小麦や大麦などの二毛作をしていたという。減少したとはいえ、上勝町には、日本の棚田百選や国の重要文化的景観に認定されている「樫原」、にほんの里100選に認定された「八重地（やえじ）」、日本のかおり風景100選に認定された「神田（じでん）」などの美しい棚田があり、2011年には全国棚田サミットも開催されている。もちろん、「日本で最も美しい村」連合にも加盟している（佐伯［2008］）。

　なかでも、早くから棚田の保存に取り組んできたのが樫原地区で、1995年には地元農家の有志が第1回全国棚田サミットに参加し、翌1996年には「上勝町棚田を考える会」を発足させた。2003年には「樫原の棚田村」を結成し、2005年には「棚田オーナー制度」がスタートした。1アール5万円の貸出料にもかかわらず、毎年のオーナー募集には希望者が殺到する人気となっている。オーナー制度は、翌2006年から上勝町全域に拡張され、棚田だけでなく畑や柚（ゆず）などの果樹を対象に実施されている。

日本の棚田百選に選定された「樫原の棚田」（写真提供：いろどり）

（4）第3セクターの設立——地域資源の事業化と雇用の創出

　葉っぱビジネスをはじめとする多くの事業は、第3セクターが運営主体となっている。若者の定住促進には、地元産業の振興や雇用の創出が不可欠との判断から町の主導で設立された。1991年の「(株)上勝バイオ」から1999年の「(株)いろどり」まで、10年足らずの間に五つもの第3セクターが誕生した。第3セクター5社の概要は**表6－1**の通りである。

　第1号の「(株)上勝バイオ」は、雇用創出と町の活性化を目的に町や勝浦郡

---

(6)　上勝町の広報誌「かみかつ」2015年4月号による。
(7)　上勝町では、国の「構造改革特別区域」の認定を受けることによって、法律で禁じられていた自家用車を使って無許可で送迎しお金をもらう事業が認められた。同じ問題に直面している過疎地域が全国に多数あったことから、その後、「道路運送法等の一部を改正する法律」が施行され、2008年4月からは「過疎地有償運送」として実施している。町は当初、社会福祉協議会に委託していたが、2006年4月からゼロ・ウェイストアカデミーが事務局を担っている。

表6-1　上勝町が中心になって設立した第3セクター

企業名	設立時期 資本金	株主	業務内容	社員数 (内臨時等)
㈱上勝バイオ	1991年 3億4,400万円	50	・しいたけ人工ホダ木の生産販売 ・菌床しいたけの生産販売	72人 (37人)
㈱かみかついっきゅう	1991年 8,000万円	168	・都市農村交流センター、月の宿の管理運営 ・キャンプ場、テニスコートなどの管理運営	22人 (14人)
㈱ウインズ	1996年 3,600万円	24	・国土調査、一般測量、設計コンサルタント	10人
㈱もくさん	1996年 9,990万円	27	・木材の加工販売 ・建築工事の請負並びに企画設計管理・林業労働者の確保	5人 (2人)
㈱いろどり	1999年 1,000万円	2	・農産物の企画販売 ・情報システムソフトウェアの開発・販売	6人 (1人)

注：数字は2015年3月末現在の数字である。
出所：上勝町の広報誌「かみかつ」2015年8月号の上勝町第3セクターの状況をもとに筆者作成。

農協などが出資し、資本金1億8,000万円で1991年に設立された。もともと上勝町では、ナラやクヌギなどの広葉樹を1メートルほどに切り出し、シイタケ菌を植え付ける「原木栽培」をしていたが、広葉樹の入手が困難な上、高齢の栽培農家にとって原木の移動は重労働でもある。このため、おがくずや水などを混合した菌床にシイタケ菌を接種する菌床栽培に切り替えることになり、「(株)上勝バイオ」が菌床キノコの生産販売を担った。

1992年に設立された「(株)かみかついっきゅう」は、上勝町が設立した月ヶ谷温泉の宿泊施設やキャンプ場といった町の観光施設を効率的に管理運営するための会社である。

1996年には、「(株)ウインズ」と「(株)もくさん」も設立された。前者は、国土調査法に基づいて市町村が行う国土調査と一般の測量設計を主たる業務にしている。「町外の測量会社に委託するぐらいなら雇用を創出しよう」という

発想があったという⁽⁸⁾。一方、後者の事業は、上勝産の建築資材を供給し、住宅を建設することである。上勝産木材を町内で使うことによって、町の林業やその関連産業の衰退を少しでも阻止したいという狙いがあった。

　最後は、1999年に設立された「(株)いろどり」である。既述したように、同社のメインは彩事業である。同社の売上高は、農家から徴収する彩事業の手数料収入、シイタケなどの町の特産品の販売代金、講演料やセミナー収入などである。また、年間3,000～4,000人に上る視察者の受け入れ事業も重要な収入源の一つとなっている。

　「(株)いろどり」が主催する視察者向け勉強会は、「(株)かみかついっきゅう」が運営する月ヶ谷温泉で行われ、そこで提供される料理には「(株)いろどり」のつまものが添えられる。また、月ヶ谷温泉が使う木質チップボイラー用のチップを供給するのは「(株)もくさん」となっている⁽⁹⁾。

　このように、第3セクター間の相互連携も進んでいる。5社で115人（2015年3月現在）の雇用を創出している。ただし、経営は総じて厳しい。図6－5は、第3セクター5社の直近3年間の業績推移をまとめたものである。

　売上高は、「(株)上勝バイオ」が3億5,000万円前後で最大であるが、1997年に赤字に転落して以降、赤字決算を重ね、2015年3月末の累積赤字は2億5,000万円にも達した⁽¹⁰⁾。

　以前は、中国産シイタケの輸入急増という外部要因に苦しめられたが、最近の低迷は、設備の老朽化や技術革新への対応の遅れといった内部要因に起因している。事業継続に関して賛否両論があるなか、上勝町は70人を超える雇用の

---

(8) 笠松・佐藤［2008］による。
(9) 燃料チップの生産は、機械の耐用年数が過ぎて故障が増え、原木の確保も困難なことから2014年3月末で製造を中止した。上勝町の広報誌「かみかつ」2014年7月号による。
(10) 当初の経営不振は、中国産しいたけの輸入急増に伴う国産しいたけ価格の低下である。上勝バイオ設立のタイミングで中国産しいたけの輸入が開始され、2000年には、ネギ、畳表とともに暫定セーフガードが発動されるほどシイタケの輸入が激増した。また、上勝町の「議会だより」（2015年2月1日）によると、上勝バイオの存続に関する町民に対するアンケート調査で、「存続」が14.5％、「条件付きで存続（規模を縮小する。公費負担をしない等）」が21.8％、「廃止」が41.1％、「三セク以外で事業存続」が12.9％と意見が分かれた。調査の対象は町内会役員で、98人が回答（回答率70.5％）。

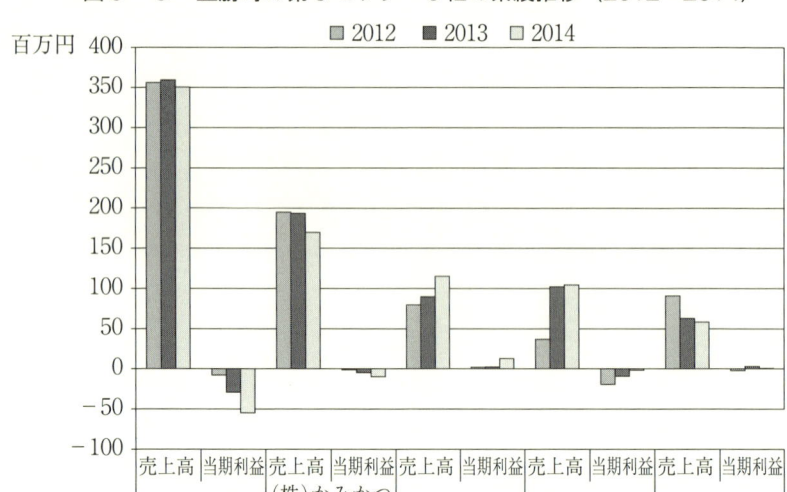

図6-5　上勝町の第3セクター5社の業績推移（2012～2014）

（グラフ：2012、2013、2014の3年間の売上高と当期利益）

横軸項目：
- （株）上勝バイオ：売上高／当期利益
- （株）かみかついっきゅう：売上高／当期利益
- （株）ウインズ：売上高／当期利益
- （株）もくさん：売上高／当期利益
- （株）いろどり：売上高／当期利益

出所：上勝町の広報誌「かみかつ」2013年7月号、2014年7月号、2015年8月号の上勝町第3セクターの状況をもとに筆者作成。

維持を重視し、2014年10月に2億6,000万円の税金を投入して事業継続を決断した。

「（株）もくさん」と「（株）かみかついっきゅう」も赤字体質から抜け出せず、堅調なのは「（株）ウインズ」と「（株）いろどり」の2社に留まっている。ただ、「（株）いろどり」も2012年に創業以来初めてとなる損失を計上している[11]。2013年以降は黒字に転じているものの、その黒字幅は小さい。売上高も減少傾向にある。高齢化による農家の減少、花木の改植などが要因と見られる。

3　既存の地域資源とU・Iターン者が持ち込む諸資源の融合
―持続的発展に向けた新たな取り組み―

これまで見てきたように、人口の半分が高齢者である上勝町では農協や（株）いろどりが中核となり、個人事業主である農家を束ねて葉っぱビジネスを展開

した。ただ、この葉っぱビジネスもすでに20年が経過し、世代交代が急がれている。他の第3セクターも、その多くは抜本的な経営改善が喫緊の課題となっている。

そうしたなか、大きな期待を集めているのが次世代を担う若者の受け入れである。新聞、雑誌、テレビなどのメディアに頻繁に取り上げられ、また国や各種団体の様々な賞を受賞することで彩事業や上勝町の知名度は急上昇し、視察者が急増した。国内だけでなく、独立行政法人国際協力機構（JICA）が招聘した途上国の研修員らも視察に訪れている。

こうした動きをとらえて上勝町では、地域の生活や生産活動の「体験」から、地域のなりわいの枠組みを学ぶ「研修」、さらにはなりわいの枠組みを新たにつくる「起業」までの支援を包括的に実施している[12]。

筒井・嵩・佐久間［2014］は、移住者による起業を「農山村の地域資源を活用した"地域のなりわいづくり"であり、農山村の価値創造活動の一端を担うもの」（2ページ）と定義づけている。

なりわいとは、生活の糧である「仕事」、自己実現を目指す「ライフスタイル」、そして地域から学ぶとともに地域に貢献する「地域とのつながり」で構成されるとし、「事業性」「地域性」「社会性」を強調する。移住者のなりわいづくりには、移住者自身だけではなく、コミュニティー（地域住民）や行政の支援が不可欠だが、3者の視点（利害）が微妙に異なることから、各地域がそれぞれ移住者による地域のなりわいづくりを支える仕組みや、新しいなりわいづくりの形を模索することになる。上勝町は今まさに、その途上にあると言えるだろう。

（1）交流人口の拡大

先に述べたように、上勝町は1990年代、行政が中心になって第3セクターを設立して100人を超える雇用を生み出した。廃校になった小学校を町営住宅や

---
(11) 上勝町議会「議会だより」2013年11月1日。
(12) 筒井・嵩・佐久間［2014］は、「研修」と「起業」の間に、既存のなりわいの枠組みに参画する「就業」と、なりわいの枠組みを継承する「継業」があるとしている。

体験型宿泊施設などに改築し、交流や定住を希望する人向けの居住空間の整備にも力を入れてきた。2014年秋にも、空家になっていた古民家を改装した移住宿泊体験施設「オーベルジュいちじゅのかげ」がオープンした。東京で修業したシェフが腕をふるうイタリアンレストランが併設されている。

さらに上勝町では、U・Iターン者への生活支援メニューも充実している。上勝町ふるさと創生夢基金で紹介した、空き家改修費の助成金（上限20万円）や上勝町へ引っ越してくる児童のための転入支度金（1世帯30万円）、青年就農給付金（年間最大150万円を最長5年間）などである。彩農家のための彩苗木の補助金（購入費2万円以上が対象）もある。

こうした取り組みに合わせて行われてきたのが交流事業である。東京に拠点を置くNPO法人地球緑化センターが行う「緑のふるさと協力隊」事業や、農林水産省が旗振り役となった「田舎で働き隊！」事業を活用して、田舎に関心をもつ若者を受け入れてきた。

「緑のふるさと協力隊」は毎年、都心部の若者20〜30人を「隊員」として選出

古民家を改装した移住宿泊体験施設「オーベルジュいちじゅのかげ」。写真は1階のイタリアンレストラン

し、受け入れを希望する農村部の自治体に 1 年間派遣する事業で、1993年に始まっている。「田舎で働き隊！」事業（農村活性化人材育成派遣支援モデル事業）とは、農山漁村地域の活性化活動に関心をもつ都市部の人材と、人材を求める農山漁村地域を結び付けるために、人材育成や都市と農村の交流などに取り組む仲介機関を助成する事業である。国の緊急経済対策の一環として、2008年度 2 次補正予算に盛り込まれた。

　2005年からは、上勝町の主催で、都市農村交流活動としての「ワーキング・ホリデー」を実施している。農家に 2 泊 3 日もしくは 3 泊 4 日の日程で宿泊し、寝食をともにしながら農作業などを手伝い、交流を深めるという事業である。例えば、先に見た棚田で有名な樫原地区では、農作業や石積み作業などの棚田保全活動が展開された。上勝町では、広報、募集、受入環境の整備などを担当し、住宅費や滞在費を負担している。2005年から2009年までの 5 年間で192人が参加した。

　2010年からは(株)いろどりが主体となって、内閣府の地域社会雇用創造事業「地域密着型インターンシップ研修」を実施している。上勝町に滞在し、上勝町の人や自然、生活、文化などに触れながら上勝町での定住の可能性を探るのが目的である。約20人の研修生が 1 か月交代で入れ代わる。2014年度は大学生を中心に122人が参加した。これまでの参加者は延べ548人で、うち20人が上勝町に移住したという[13]。

　さらにユニークなのは、上勝町の地域資源を活用して、あるいは上勝町の地域課題を解決するために事業を起こしたいという起業家ニーズに応えつつ、彼らを地域づくりの主役にしようという動きである。

　上勝町の町おこしにかかわる地域再生コンサルタントの大西正泰がコーディネートする「起業家育成インターンシップ」は、「起業というアプローチで過疎の町を変えたい」、「ビジネスという視点で地域活性化にチャレンジしたい」といった起業家予備軍を対象としている。雇用の受け皿をつくって就業希望者を求めるだけでなく、起業家を育成することによって上勝町の産業を興し、雇

---

[13]　上勝町の広報誌「かみかつ」2015年 8 月号による。

用を生み出し、人口の維持につなげるという新たな挑戦である。大西が上勝町で立ち上げた「一般社団法人ソシオデザイン」が事務局を務めている。参加費は7万円で、学生や(株)いろどりのインターンシップ参加者には割引がある。

内閣府の「地域おこし協力隊」の受け入れにも積極的で、2014年度は6人が上勝町で活動、(株)かみかつういっきゅうでのキャンプ場再開発、(株)もくさんでの太陽光パネルの架台、いろどり晩茶生産組合での阿波晩茶を使った商品開発などに取り組んだ。

ちなみに、上勝町には以下の四つのプログラムが整備されている。
①視察などによる「来町」。
②農家民宿やゲストハウスなどへの「ショートステイ」。
③株式会社いろどりなどが主催する「インターンシップ」。
④地域おこし協力隊や青年就農給付金などの制度を利用した「長期滞在」。

上勝町では、U・Iターン者も段階を踏んで地域社会との関係をつくっていくことができる。そして、その先にあるのがU・Iターン者の町内企業への就職や起業なのである。

(2) U・Iターン者の定住に向けて

交流人口を拡大することによって、上勝町への移住者も増えている。移住や交流による情報提供や支援などを通じて、2006年度から2013年度の8年間で151人、104世帯が上勝町に移住した[14]。「徳島県人口移動調査年報」によると、2009年から2013年にかけての5年間の転入人口は318人、転出人口は323人で、20歳代が目立ち、転出入とも91人となっている。

(株)いろどりをはじめとする町内企業への就職者、新規就農者などに加え、最近増加しているのが起業である。その事業内容も、上勝町に以前からある事業に新たな視点で取り組む再生的なものから、まったく新しい事業の創造を意図したものまで幅広い。

表6-2は、U・Iターン者による起業例をまとめたものである。いずれも、

代表を含めて社員数人という小規模なビジネスであるが、20歳代から40歳代の若い世代が立ち上げた会社である。また、「合同会社 RDND」(アール・デ・ナイデ)の東輝実以外は全員Ｉターン組である。

　上勝町出身の東輝実は、2012年、学生時代に知り合った仲間２人と「合同会社 RDND」を設立している。「上勝町で２週間楽しく過ごしてもらう」を事業コンセプトとして、上勝らしさを五感で感じられるショールームとして2013年12月に「カフェ polestar」をオープンした。

　SNSなどで上勝町の情報を発信するとともに、上勝町の特産品を扱う通販サイト「Buy kamikatsu」も立ち上げ、地元農家が生産するスダチや柚子、野菜、(株)上勝バイオが栽培するシイタケ、いろどり晩茶生産組合のペットボトルやティーパックなどを販売している。東は、17代続く生粋の上勝っ子である。「上勝町を心から豊かな町にして、後世に引き継ぐのが私達の使命」とＩターン者２人と意気込んでいる。

　Ｕ・Ｉターン者は、雇用の創出や産業の振興だけでなく、町づくりにも主体的にかかわっている。「polestar」は地域の人々が集う"まちの縁側"的なカフェで、各地で活躍しているグラフィックデザイナーや建築家などを講師として招き、意見を交わす町づくりイベント「上勝100年会議」を月に１回程度開催している。

　環境に関心が高い東自身は、2015年に「NPO法人ゼロ・ウェイストアカデミー」の３代目事務局長に就任した。今後は東が、上勝町が推進してきたゼロ・ウェイスト運動の中核を担うことになる。

「polestar」にティーパックなどを卸している「いろどり晩茶生産組合」は、(株)いろどりのインターンシップ研修に参加した井川圭太郎が農家を組織して、2012年に結成したものである。研修先の農家で、上勝町に古くから伝わる発酵茶の阿波晩茶を飲み、ペットボトル化して販売するというヒントを得た。

　一般社団法人上勝ランデヴーの代表である野々山聡も、(株)いろどりのインターンシップ研修がきっかけで上勝町に移住した。野々山の関心は、上勝町の

---

(14)　上勝町役場でのインタビューによる。

表6-2　上勝町でのU・Iターン組の起業例

組織名	設立時期、代表者等	創業者の属性	事業内容	補助金活用の有無
一般社団法人地職住推進機構	2012年3月 代表理事 小林篤司	・30歳代 ・Iターン（徳島） ・町長依頼で法人設立	ゼロ・ウェイスト促進事業。ゼロ・ウェイストモデル上勝百貨店運営、自然エネルギー政策提言など。	有
いろどり晩茶生産組合	2012年6月 代表 井川圭太郎	・30歳代 ・Iターン（徳島） ・㈱いろどりのインターンシップ終了後に創業	上勝町の特産品「阿波晩茶」の原料および加工販売。	有
合同会社RDND	2012年12月 代表社員 東輝実 資本金530円	・20歳代 ・Uターン ・母親の遺志を継いで創業	カフェ「polestar」の運営。上勝町特産品のネット販売。観光及び教育などのイベント。	無
一般社団法人上勝ランデヴー	2013年4月 代表理事 野々山聡	・40歳代 ・Iターン（愛知） ・㈱いろどりのインターンシップ、その後起業インターンシップに参加し創業	上勝町を満喫するツアーやイベントの企画・運営。	有
一般社団法人ソシオデザイン	2013年4月 代表理事 大西正泰	・40歳代 ・Iターン（徳島） ・インターンシップ参加。上勝町および㈱いろどりから起業家育成事業を委託され法人設立	起業家育成による人口減少の緩慢化を目指す諸事業。	有
一般社団法人マチのコトバ	2013年5月 代表理事 滑川里香	・40歳代 ・Iターン（北海道） ・㈱いろどり社員から創業	地域コミュニティー維持のための情報支援や情報発信など。	有

出所：上勝町役場提供資料、各組織のHP、徳島新聞等をベースに筆者作成。

「合同会社RDND」が経営するカフェ「polestar」

「合同会社RDND」を立ち上げたU・Iターンの3人組。上勝町出身の東さん（写真中央）が同社代表を務める。

豊かな自然を最大限に生かしたイベントである。これまでに、樫原の棚田でのウェディングや親子で上勝の自然に触れるツアー、子どもキャンプなどを企画している。化石の発掘作業やドラム缶風呂の体験などを楽しむ子ども達を見て手応えを感じてはいるが、イベント会社としての採算性は未知数である。そのため、「地域おこし協力隊」として上勝町で働きながら、企業家としての自立を目指している。

　先に紹介した大西は、徳島県池田町（現、三好市）出身のIターン組である。彼が立ち上げた「一般社団法人ソシオデザイン」は、教育事業をはじめとする新しい事業の創造を試みている。

　上勝町では、2015年春、南太平洋の島国フィジー共和国に地元の中学生3人を短期留学として送り出した。支援したのは、「一般社団法人ソシオデザイン」の大西と地域おこし協力隊の宮崎ここりである。この短期留学は、都市部に比べて英語に触れる機会が少ない上勝町の「教育力」を高める新たなプログラムとなった。

　大西は、フィジーだけでなく海外数か所に上勝町立の分校をつくって、そこに上勝町の子ども達を留学させたり、海外の子ども達を上勝町に招いてホームステイしてもらったりする町内留学に夢をはせる。また、オンラインによる塾などの新しい教育プログラムの導入も進めており、徳島市内に行かなくても、

希望高校に合格する学力を担保することで、町内に居住する有利性を打ち出していきたい考えだ。「教育の上勝」を標榜することによって、教育事業をビジネスにしつつ、移住者の増加につなげるという狙いである。

上勝町には、年商2億円の葉っぱビジネスを生み出した実績がある。大西らは、過疎地ならではの事業アイデアがあるはずだと確信している。と同時に、起業しやすい環境整備にも余念がない。2012年11月には、築250年の古民家を改修して、複数のシェアが日替わりで店長を務めるシェアカフェをオープンさせた。「起業家育成インターンシップ」の研修生が、シェアカフェで独立準備をするといった流れが生まれている[15]。

上勝町では、同町での生活を体験した若者が定住する潮流が生まれ、しかも、これまで述べてきたように自ら起業し、稼ごうとする若者が増えてきた。彼らは、農産物をはじめとする上勝町の資源を新たな視点で見つめ直し、内外に広く売り込み始めている。

（3）環境循環型社会モデルの発信

上勝町では、10年間取り組んできたゼロ・ウェイストの活動を新たな地域資源としてブランド化し、ビジネスにする動きが進んでいる。同町では、廃棄物の資源化だけでなく、木質バイオマスの地域資源活用などにも取り組んでおり、2013年3月には「上勝町持続可能な美しいまちづくり基本条例」も制定した。

上勝町が目指しているのは、「日本一のエコヴィレッジ」である。循環型社会に向けて地域が蓄積してきた様々なノウハウを世界に発信し、持続可能な地域のありようを学習できる町として売り出す戦略である。

2003年には、国の特定地域再生事業にも採択された。特定地域再生事業は、少子高齢化への対応といった全国各地に共通する重要な政策課題に取り組む地域を重点的かつ総合的に支援する制度で、補助金が交付される。

上勝町では、独立した教育機関「サステイナブルアカデミー」の新設によって環境に関心の高い人々の来訪や滞在、移住を増やし、経済的波及効果を図りたいという。より多くの人に農山村の実態を知ってもらい、環境と経済が調和

した持続可能な社会をつくるという構想のもと、ゼロ・ウェイストを活用した環境プログラムを構築し、5年間で1万人の視察者増を目指す[16]。

　この新たな取り組みの中心人物である小林篤司もまたIターン者である。小林は徳島大学卒業後、いくつものベンチャー企業を起ち上げたという実績をもっている。上勝町への移住は、町から再生エネルギーを事業化したいという依頼を受けたのがきっかけだった。

　2011年8月から上勝町役場に公務員として勤務し、その可能性を探ったが、持続可能な社会に向けては、誇りをもてる地域づくりや地域のブランド化がより喫緊の課題であるとして、2012年3月に「一般社団法人地職住推進機構」を設立し、代表理事に就任した。組織の名前は、ミッションの一つである「"地域資源"を活用し、"職"を創り、"住"める地域を創造する」に由来している。

　ちなみに、もう一つのミッションとして「上勝町のゼロ・ウェイスト達成に貢献する」が掲げられている。地職住推進機構は、これまでにも町内で様々な事業を実施してきた。買い物難民となっている高齢者への宅配や、商品を量り売りするよろず屋「上勝百貨店」の経営はその一例である[17]。

（4）事業の継承

　既存の企業や事業の継承という意味でも、U・Iターン者の役割はますます重要になっている。彩事業に関して言えば、後継者の確保が喫緊の課題である。2009年に(株)いろどりが農家を対象に行ったアンケートでは、約半数の農家が「後継者がいない」と回答している。葉っぱビジネスは、年金をもらっている

---

[15] 2015年9月現在、シェアカフェとして使われていた古民家には、東京で、「情熱大陸」や「世界ウルルン滞在記」などのテレビ番組を制作していた仁木啓介が移り住んでいる。彼は、「みんなの夢を現実に！　それが最高のエンターテイメント」、「日本一楽しい町をつくろう」などをキャッチフレーズに、自ら汗を流して新しいまちをつくり上げていく人々のグループ「上勝開拓団」を立ち上げた。上勝開拓団の詳細は、同グループのサイト（http://kaitakudan.net/）を参照されたい。

[16] 上勝町議会「議会だより」2015年5月1日。

[17] 「上勝百貨店」はその後閉店し、2015年5月、地ビール工房「RISE & WIN Brewing Co. BBQ & General Store」として再スタートを切った。

高齢者や主婦が副業として取り組むのには最適な事業であるが、若者や男性がフルタイムの職として選ぶには収入の面で難しさがある。

2014年度のいろどり部会会員は189人、総販売額は2億1,200万円であった。1農家当たりの平均販売額は112万円に留まり、彩事業で生計を立てる農家は30軒程度にすぎない。彩事業で生計を立てるには、販売額で500万円、作付面積で50アール程度の経営規模が必要と言われるためである[18]。

ただ、その一方で、彩事業をやりたいという移住者も少なくないため、上勝町は、森林を彩山ビジネスに活用することによって移住者を10人増やすという「地方創生彩山構想」を打ち出した。彩事業で5人、農林業で5人程度の雇用を生み出したいという考えだ。

市場分析や営業活動を担当する(株)いろどりも、社員は県外出身者が大半で、しかも若い。インターンシップ事業などを通じて上勝町に魅せられ、(株)いろどりに就職したパターンが目立つ。2013年に和食が国連教育科学文化機関(ユネスコ)の無形文化遺産に登録され、日本食の人気が高まっていることから同社は海外市場の開拓に力を入れ始めており、その原動力になっているのも若いU・Iターン者達である。

(株)いろどりでは、タイの市場開拓にあたって社員2人がバンコクの食品見本市に乗り込み、販路を開拓した。その一人が大阪出身の中田朱美で、彼女は龍谷大学国際文化学部の卒業生である。「田舎で働き隊！」への参加を通じて上勝町の魅力にとりつかれ、(株)いろどりに就職した。葉っぱビジネスの国内売上高は年間2億円強で、国内市場は今後、人口減少による縮小が懸念される。海外市場の需要掘り起こしにも力が入る[19]。

上勝町では、移住者が地域資源を活用して生活の糧を得るとともに自己実現を図り、それが新しい価値の創造、地域の魅力アップに貢献するという好循環が生まれつつある。移住者が地域づくりの主体になり、産業を起こし、コミュニティーの暮らしを豊かにするといった多面的な役割を担い始めた。同町では、移住者の自己実現による起業と地域づくりの戦略がうまく関連づけられていることが分かるだろう。また、特筆すべきは、多彩な事業が相乗効果を生み出す形でつながり、地域の魅力向上に寄与していることである。

さらに言えば、行政、住民、企業、NPO などの垣根の低さが、実質的に意味のある協働体制を可能にしているように見える。経営者でかつ NPO 法人の責任者といった具合に、一人ひとりが様々な顔をもつ一方で、第3セクターの社員が町役場の職員に転職したり、町役場の職員が企業を起ち上げたりといった人材の流動性も高い。

おわりに

　上勝町では、農商工連携や6次産業化といった概念がなかった時代に、個人事業主である農家を束ね、市況情報の収集・分析・提供や価格交渉、営業活動などを㈱いろどりと農協が担うという三位一体体制で、年商2億円を超える葉っぱビジネスを育て上げた。同町は、過疎地の高齢者が新しい産業の担い手になり、しかも、その産業振興が高齢者医療や福祉の負担軽減、山林の保全、美しい景観の維持といった地域課題の解決につながることを実証した。そんな上勝町は、過疎地にとって希望の星となり、地域の活性化や田舎暮らしに関心をもつ若い世代をも魅了した。

　さらに上勝町では、そうした若い世代と地元高齢者との地道な交流事業を通じて新たな地域の担い手を育ててきた。かつては地元が雇用の場を用意して、若者を呼び込むという手法であったが、今では、若いU・Iターン者が自ら事業を起こし、上勝町の豊かな地域資源を商品化したり、地域課題の解決に貢献したりし始めている。「地元産の農産物を加工し付加価値をつけて販売する」、「地元産の農産物をネット通販などで都市部に売り込む」、「地元産の新鮮な農産物を使った洒落たカフェを開く」といったビジネスは、都市部での生活経験をもつ若者が得意とする分野でもある。

　彼らにとっては、IT 技術の普及は田舎でのビジネスの可能性を高めるものであり、グローバリゼーションも新たなビジネスチャンスと映る。地域の新産

(18)　上勝町議会「議会だより」2015年8月1日。
(19)　『日本経済新聞』2014年9月25日（電子版）ほか。

業に育った葉っぱビジネスは、その成功によって域外から新たな人材を引きつけ、第2、第3の新産業が生まれる可能性を広げているのである。

　上勝町の地域づくりにおける一つの特徴は、様々な取り組みが「持続可能な社会」という目標に集約されていき、複雑に絡み合う環境、経済、福祉といった多方面の諸問題が一体的に取り扱われ、解決の道筋をさぐる努力が重ねられてきたことであろう。そして、気が付けば、上勝町が目指す「持続可能な地域社会」は、私達人類すべてに突き付けられている極めて重要な課題となっていた。

　2014年度の視察2,213人のうち、3％は海外からである。また最近は、ゼロ・ウェイスト活動への視察者が増えている。「日本の上勝」が「世界のKAMIKATU」になりうる可能性は高まっているように見える。

　長年にわたる様々な取り組みの結果、上勝町への転入者はここ数年、コンスタントに50人を超えるようになった。2008年、2009年、2011年は、転入者数が転出者数を上回っている。国立社会保障・人口問題研究所の推計では、2040年に上勝町の人口は884人にまで減少する見込みだが、彩事業という地域資源をてこに、他地域から異能・異才を惹きつける流れが生まれたことで、上勝町の地域づくりや地域経営は新たな段階を迎えている。25年後の上勝町はどんな姿をしているのだろうか。

参考文献一覧

- 石川和男［2013］「持続可能な地域社会創造の取り組み――徳島県勝浦郡上勝町における「彩」事業を中心として」、『専修大学社会科学研究所月報』601〜602、128〜143ページ。
- 上勝町議会「議会だより」。
- 上勝町役場「かみまつ」。
- 笠松和市・佐藤由美［2008］「持続可能なまちは小さく、美しい――上勝町の挑戦」学芸出版社。

第 6 章　徳島県上勝町　167

・後藤昌子・立木さとみ［2008］「いろどり——おばあちゃんたちの葉っぱビジネス」立木写真館．
・佐伯剛正［2008］『日本で最も美しい村』岩波書店．
・筒井一伸・嵩和雄・佐久間康富［2014］『移住者の地域起業による農山村再生』筑摩書房．
・『日本経済新聞』2014 年 9 月 25 日（電子版）
・古川一郎・薗部靖史［2011］「いろどり——過疎地域の葉っぱビジネス」、古川一郎編著『地域活性化のマーケティング』有斐閣．
・横石知二［2007］『そうだ、葉っぱを売ろう！——過疎の町、どん底からの再生』ソフトバンククリエイティブ．
・横石知二［2009］『生涯現役社会の作り方』ソフトバンククリエイティブ．

・（株）いろどりウェブサイト　http://www.irodori.co.jp/
・上勝開拓団のウェブサイト　http://kaitakudan.net/
・上勝町ウェブサイト　http://www.kamikatsu.jp/
・総務省統計局ウェブサイト　http://www.stat.go.jp/data/kokusei/2010/index.htm
・徳島県ウェブサイト　http://pref.tokushima.jp/statistics/idou/
・徳島新聞ウェブサイト　http://www.topics.or.jp/

上勝町現地調査
実施日：2014 年 2 月 17 日、18 日、2015 年 1 月 16 日、2015 年 2 月 22 日、23 日
訪問先（インタビュー相手）：
　上勝町（企画環境課主幹・多田光利氏）
　一般社団法人ソシオデザイン（代表理事・大西正泰氏）
　一般社団法人上勝ランデヴー（代表・野々山聡氏）
　一般社団法人地職住推進機構（代表理事・小林篤司氏）
　株式会社いろどり（代表取締役・横石知二氏、中田朱美氏、谷健太氏）
　東とくしま農協上勝支所
　彩農家（西蔭幸代氏）
　シェアカフェ
　カフェ「polestar」（合同会社 RDND 代表・東輝実氏、松本卓也氏、坂野晶氏）
　日比ヶ谷ゴミステーション（NPO 法人ゼロ・ウェイストアカデミー事務局長〔当時〕・藤井園苗氏）
　介護予防活動センター「ひだまり」

168

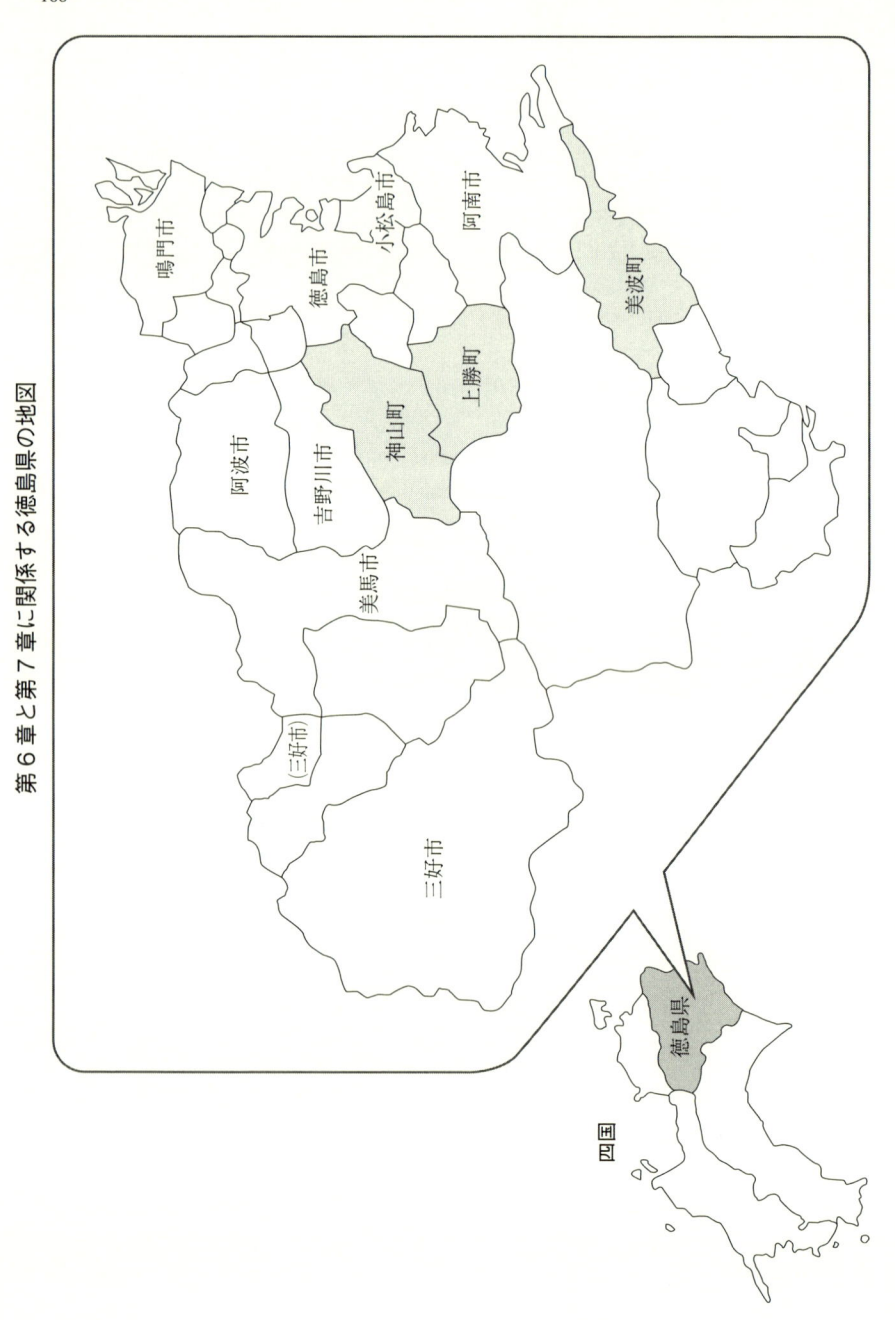

第6章と第7章に関係する徳島県の地図

鳴門市
徳島市
小松島市
阿南市
美波町
阿波市
吉野川市
神山町
上勝町
美馬市
(三好市)
三好市
徳島県
四国

第7章

ITを活用した過疎地域再生[1]
―徳島県神山町・美波町の取り組み―

松岡憲司・辻田素子

はじめに

　近年、過疎地域再生に向けた取り組みが全国で行われている。そのなかでも徳島県における取り組みは、ユニークな成果を上げていることで注目を集めている。というのも、山間地や漁村に東京などのIT系企業がサテライトオフィスを設けたり、本社を移転してくるIT企業まで登場するという、これまでには考えられなかったような形での過疎地域再生が進みつつあるからである。

　徳島以外の出身者が徳島に移住してくるIターンも少なくない。第1章で見たように、Iターンの場合、自然豊かな自然環境に憧れて移住してきて、移住先では公務員や農林業に就くというケースが多かった。しかし、徳島への移住者の場合、職種は以前のままである。東京などでIT関連の業務に従事していた人が、徳島に移住してもIT関連の仕事に携わっているのである。

　まず、徳島県全体の現状を見ておこう[2]。人口については、県全体は1960年には84万7,000人であったのが、2010年には78万5,000人となり、7.3％減少している。しかし、過疎地域に絞ると27万7,000人（1960年）から12万8,000人（2010

---

[1] 本章は、松岡憲司・辻田素子［2015］「徳島県における過疎地域再生の取り組み」『龍谷大学社会科学研究年報』第45号の一部を加筆修正したものである。
[2] 数値は徳島県「とくしま集落再生プロジェクト」（2012年3月）による。

年）と、50年間で半数以下に減少している。減少率53.6％は、同時期の全国の過疎地域の人口減少率36.5％を大きく上回る値となっている。

　過疎地域の高齢化率も、1960年の8.2％から2010年には37.3％と29.1％ポイントも上昇している。さらに、65歳以上の高齢者人口が半数以上を占める「限界集落」の占める割合も、35.5％と全国平均15.5％の倍以上の値となっている。また、「限界集落」の高齢化率は60.7％にも達している。

　このような厳しい現状から、地域住民による共同作業や行事などの活動を支える人材が減少し、地域活動の持続が困難になっている。地元で働く場がない、森林荒廃などにより鳥獣被害が増加、空き家の増加、耕作放棄地や森林荒廃の増加、買い物や通院が不便といった様々な問題が発生している。

　一方、徳島県に際立った特徴として、県内全域に光ファイバー通信網が張り巡らされて高速情報通信網が整備されていることが挙げられる。テレビの地デジ化に伴う受信チャンネルの減少対策として始まった「全県CATV網構想」が基であるが、中山間地域にIT企業を誘致する上で重要な要素となっている。

　このような背景のもと、徳島県では2010年の過疎地域自立促進特別措置法の延長を受けて、2010年度から2015年度にわたる「過疎地域自立促進計画」を策定し、過疎対策事業に取り組んでいるほか、「とくしま集落再生プロジェクト」（2011年度〜2015年度）により「限界集落」の再生を図っている。

　そこでは、県（行政）だけでなく、「意欲や行動力をもった」地域、「NPO等の団体や民間事業者」などがチームとして再生プロジェクトを進めている。その背景には、限界集落の問題は徳島県だけの問題ではなく、日本全体、あるいは将来的には世界の問題であり、限界集落再生の「とくしま発」モデルを日本全国、そして世界へ発信しようという問題意識がある。

　なかでも注目されるのは「とくしまサテライトオフィスプロジェクト」である。サテライトオフィスとは、本社から離れた地域に設けられた事業所であるが、従来からある支店などとは違って、立地地域への営業を目的とした事業所ではない。そもそもは「テレワーク」という概念の一形態である。

　テレワークとは、「情報通信技術を活用した、場所や時間にとらわれない柔軟な働き方」[3]とされている。テレワークの一つの形態がサテライトオフィス

第7章 ITを活用した過疎地域再生　171

表7-1　徳島県に進出したサテライトオフィス

社名	開所日	場所	
Sansan(株)	2012.3.1	神山町	神山ラボ（神領）
ブリッジデザイン	2012.3.1		森邸（広野）
(株)ダンクソフト	2012.3.1		大野邸（下分）
(株)テレコメディア	2012.3.8		
(株)ソノリテ	2012.5.11		ブルーベアオフィス（神領）
(株)井上広告事務所	2012.7.20		中尾邸（下分）
キネトスコープ社	2012.10.27		沼田邸（神領）
ドローイングアンドマニュアル(株)	2013.7		神山アトリエ（神領）
(株)プラットイーズ	2013.7.1		えんがわオフィス（神領）
(株)えんがわ	2013.7.1		えんがわオフィスと同じ敷地
サイファー・テック(株)	2012.5.7　2013.5.1本社移転	美波町	美波ラボ(美波町文化交流施設)
(株)あわえ	2013.6.13		美波ラボ
(株)鈴木商店	2013.9.14		美雲屋（恵比須浜）
(株)兵頭デザイン	2013.10.5		
(株)Studio23	2013.10.5		
(株)たからのやま	2013.9		
(株)あしたのチーム	2013.3.4	三好市	
(株)インフォデックス	2013.10.1	徳島市	

出所：徳島県作製資料。
注：サテライトオフィス進出企業の子会社を含む。

　で、「勤務先以外のオフィススペースでパソコンを利用した働き方」[4]の場とされている。
　日本でサテライトオフィスが始まったのは1980年代であるという。ITC技術が進歩する一方で、バブルによって都心のオフィスが不足したという背景のも

---

(3)　日本テレワーク協会のホームページ。（http://www.japan-telework.or.jp/intro/tw_about.html）
　　による。
(4)　同上。

と、郊外にサテライトオフィスを設置してオフィス不足に対応するというのが出発点であった[5]。2011年に発生した東日本大震災のあとには、企業の危機管理の一環としてサテライトオフィスに注目が集まるようになった。

「とくしまサテライトオフィスプロジェクト」は、2011年9月7日から20日にかけて、首都圏にある企業約10社が徳島県三好市、美馬町、神山町、美波町、上勝町において、その実現可能性について検討したことからスタートしている。続く10月には、東京・日本橋の(株)ダンクソフトが神山町で、11月には恵比寿の(株)アインザが美波町で実地調査を行った。さらに12月には、日本マイクロソフト(株)を含む首都圏の企業数社が三好市、神山町、美波町に来訪し、サテライトオフィス体験ツアーを行っている。

このような現地調査を通じて、徳島県の高速ネットワーク網などが評価されて、2012年3月以降、神山町や美波町へ東京のIT企業7社がサテライトオフィスを設置することに至った。2014年2月の調査時点において、徳島県に進出しているサテライトオフィスは表7-1の通り18社となっている。

1 神山町[6]

神山町は、徳島県東部に位置する面積173.31平方キロメートル、周囲を標高300～1,500メートルの山に囲まれた町である。徳島市（市役所）から、車で約45分という距離にある。かつては林業で栄えた町で、町内には「寄井座」という立派な劇場も残っており、往時を偲ばせている。

2015年4月1日現在の人口は5,926人である。1955年には20,916人であったので、60年間でおよそ72％減少していることになる。この間、人口は一貫して減少し続けているが、社会動態について見ると減少数は近年小さくなっており、2011年度だけ見るならば転入者が転出者を上回っている[7]。

山間地であるにもかかわらず転入者が多いのは、長年にわたって、移住者の誘致に地域として積極的に取り組んできた結果である。その中心となってきたのは、行政ではなく大南信也を中心とする「NPO法人グリーンバレー」である。

寄井座（NPO法人グリーンバレーのホームページより転載）

その発足背景は次の通りである。

　戦前にアメリカから贈られた人形の里帰り運動を1990年から始めた。それがきっかけとなった国際交流の活動が1992年に「神山町国際交流協会」の設立につながった。同協会の会長には大南が就任している。その後、1997年に県の「とくしま国際文化村」構想に基づいて「国際文化村委員会」を組織した。この委員会は、神山町のイメージを「山」から「先端的」「斬新」「オープン」「国際的」へと変えることを目指した。そのために取り組んだ事業の一つが「神山アーティスト・イン・レジデンス（KAIR）」である。

　これは、アーティストに一定期間神山に拠点を置いてもらって、その間に創造活動をしてもらおうという事業で、町外から人を招き入れる事業の出発点となった。1999年から毎年3人前後のアーティストを招聘し、それぞれ2か月前後滞在している。その合計は、2014年までの15年間に53人にも達している。このなかには、神山町へ移住することになったアーティストもいる。

---

(5)　若林・杉山［2009］11ページ。
(6)　調査実施日：2014年2月18日、19日。松岡憲司執筆。
(7)　神山町役場ホームページによる。

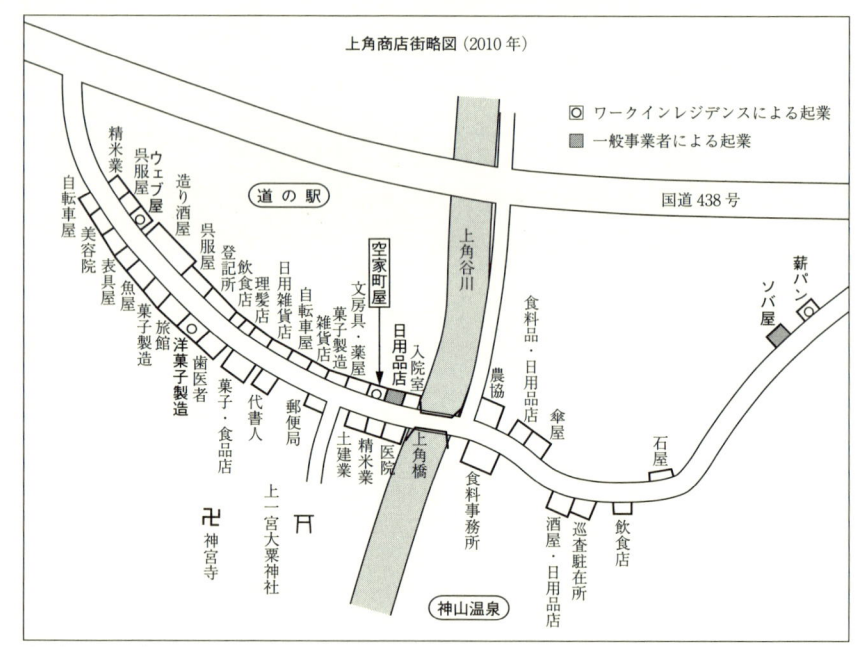

図7－1　上勝町上角商店街での起業

出所：NPO法人グリーンバレー作成資料「創造的過疎への挑戦」より転載。

　このような動きのなかで、2004年、神山町国際交流協会を母体として「NPO法人グリーンバレー」が発足している。
　また2008年より、「イン・レジデンス」事業の第2弾として「ワーク・イン・レジデンス」が始まっている。これは、「将来、町にとって必要な働き手や起業家を逆指名」して、移住してもらおうという事業である。徳島県では2007年に県内8か所に「移住交流支援センター」を設置することになったが、その一つである「神山町移住交流センター」の運営をグリーンバレーがすることになった。これによって、逆指名が可能となった。
　職種を決めて移住者を選別することによって、町の将来像を戦略的に描くことができる。例えば、町の中心である上角商店街においては、図7－1のようにワーク・イン・レジデンスによる開業が4軒確認できる。

図7－2　小学校を存続させるために必要な移住者数の推計

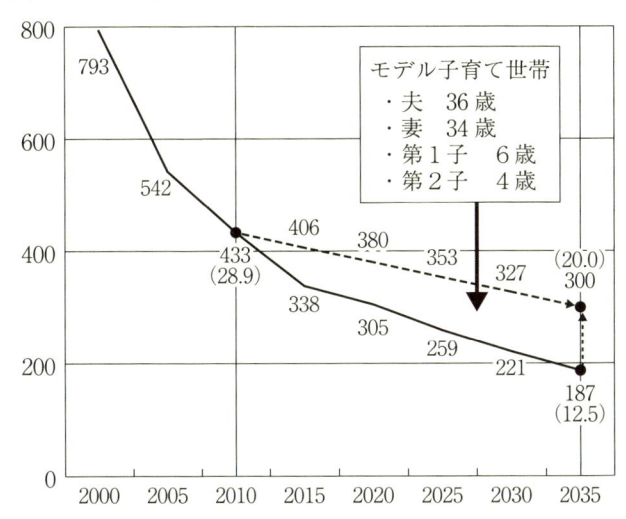

```
モデル子育て世帯
・夫　36歳
・妻　34歳
・第1子　6歳
・第2子　4歳
```

データ点：
- 2000: 793
- 2005: 542
- 2010: 433 (28.9), 406
- 2015: 338, 380
- 2020: 305, 353
- 2025: 259, 327
- 2030: 221
- 2035: 187 (12.5), 300 (20.0)

出所：NPO法人グリーンバレー作成資料「創造的過疎への挑戦」より転載。

　また大南は、小学校が存続することが重要であるとも考えている。そのためにも、**図7－2**のように子どもが2人いる世帯を年に5世帯誘致しなければならないと計算し、子どものいる世帯の移住を目指している。

　アーティスト・イン・レジデンスで始まった移住者誘致プロジェクトがワーク・イン・レジデンスへと発展し、特に若い世代の転入者を増やしていった。さらに、サテライト・オフィスの設立という地域活性化の切っ掛けになっていったことが分かる。そのような環境を後押しするかのように、2009年からは「神山塾」という職業訓練校も開設している。

　神山塾は、リーマンショックを受けて、厚生労働省が2009年度より始めた緊急人材育成支援事業の一環として始まった。初年度は全国から13人が応募し、半年間にわたって神山町で職業訓練を受けながら地域への貢献とは何かを学んだ。2011年度からは同じく厚生労働省の求職者支援制度に基づいて行われており、2013年度までに66名の研修生を輩出している。

その研修生の約5割が神山町に残り、サテライトオフィスで働いたり、シェアカフェを運営していたりしており、研修生同士で結婚したというカップルも10組誕生している[8]。

このように様々な移住促進策を行った結果、サテライトオフィスも含め、新たに設立された事業所は16件、移住者は48名となっている[9]。この人数は神山町の人口の0.8％に当たるが、上記の目標を達成するためには、さらなる移住者の誘致が必要である。

事例1 株式会社プラットイーズ／えんがわ

同社は、神山町に進出しているサテライトオフィスのなかでも規模が大きく、それを代表する事業所と言ってもいいだろう。本社は東京都渋谷区にあり、2001年4月に設立された会社で、現在の資本金は1,000万円である。事業内容はデジタルコンテンツの企画、開発、運用や番組情報の提供など、テレビ放送に関する様々な分野の事業を行っている。東京本社の従業員は約80名である。

神山町は2011年3月11日に発生した東日本大震災を契機に、バックアップセンターのニーズが高まり、西日本バックアップセンターとして2013年7月1日に「神山センター」（通称、えんがわオフィス）として開設された。我々の調査時点（2014年2月19日）では番組表の作成業務を行っており、バックアップ業務はまだ行っていないということであった。

神山センターには20名が勤務している。東京から来た2名を除いて徳島出身者がほとんどで、なかでも神山出身者が中心となっているということであった。

約20か所あったという候補地のなかから神山町を選んだ理由については、「NPO法人グリーンバレーの人たちと出会いがあった。自治体主導でなく、NPOが中心になっており、発想の柔軟性がクリエイティブな業務に向いていると判断した」という（『徳島新聞』2014年1月10日付・同社ホームページによる）。また、徳島空港まで1時間という距離から、東京からの出張にもそれほど不便を感じないというのも選択の理由であったようだ（インタビューによる）。

ユニークなのはその事業所で、築90年の古民家を大幅に改築し、業務スペー

えんがわオフィスの外観

スの周囲を幅広い縁側で囲い、その縁側を地元の人々に開放している。この縁側にちなんで「えんがわオフィス」と名付けられている。しかも、業務スペースは壁ではなくガラスで覆われている。

「えんがわオフィス」の向かいには古い蔵があり、そこにはプラットイーズの子会社である「(株)えんがわ」が入居している。(株)えんがわは、2013年6月に資本金1,000万円で設立された企業である。次世代の放送規格である4K、8Kの映像技術に特化した会社で、膨大な映像データをいかに電波に載せるのかというような研究をしている。

この蔵も大幅に改築されており、側面は漆喰の壁が取り除かれて全面ガラス張りとなっている。オフィスと同じく、開放的な外観にすることによって地域の人々にも安心して受け入れてもらおうという配慮である。さらに2015年3月には、データなどの保管を行うアーカイブ棟が同じ敷地内に建設されている。

---

(8) 2016年1月7日に龍谷大学で開催された大南の講演会による。
(9) NPO法人グリーンバレーによる。2015年4月15日現在。

事例2 神山バレー・サテライト・オフィス・コンプレックス

　以前は縫製工場であった建物を改修したレンタル・オフィス・スペースである。目的は、「神山町で新しいビジネス・コミュニティを創造して、地域発の先進的サービスやビジネスを生み出すこと」とされている。

　「コアワーキングスペース」と称しており、多様な使い方が可能である。個人で1日単位で使うこともできるし、1か月単位で借りることもでき、起業を目指す場合にはここを拠点として使うこともできる。個人であれば1か月7,500円で、起業を目指す場合には月1万円となっている。スペースだけでなく、登記や住所登録、郵便の受け取りなどのサービスも受けることができる。

　所有者は神山町であるが、NPO法人グリーンバレーが指定管理者となっている。現在は、ダンクソフトという会社が事務所を置いている。簡易なインキュベーションで、Wifiによるインターネット接続も可能であり、神山町での事業を短期的に経験することも可能であることから、神山町での起業の出発点としては十分な環境を整えていると言える。

2　徳島県美波町[10]

（1）美波町の概要

　2006年3月、日和佐町と由岐町が合併して美波町は誕生した。徳島県南東部に位置し、徳島市から車で約1時間の距離にある。四国八十八ヶ所霊場第23番札所の薬王寺があり、多くの遍路でにぎわっている。また、変化に富んだ海岸線は国定公園に指定されており、美しい砂浜はアカウミガメの産卵地としても知られている。

　NHK朝の連続テレビ小説『ウェルかめ』（2009年～2010年放送）の舞台にもなった。町の面積は140.85平方キロメートルで、総人口は7,127人、高齢化率は45.0%である[11]（いずれも2015年1月1日現在）。合併後も人口は減り続け、9年で約1,700人減少している。主産業となっている農水産業も低迷しており、

典型的な過疎の町である。

　ところが、この美波町にも東京や大阪に本社を置くIT企業やデザイン会社が相次いで進出しており、新しい雇用を生み出すとともに、地域住民と交流しながら空き家や買い物難民といった地域の課題解決に取り組み始めている。

　高感度な都市住民の志向を知り、ビジネスや企業経営にも長けた若い企業家が美波町に移住したことで、美波町の地域資源は新たな視点で見直されるようになった。SNSやFacebookなどを駆使する彼らの高い発信力によって、美波町に関心を寄せ、一時的に滞在する人も増えている。

（2）美波町の新たな動き

サイファー・テックが投じた一石

　美波町での動きの起点となったのは、IT企業「サイファー・テック」の社長を務めている吉田基晴である。高度な暗号化技術をもつサイファー・テックは、インターネットを介して配信されるデジタルコンテンツの不正コピー対策や組織の重要情報の漏えい対策などを目的とするソフトウェアを開発している。同社は、2003年の創業以来、東京を拠点としてきたが、2012年5月、吉田の出身地である美波町にサテライト・オフィスを開設した。

　当時、IT企業のサテライト・オフィスで脚光を浴びていたのは前節で紹介した神山町だったが、美波町にも光ファイバーによる高速通信網は整備されていた。というのも、2011年の地上波テレビ放送のデジタル化に伴い、徳島県が光ファイバー回線によるケーブルテレビ（CATV）サービスを県内全域において開始していたからである。

　インターネット利用者が少ない徳島の過疎地域の通信速度は、都市部の10倍とも言われている。高速大容量通信が可能というインフラは、IT企業にとっては極めて魅力的な立地環境であった。

---

(10)　調査実施日：2015年1月22日、23日、24日。辻田素子執筆。
(11)　徳島県の統計情報『市町村別指標2015』による。http://www.pref.tokushima.jp/statistics/city-indicators/　2015年4月1日アクセス。

サイファー・テックの美波町進出には、人材確保という要因もあった。同社は、IT企業が集中する東京で優秀なエンジニアの採用に苦慮していた。そこで注目したのが自然豊かな田舎である。

「何らかの事情で田舎に留まらざるを得ない人や田舎暮らしを積極的に選択した（い）人がいるはずだ」

と述べる吉田は、さらに次のように言葉を続けた。

「趣味や家庭といった私生活が充実し、仕事を心から楽しめる社員こそが、新しい価値を生み出すに違いない」

こんな思いを抱いた吉田は、新しい生き方や働き方のコンセプトとして「半X半IT」を打ち出した。「X」は私生活、「IT」は仕事を意味している。「X」は人によって様々だ。幸い美波町には海も山も川もあり、釣り、サーフィン、狩猟、農業と、多彩な「X」が可能であった。

新しいライフスタイルの提案「半X半IT」

サイファー・テックは、元老人福祉施設の一角にサテライト・オフィス「美波Lab」を開設した。周辺には水田が広がり、堤防の先には海が見える。2015年1月現在の住人は3人だという。

首都圏のIT企業に勤めていた30代の男性社員はサーフィンが趣味（X）で、「美波Lab」の求人情報に心が躍ったという。「ソフトウェアの開発もサーフィンも思う存分できる」と、埼玉県から移り住んだ。一方、美波町に隣接する海陽町出身の20代の女性社員はUターン組である。徳島市内のIT企業でシステム開発に携わっていたが、退職して実家に戻っていた時に「美波Lab」開設を知って応募した。彼女の楽しみ（X）は、自ら山で獲ったイノシシやシカをさばき、気心の知れた仲間とのバーベキューである。

社長の吉田にとっては、農業と釣りが「X」である。地元漁師から譲り受けた漁船を、免許をもっている幼なじみの美波町総務企画課の職員に操縦してもらって海に出ている。また、オフィス前に広がる水田での米づくりにも精を出している。

サテライト・オフィス開設後、サイファー・テックの社員は7人から20人に

コラム　半X半IT―美波町に溶け込んで楽しむ新しいワークスタイル　姜　紅祥

　本文で紹介したように、「半X半IT」は今や大きな効果を収めつつあると言っても過言ではない。山、海、川が備えた美しい環境のなかで、ITに集中することで仕事の効率性を高めることができる。また、地域文化の継承、高齢者向け商品開発などの新しいビジネスの開拓、さらに人間としての新しい価値の発見というシナジー効果が大きい。

　そのXは、人々の好みによって多種多様である。（株）あわえの従業員は、会社の休日に好きな魚釣りを仲間と一緒にしたり、出勤前と退勤後にサーフィンを楽しんだりする。（株）鈴木商店美雲屋事務所の裏部屋には様々なサーフボードが置いてあり、屋外の庭園にはバーベキューと調理用具が設置されており、オフィスから一歩踏み出すと、まさにキャンプ場のような雰囲気になる。

　狩猟をしたり、農業に従事したりと、勤務時間外をたっぷり楽しんでいるIT技術者だが、地元のコミュニティーに参加することも田舎ならではのイベントとなっており、人生のやり甲斐と新しい価値を創出している。祭りなどの地域行事に参加したり、高齢者にスマートフォンやタブレットの使い方を指導したり、都会では体験できない価値を感じている。

　（株）たからのやまの本田正浩副社長は、写真家でありながら「ITふれあいカフェ」を設けて高齢者による共同製品開発を行っているほか、観光客誘致にも力を入れている。美波町の公認キャラクターである「かめさぶろう」役を担当し、「ウミガメ感謝祭」などの祭りで活躍したことは、本田にとっても自らの価値を実現する大きな出来事であった。また、サイファー・テック社などIT企業の従業員は、退勤後に踊りと三味線を練習し、阿波踊りの開催時に連をつくって出場したり、日和佐地区秋祭りでは神輿を担いだりして、伝統継承に一役を担いながら人生の価値を高めている。

　Xの魅力に引かれて人材が集まり、人材の確保に悩まされるIT企業にとってメリットが大きい。また、地域社会に根ざしたIT企業は、過疎化や高齢化、人口減少という地域課題を克服するプロセスで新しいニーズを発見し、新しいワークスタイルで新しいビジネスチャンスを掴むことができる、まさに地域社会とWIN-WIN関係を築いていく担い手になってきている。

増えた。業績も好調である。マスコミなどで紹介され、知名度が向上するとともに、同社が提唱する働き方に共感する若い人材が集まるようになった。優秀な人材の確保が、事業のさらなる拡大に寄与する好循環を生み出している。

IT企業の相次ぐ進出

　サイファー・テックが投じた一石は、瞬く間に大きな波紋となって広がった。表7－2は、美波町に進出したIT企業やデザイン会社の一覧である。

　大阪市に本社を置く㈱鈴木商店は、クラウドコンピューティング関連の開発業務に特化している。江戸時代に廻船問屋だった古民家をリフォームして、2013年9月、サテライト・オフィス「美雲屋」を立ち上げた。同社の進出には、すべてのデータをクラウド上に保存し、本社から離れた美波町のオフィスでも快適に仕事ができることを実証するという目的があった。クラウド技術を売りにしている同社にとっては、「美雲屋」での仕事の実績そのものが企業PRの一環となっているのである。

　㈱たからのやまは、「ITふれあいカフェ」事業を展開している。古民家を

表7－2　美波町に進出した企業

企業名	本社	開設	社員	事業内容
サイファー・テック㈱	東京・新宿区	2012/5	3人	情報セキュリティー技術開発
㈱あわえ	美波町	2013/6	9人	地域活性化支援事業など
㈱鈴木商店	大阪市	2013/9	3人	クラウドコンピューティング関連の開発業務
㈱たからのやま	東京・港区	2013/9	3人	ITふれあいカフェと高齢者による製品共同開発など
㈱兵頭デザイン	埼玉・朝霞市	2013/10	2人	クリエイティブ事業など
㈱Studio23	美波町	2013/10	1人	地域ブランディングに係る各種事業

注1：社員数は美波町の拠点に限定。
注2：サイファー・テックは2013年5月1日付けで、本社を美波町に移転した。
資料：徳島県美波町役場の小冊子「MINAMI Life」、インタビュー、各社HPから筆者作成。

改装した拠点には、スマートフォンやタブレットといったIT機器を使いこなせない高齢者がやって来る。同社は、彼らの相談に無料で応じながら、相談者の属性や質問内容などをデータとして蓄積し、得られた分析結果をIT企業などにフィードバックするほか自社開発にも生かしている。高齢者が多いという過疎地域の特性を生かしたビジネスで、地域の眠っているヒトやモノを「宝の山」に変えていきたいという願いを込めて社名とした。

兵頭デザインは、サイファー・テックのサテライト・オフィス「美波 Lab」のロゴデザインを手がけたのをきっかけに美波町への進出を決めている。サイファー・テックや吉田との縁で、美波町にやって来たという企業が少なくない。

地域課題に取り組む新しい町づくりの担い手

都市部から進出してきた企業やそこで働く若い世代は、地域社会を支える新しい担い手としても活躍している。その象徴とも言えるのが、吉田が美波町で立ち上げた「(株)あわえ」である[12]。地域活性化支援事業をプロデュースする同社は、文化や伝統、暮らしを意味する「コト」、地域住民から移住者、交流人口までを含む「ヒト」、地域産業や地域経済を潤す「カネ」の三つを地域資源ととらえ、それが行き交う場の構築を目指している。

同社は、サテライト・オフェスの誘致などで招き入れた都市住民がIT技術を活用して、地域住民とともに人口減少や高齢化、地域文化の伝承・保護といった地域の課題に取り組み、新しい産業モデルをつくり出すという構想を描いている。現場で指揮を執るのは執行役員の山下拓未で、「地域の課題を仕事にしたい」と、首都圏から妻と一緒に移り住んだ。

実際、薬王寺やアカウミガメの産卵地である大浜海岸などでは、(株)あわえの支援を受けた地元ボランティアガイドがタブレット端末を活用して観光客を案内している。また、経年劣化や災害などによって失われる文化的・歴史的資産（古い写真）をデジタル化して保存管理するサービス「History Photo Stock

---

[12] 地元の人々は、「狭い裏路地」を「あわえ」と呼ぶ。路地裏で人々が椅子を並べ、談笑している風景をイメージさせる「あわえ」という社名には、「地方のありのままの魅力を全国に届けたい」との思いが込められている。

GOEN（ゴエン）」も、同社が力を入れている事業の一つである。同社では、写真の保存管理に合わせて所有者へのインタビューや独自調査などを行い、多彩な情報を付加して写真という資産価値を高め、その活用における可能性を広げている。

　（株）あわえは、日和佐地区の古民家や空き施設などのリノベーションを通じて、地域の文化的遺産の保護や地域コミュニティーの活性化を図る「日和佐エリアリノベーションプロジェクト」も展開中だ。

　その第1弾として2014年9月には、築100年以上の銭湯「初音湯」をリノベーションした地域住民交流施設をオープンした。同施設には（株）あわえのオフィスも併設されており、近所の子ども達が遊ぶ傍らで、システムエンジニアやデザイナーらが仕事をする光景が日常的に見られるようになった。第2弾として、シェア・オフィスやゲストハウス、レストラン・カフェなどの準備も進んでいる、

　（株）あわえはまた、農業や水産業といった第一次産業者が食品加工や流通販売まで展開する6次産業化を支援し、美波町の生産者と都市部の消費者をつなぎ始めた。その一例が、地場産品の商品化やブランド化である。同社は、地元漁師が自家消費していた干物を「わいの干物」と名付けて売り出した。同社が、商品化からパッケージデザイン、ネーミングまでをトータルでブランディングし、意識の高い都市住民にアピールしているのである。

　進出企業は、地域の将来を担う子ども達にも刺激を与えている。地元の中学校では、IT企業のエンジニアやデザイナーらの手ほどきを受け、美波町の魅力を発信するホームページを作成している。IT企業が身近になった子ども達の職業観が変わりつつあるという。

　また、進出企業は交流人口の増加にも一役買っている。地域コンテンツの制作人材を育成する「美波クリエイターズ・スクール」を、（株）あわえは2014年夏にオープンした。スクール生は1年間にわたって美波町に住み、第一線で活躍する専門家から映像や写真の撮影、取材、ライティングなどの技術を学ぶことになる。

　彼らが、地域のイベントや住民の暮らし、地場産業などを取材し、製作した

コンテンツは、徳島県南部の魅力を発信する地域ポータルサイトなどで活用する予定となっている。約180人の応募者から選ばれたスクール生は現在のところ3人だが、青年海外協力隊でマラウィ共和国に1年半滞在した20代の静岡県出身の女性をはじめとして異才ぞろいとなっている。

　一方、サイファー・テックが取り組んでいるのは、大学生や大学院生を対象にしたワークショップ「アプリ開発合宿 in 美波Lab」である。「ITの力で地方の課題を解決する」がテーマで2012年から開催しており、毎回約10人の学生が参加している。町長や住民らと交流を深めながら美波町の地域課題を認識し、その解決に向けたアプリケーションをグループで開発するというのがミッションとなっている。開発したアプリは、徳島県などが主催するデジタルコンテンツコンテスト「ICT（愛して）とくしま大賞」に応募している。

　こうした企業ベースでの取り組みに加え、美波町の新たな住人となった経営者や社員もお祭りや防災といった地域行事に参加し、地域住民としての「務め」に勤しんでいる。（株）あわえの山下には、釣りや阿波踊りといった遊びの世界でつながる地域住民が少なくない。満喫している日常について、次のように話してくれた。

　「ここには、仕事があり、趣味があり、地域の一員としての役割がある。美波町の魅力は、こうした要素が三位一体となっているところ。人とのコミュニケーションや触れ合いに包まれていて、失敗や恥を互いに笑いあえる関係が楽しい。仕事以外の場面で人から必要とされているという実感もたまらない」

（3）官民協働による地域活性化モデル

　従業員わずか7人（当時）のサイファー・テックが美波町にサテライト・オフィスを開設したことで、地域は劇的に変わり始めた。吉田社長が提唱した「半X半IT」という新しい生活スタイルは、都市部で働く若いIT企業家や技術者らの琴線に触れた。また、仕事も趣味もという彼らを、お遍路さん文化のある美波町の住民は温かく受け入れた。

　さらに、新住民も積極的に阿波踊りのサークルに入り、趣味の釣りやサーフ

ィンで地元住民の教えを乞うた。日和佐八幡神社の秋まつりでは、新住民も地元住民と一緒に「ちょうさ」と呼ばれる神輿を海に担ぎ出している。新住民は、地域で果たすべき役目（務め）があり、必要とされる存在であることに喜びさえ感じているようである。

　また彼らは、得意分野であるIT技術を駆使し、冷徹なビジネスの視点に立って、美波町が抱える様々な地域課題の解決を目指している。6次産業化や地域のブランド化などの側面でも、彼らの知識や経験、感性が生かされており、大都市圏の消費者を意識した高感度の商品やサービスも誕生しつつある。そして、IT企業の仕事内容を身近に見ることができるようになった子ども達の職業観も変わり始めた。新しい企業の進出は、人口減少で増え続ける古民家の活用にも一役買っている。

　こうした新たな動きがまた、美波町に関心をもつ人や一定期間滞在する人を増やし続けている。進出した企業の取り組みや、そこで働く社員の一挙手一投足が一過性の観光客ではない交流人口を増やし、美波町の応援団とも言える新しい地域コミュニティーを拡張しているのである。

　IT企業が企画する合宿型ワークショップ、IT企業の社員らが発信するSNSやFacebookなどによって美波町に関心をもち、引き寄せられる人が増え、そうした彼らが美波町の商品やサービスに対価を払い、美波町の課題解決のために知恵を絞り、身体を動かすという好循環が生まれている。

　先に紹介した神山町の活性化は、地域住民が結成した特定非営利活動法人「グリーンバレー」が活動の主体となった。また。大南信也理事長という個性豊かなリーダーに依存している部分が大きかったが、美波町の活性化は企業と行政（徳島県および美波町）のパートナーシップが基本となっている。吉田社長が美波町出身ということもあり、地域社会に馴染みが多いのも理由であろう。事実、まちづくりなどで連携する町役場には幼なじみが勤めている。

　個人的にはUターン組の吉田が、IターンやJターン組と地域社会との結節点として機能しつつ、事業資金の調達やオフィス・住まいといった空間確保などの面で行政が様々な施策を展開している。

　また、空き家などの活用可能な地域資源が不足気味の神山町では、NPOが

子どもをもつ若い夫婦や地域に必要な技術や技能をもった人を優先的に誘致するといった、行政では難しい大胆な戦略を打ち出してきているのに対して、美波町は神山町に比べて町全体の規模が大きいこともあり、移住者は誰でも「ウェルカム」である。そのおおらかさがまた、美波町の魅力となっている。

美波町も神山町同様、人口数千人規模の過疎地域である。企画力や行動力をもった異能の人材が少数でも地域に定住することで、東京のような大都市圏では考えられない化学反応が生まれている。彼らによって新たな雇用が生まれたことで、美波町に移住する若い世代が増えた。また、美波町に短期滞在し、地域の課題解決に取り組む若者も、過疎地域にとっては貴重な人材となる。

美波町では、IT企業家の小さな挑戦を行政が支援する形で地域に不足していた人材を呼び込み、地域の資源を活用しながら新しい価値を次々と創出して、地元住民を元気づけるとともに、新たな人材をさらに外部から引き付けるという動きを加速している。

美波町に魅了されるIT企業家や若者は人生に対して積極的に取り組んでおり、「仕事」だけでなく「趣味」や「地域社会での務め」も充実させたい人であり、過疎化や少子高齢化といった世界最先端の課題に挑戦したい人である。

むすびにかえて

以上、第6章と合わせ徳島県で展開されつつある過疎地域再生の取り組みについて見てきた。本書で取り上げた地域で行われている取り組みには、それぞれ特徴もあるが共通点もある。まず第一に、各地域がもっている地域資源を十分に活用している点である。第6章で紹介した上勝町の場合には、山にある「葉っぱ」を商品化するというビジネスモデルで大成功し、それに引き続きIターンやUターンの起業家達が活用しているのも豊かな自然である。

一方、本章で取り上げた神山町と美波町に共通するのは、光ファイバー網という通信インフラの存在である。これは、この2地域だけでなく徳島県全域に張り巡らされているが、現在までにそれを外部からの企業誘致につなげること

コラム 人口減少時代の過疎地域での光ファイバーインターネットサービスの活用—美波町に溶け込んで楽しむ新しいワークスタイル　　　木下 信

　近年、人口が減少するなかで、過疎地域や高齢化地域において医療などのインフラサービスをどのように効率的に提供するかは大きな問題である。人口が少ない分莫大な投資をしても収益を上げるのが難しく、しかしサービスを提供しないわけにはいかない。全国どこでも均一のサービスが受けられるというユニバーサルサービスの提供が通信などインフラ産業には必要とされている。

　NTT西日本は、2014年2月18日より岡山県赤磐市において、テレビ電話と情報通信（ICT）技術を活用した「遠隔健康相談サービス」の実証実験を実施している。赤磐市は、2005年に赤磐郡内の山陽町、赤坂町、熊山町、吉井町が合併して誕生した。人口は2010年現在で43,458人であり、65歳以上の高齢者が11,489人である。つまり、4人に1人が高齢者という地域である。赤磐市では2012年10月に「あかいわスマートコミュニティビジョン」を策定し、子育てや高齢者支援に取り組んでいる。そこで、医療費・介護費を抑制と住民間の地域コミュニティーの活性化と健康管理を融合し、このような遠隔健康相談サービスを実施することとなっている。

　「遠隔健康相談サービス」の具体的な内容は次のようになる。利用者が歩数計や血圧計で測定したデータを公民館に設置されたタブレット端末からNTT西日本の「フレッツ光ネクスト」を通じてサーバーに登録・蓄積し、遠隔での保健指導を支援する。保健師が蓄積したデータの変化を確認し、利用者と「光だんらんTV」で映像コミュニケーションを図ることで健康アドバイスを行う。

　NTTグループによる過疎地域での医療サービスは、他の地域でも実施している。例えば、宮城県石巻・気仙沼では震災後の高齢化や医師不足に対応して連携システムを構築している。また、総務省も将来の高齢化、それに伴う医療費の増大、過疎化、さらにはコミュニティーの希薄化をふまえて様々な支援を行っている。そのなかでも、市町村合併によって市が広域化し、過疎化や高齢化の問題を抱えている地域では光インフラを整備し、遠隔医療を導入している。このような取り組み、京丹後市でも導入する価値は高いように思われる。幸い、京丹後市では光インフラを導入済みであり、今後有効な活用が望まれる。

に成功しているのは、この２地域と三好市だけである。

　第二には、明確な再生コンセプトである。上勝町の場合における「葉っぱを売ろう」という合い言葉は、非常にインパクトのあるものである。そもそも「葉っぱ」がビジネスになるということは、(株)いろどりがこの事業を始めるまでは誰も思いつかなかったことである。

　神山町の場合には「創造的過疎」という概念がある。これは「人口減少という事実を受け入れた上で、クリエイティブな人材を戦略的に誘致しよう」という考えであり、これがアーティスト・イン・レジデンスやワーク・イン・レジデンスの基礎となっている。そして、美波町では「半X半IT」となる。これはライフスタイルの提案であり、都会からの移住を考える人々にとっては大変魅力的なキャッチフレーズとなっている。

　第三の共通点は、強力なリーダーシップの存在である。上勝町の横石、神山町の大南、美波町の吉田、三人とも現在では地域おこしのカリスマ的存在として、全国各地での講演に引っ張りだこである。前述の明確なコンセプトも、これらリーダーの存在抜きには語れないだろう。

　本書では、徳島県でも３か所だけを取り上げた。徳島県内で地域再生に取り組んでいる地域はほかにも存在するが、今回はそれら地域を取り上げることができなかった。また、徳島県の過疎地域再生を他県と比較することもできなかった。これらは引き続き、研究課題として取り組んでいきたい。

参考文献一覧

・佐々木雅幸・川井田祥子・萩原雅也編著［2014］『創造農村』学芸出版社。
・篠原匡［2014］『神山プロジェクト、未来の働き方を実験する』日経BP。
・野田邦弘［2014］「創造人材の誘致による過疎への挑戦、神山町」佐々木・川井田・萩原［2014］所載。
・広瀬裕子［2013］「「創造的過疎化」という地域再生：徳島県神山町におけるNPOグリーンバレーによる地域再生の試み」『専修大学社会科学研究所月報』第601・

602号。
・吉田基晴［2014］「美波町地域活性プロジェクトー地方には未来があるー」、JBCCホールディングス株式会社編『2020年　ITがひろげる未来の可能性』日経BPコンサルティング。
・若林雅代・杉山大志［2009］「テレワークは普及するか？日本におけるテレワーク導入経験と普及への課題」SERC Discussion Paper: SERC09001。

第8章

滋賀県の産業振興

辻田素子

はじめに

　少子高齢化や都市部への人口集中による地方都市の消滅が危惧されている。「2040年までに896の自治体が消滅する」と予測した日本創生会議（増田寛也座長）の発表がきっかけで、地方の人口問題が改めて注目されるようになった。「地方の消滅」という危機感に煽られ、多くの地方自治体が、都市から地方への人口移動の促進や「まち・ひと・しごと創生法」（いわゆる地方創生法）に基づく総合戦略づくりに奔走している。合計特殊出生率が上昇し、都市から地方に人が移動しさえすれば地方の問題が解決するといった印象を与えかねないほどである。

　かつて企業の誘致を競った地方が、今度は若い世代の誘致を競っているようにも見え、少子高齢化社会を前提とした地域経営のあり方、生産性の向上や付加価値の高い仕事の創出による経済基盤の強化、暮らしの豊かさといったより本質的な問題が人口問題に集約されてしまった感さえするほどだ。

　とはいえ、少子高齢化時代を前提にした産業構造の見直しや地域の「収益力」アップに向けた取り組みは進んでいる。例えば、滋賀県は長年にわたり、企業や大学の誘致によって地域振興を図ってきたが、近年、地域経済の重要な担い手として中小企業にスポットライトを当て始めた。

2013年4月には「滋賀県中小企業の活性化の推進に関する条例」（略称、滋賀県中小企業活性化推進条例）を施行し、2015年3月に策定した「滋賀県産業振興ビジョン」でも、国内外の需要の取り込みと地域内での経済循環を両輪に掲げ、①国内外の課題解決に貢献する「成長産業」、②地域資源を活用した「魅力創造産業」、③暮らしの安全・安心を支える「地域密着産業」のバランスを重視した上で、その牽引役としての中小企業に言及している。

　また、地方圏にありながら人口減少が比較的軽微な滋賀県のなかでも南部地域にある守山市は、2045年まで人口が増え続けるとされる稀有な地方都市である。ただ、高齢化は全国平均を大きく上回るスピードで進んでいる。医療と教育が充実する守山市も、これまで手薄だった「雇用」や「仕事」の創出に重点を置き、医療や福祉といった生活ニーズを新しい産業の創出につなげる仕組みを模索している。

　本稿では、生産・販売、雇用、医療・福祉、教育といった様々な要素が密接に関連する地方自治体における産業振興のあり方を検討する。

1　滋賀県の概要

　我が国のほぼ中央に位置する滋賀県は、名神高速道路（開通1963年）、東海道新幹線（同1964年）、北陸自動車道（同1980年）といった高速交通網が整備され、京阪神、中京、北陸の各圏から、時間的にも距離的にもアクセスしやすい環境にある。滋賀県は、この恵まれた地理的条件を生かして企業誘致による産業振興を推進し、パナソニック、ダイハツ工業、東レといった大企業の工場や研究所が集積する日本有数のモノづくり地域として発展した。近年は、県が中心となって産学官連携を積極的に推進している。

　歴史的に見れば、「売り手よし、買い手よし、世間よし」の「三方よし」を経営理念に掲げる近江商人を輩出した地である。さらに、日本最大の湖である琵琶湖を擁し、その水質保全に向けた長年の取り組みによって国内屈指の「環境先進県」としても知られている。行政、企業、住民の環境意識は高く、環境

産学官が連携する「しが水環境ビジネス推進フォーラム」の情報発信（2015年10月22日、びわ湖環境ビジネスメッセ。写真提供：滋賀県モノづくり振興課）

関連ビジネスの企業集積も厚みがある。

多くのモノづくり地域が、製造拠点の海外移転や海外からの安価な部材・製品の輸入、生産年齢人口の減少、国内市場の縮小といった社会経済情勢の激変に直面しているが、滋賀県内では研究開発機能を有するマザー工場化が進み、企業が国内生産拠点の統廃合を行う場合も、その集約先に選ばれる傾向が強い。現在のところ、経済のグローバル化に伴う「負の影響」は相対的に軽微と言える。

人口も2014年まで増え続けた。2040年に向けた人口減少幅も、日本の総人口が2010年からの30年間で16.2％（2,100万人）減少すると見込まれているのに対して、滋賀県は7.2％（10万人）の減少に留まるとされる。2014年まで人口が増加し続け、今後の減少幅も相対的に小さい要因としては以下の三つが挙げられる。

①京都・大阪の通勤通学圏でありながら、地価が比較的安いことによるベットタウン化。
②京都からの大学移転や新設による学生数の増加。
③企業誘致などによる雇用の創出。

さらに近年では、子育て環境のよさや福祉・医療サービスの充実、環境意識の高い消費者や企業の存在が人や企業を呼び込む新たな地域資源となっている。もっとも、滋賀県においても高齢化は急速に進むとされている。国民社会保障・人口問題研究所の推計によると、高齢化比率は2010年の20.7％（国は23.0％）が2040年には32.8％（同36.1％）に上昇し、高齢者の絶対数も1.5倍の42.9万人に増加すると見られている。

2 滋賀県の産業発展と産業政策の推移

水稲栽培が古くから盛んな滋賀県は、繊維、窯業、土石、木材、医薬といった地場産業も栄えてきたが、「農業県」から「工業県」への転換を図ったのは高度経済成長期のことである。1960年には初めての総合開発計画「県勢振興の構想」をまとめるとともに、「県工業開発促進条例」を策定し、工場誘致による地域振興に乗り出した。

名神高速道路や東海道新幹線の開通によって滋賀県がいわゆる第一国土軸上に位置づけられるという地理的優位性を活かし、工業団地などの社会資本の整備を進めた結果、工場立地件数や工業出荷額などが飛躍的に伸びた。その反面、琵琶湖の水質汚染といった公害問題の顕在化により、1969年には「県公害防止条例」が制定され、環境問題への対応が図られた。

その後、高度経済成長期の終焉とともに、産業構造の転換を急ぐ国が1969年に「新全国総合開発計画」を策定し、重化学工業から機械系加工組立工業へ、臨海型から内陸型へのシフト変更を強調したことは滋賀県にとって追い風となった。1972年に制定された「工業再配置促進法」では滋賀県が誘導地域に指定され、都市部の企業や大学が滋賀県に向かう一因となった。1980年代に入ると、滋賀県は、工業の量的拡大から質的向上への転換などを目指し、「県工業技術センター」の設置や理工系大学の誘致などによる工業技術基盤の育成を進め、自前企業の育成や研究開発型企業の導入に力を入れ始めた。

バブル経済崩壊後は、経済のグローバル化や情報通信技術の進展といった社

会経済環境の激変をふまえ、1995年に「滋賀県産業振興指針」を策定している。これは、2010年を目標年とする中・長期的な指針であり、「創造・共生・交流で拓く——しが・産業新時代」を基本理念とし、目指すべき産業社会の姿として以下の三つを掲げた。
①新しい価値と活力を創造し、ダイナミズムに溢れる。
②人・環境・世界と共生し、産業フロンティアに挑む。
③生活者や地域社会と交流し、ゆとりとアメニティを育む。

　同指針において、県は中小企業にも言及し、大手企業との下請分業構造から水平ネットワーク構造への転換を課題とし、創造的中小企業の自立化育成に向けた取り組みを盛り込んだ。ただ、その後、経済のグローバル化やIT化のさらなる進展、国内経済の長引く低迷を受け、滋賀県は同指針を抜本的に見直し、2003年に「滋賀県産業振興新指針」を策定し、「産学官連携体制の構築と創造型・自律型産業構造への転換」を基本理念に掲げて、以下の三つを目指すべき未来像とした。
①産学官ネットワークによって持続発展を促す自律型産業活動。
②高付加価値の新しい技術や新しいサービスなどが絶えず創造される産業活動。
③自然環境と人の生活を豊かにする、経済発展と雇用創出を実現する産業社会。

　さらに、5年後の2008年に策定した「滋賀県産業振興新指針（改定版）」では、「活力ある"滋賀"の未来を拓く産業の創出」を基本目標に定め、基本的視点として、「『三方よし』の理念を活かした産業振興の推進」、「環境と共存する持続的な産業・経済の発展」とともに、「中小企業の力強い成長に向けての基盤強化」が打ち出された。
　中小企業重視の姿勢は強まり、中小企業がその多様性や創造性を最大限生かし、地域産業や地域経済の中核的な役割を果せるよう、その基盤強化を図る必要性が明示された。特に、挑戦し、成長する中小企業の創出に向け、滋賀県の知的ポテンシャルや地域の産業資源を最大限に生かしながら、今後成長が期待できる「環境」「観光」「健康福祉」「バイオ」分野などのさらなる振興を図り、

産業の競争力強化に努めることが強調されている。また、この時、「産学官」に加えて地域金融機関の役割にも言及し、「『産学官金』連携による新産業創出基盤の強化」を七つの重点戦略の一つとして掲げた。

このように、1995年策定の産業振興指針は、その後の環境の激変に合わせて2度にわたって改定されたが、当初の目標年度であった2010年を迎えたことから、その後継計画である「滋賀県産業振興戦略プラン」が2011年3月に策定された。

同プランには、これまでの取り組み成果や課題をふまえ、地域や個人の「自律性」を高め、県民、各種団体、企業、行政などの「協働」によって、人と人や人と自然が「共生」する社会を構築するという視点を織り込んだ。20年後の滋賀県産業の目指すべき長期的な姿を見据えながら、2014年度までの4年間に重点的に取り組むべき課題として、「環境」「医療・健康」「モノづくり基盤技術」「にぎわい創出・観光」という四つの戦略領域を提示している。また、「グローバル化対応」「人財育成」「連携強化」を分野横断戦略とし、こうした戦略推進における基本的取り組みとして、中小企業のニーズへのきめ細かな対応、支援を強調した。

以上から明らかなように、企業誘致をベースに目覚ましい経済発展を遂げた滋賀県は、1990年代半ば、中小企業を地域経済の成長エンジンとして積極的に評価し、支援する方向に大きく舵を切った。産学官金といった様々な地域主体が協働して中小企業をバックアップし、「環境」「健康・医療」といった滋賀県の強みを生かした成長産業を育成するというビジョンが確立されていったのである。

3　滋賀県産業の現状と課題

では、こうした取り組みの成果として、滋賀県はどのような産業構造になっており、いかなる課題を抱えているのだろうか。詳細は後述するが、筆者を含む龍谷大学経済学部教員は滋賀県職員との共同研究を実施し、滋賀県内企業へのアンケート調査とインタビュー調査を行った。

アンケート調査は、県内の中小事業所から製造業3,000事業所、非製造業3,000事業所の計6,000事業所を無作為抽出して、2011年秋に郵送による配布・回収方式で実施した[1]。また、同年8月から2013年2月にかけて中小製造業29社と4組合、2013年7月から8月にかけて農商工連携に取り組んでいる中小企業9社を訪問し、1時間～2時間程度のヒアリング調査を実施した。本節では、調査結果を適宜紹介しながら、滋賀県産業の現状と課題を整理する。

（1）県内に所得と雇用機会をもたらす製造業

滋賀県産業の最大の特徴は、製造業の比重が高く、しかもその製造業が堅調なことである。県の総生産5兆7,695億円（2012年度、名目）の構成比を見ると、製造業が36.5％で最も高く、サービス業（15.1％）と不動産業（15.0％）が続く（図8－1参照）。

滋賀県の製造業の特化係数は2.02で全国の2倍となっており、県内総生産に占める第2次産業の割合は、静岡県や三重県を抑えての全国1位を堅持している[2]。また、製造業の事業所数はほぼ一貫して減少しているものの、従業者数と製造品出荷額等は全体として横ばいで推移している（図8－2および図8－3参照）。

さらに、製造業のなかでも、集積度が高いのは「電気機械」や「生産用機械」「輸送用機械」といった最終製品を製造する「機械産業」と、そうした最終製品に組み込まれる「電子部品・デバイス・電子回路」や「プラスチック製品」「金属製品」といった「基盤技術産業」である。事業所数こそ「繊維工業」が

---

[1] 回収数は製造業671事業所（うち無効票86件）、非製造業638事業所（同60件）である。アンケート調査結果の詳細は、滋賀県商工観光労働部・龍谷大学経済学部［2012］『滋賀県中小企業等実態調査報告書』、同［2013］『滋賀県の中小製造業に関する滋賀県と龍谷大学との共同研究報告書』、同［2014］『滋賀県の中小企業（非製造業）に関する滋賀県と龍谷大学との共同研究報告書』を参照されたい。
[2] 産業の特化係数は、地域の産業の業種構成比を全国の産業の業種構成比と比較したもので、当該地域でどの産業が卓越しているかを示す指標である。特化係数が「1」から離れるほど当該地域はその項目に特化していることを意味している。

図8-1　経済活動別の県内総生産および国内総生産における構成比（名目）

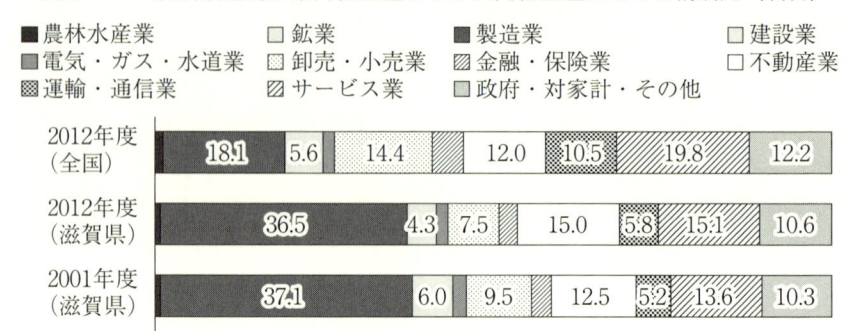

- ■ 農林水産業
- □ 鉱業
- ■ 製造業
- □ 建設業
- ▨ 電気・ガス・水道業
- □ 卸売・小売業
- ▨ 金融・保険業
- □ 不動産業
- ▨ 運輸・通信業
- ▨ サービス業
- ▨ 政府・対家計・その他

2012年度（全国）		18.1	5.6	14.4	12.0	10.5	19.8	12.2
2012年度（滋賀県）		36.5	4.3	7.5	15.0	5.8	15.1	10.6
2001年度（滋賀県）		37.1	6.0	9.5	12.5	5.2	13.6	10.3

出所：滋賀県統計課「2012年度滋賀県民経済計算」。

図8-2　滋賀県の製造業の事業所数と従業者数の推移

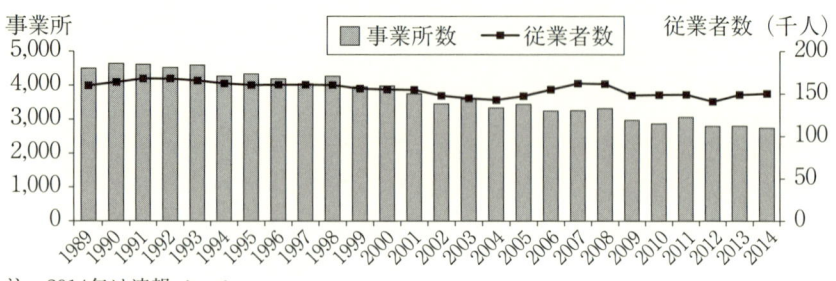

注：2014年は速報ベース。
出所：滋賀県統計課「工業統計調査」より作成。

図8-3　滋賀県の製造業の製造品出荷額等の推移

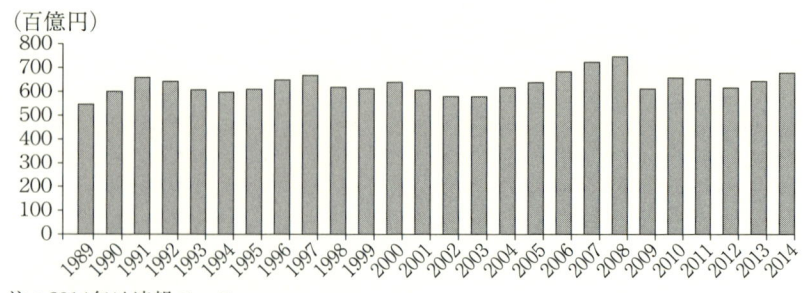

注：2014年は速報ベース。
出所：滋賀県統計課「工業統計調査」より作成。

上位にあるが、従業者数では「電気機械」「プラスチック製品」「電子部品・デバイス・電子回路」がトップ３で、製造品出荷額等でも「輸送用機械」や「電気機械」が上位に位置している（**表８－１**参照）。全国との比較を示す特化係数を見ても、「電気機械」「はん用機械」「プラスチック製品」などが「１」を大きく上回っている。

　高度経済成長期に相次いで滋賀県に立地した加工組立型産業が、伝統的な繊維産業に代わる基幹産業として滋賀県の製造業を牽引していることが分かる。なお、化学工業は、甲賀・日野地域の医薬品産業によって主導されている。

　滋賀県の製造業は、事業所規模が相対的に大きいことも顕著な特徴の一つである。**図８－４**は、全国と滋賀県の製造事業所の規模（従業者数ベース）を比較したものである。滋賀県は全国に比べて、30人を超える中規模事業所の割合が高い。

　図にはないが、2013年工業統計調査によると、「30〜99人」の事業所数の割合（19.6％）は全国３位、「100〜299人」（8.8％）および「300人以上」（2.5％）の事業所の割合はそれぞれ全国１位と３位である。

　また、**図８－５**を見ると、従業者数「30〜299人」の中規模事業所が、滋賀県の製造品出荷額等の47.9％、従業者数でも46.1％を占めている。さらに、一人当たりの付加価値額を滋賀県と全国で比較した**図８－６**を見ていただきたい。滋賀県全体の従業者一人当たりの付加価値額は、山口、徳島、和歌山、愛知、三重に次ぐ６位であるが、従業者「100〜299人」規模の事業所は全国１位、「30〜99人」規模も全国２位と圧倒的な強さを示している。

　先にも述べたように、滋賀県の製造業は、量的にも質的にも従業者「30〜299人」規模の中規模事業所が極めて重要な役割を担っていることが分かる。こうした外需を獲得する製造業の競争力を一層強化していくためにも、県民や県内企業の需要に応える商業・サービス業の振興が急がれる。第３次産業の比率は増加してきたが、全国平均と比較するとまだまだ低い。

　また、全国同様、滋賀県も廃業率が開業率を上回る状況が続き、2012年〜2014年の開業率は2.8％、廃業率は5.3％である。有業者に占める起業者の割合も極めて低いものとなっている。

表8-1　滋賀県の製造業における上位10業種（2014年）

順位	事業所数		従業者数（人）		製造品等出荷額等（万円）	
1	金属製品	312	電気機械	18,145	輸送用機械	91,831,586
2	繊維工業	287	プラスチック製品	15,788	化学工業	84,339,804
3	プラスチック製品	266	電子部品・デバイス・電子回路	14,731	電気機械	78,534,437
4	生産用機械	232	輸送用機械	13,109	プラスチック製品	59,568,231
5	窯業・土石	216	生産用機械	12,718	はん用機械	54,575,858
6	食料品	214	はん用機械	11,676	生産用機械	49,262,252
7	電気機械	166	金属製品	9,817	電子部品・デバイス・電子回路	40,579,033
8	はん用機械	144	食料品	9,250	金属製品	35,007,403
9	化学工業	106	窯業・土石	7,197	窯業・土石	34,420,736
10	輸送用機械	103	繊維工業	7,000	食料品	24,930,338

注：従業者数4人以上の事業所が対象。
出所：2014年「工業統計調査速報」より作成。

滋賀県のモノづくりを支える中小企業（バルブメーカーで）

図8-4 従業者規模で比較した全国と滋賀県の事業所数の比率

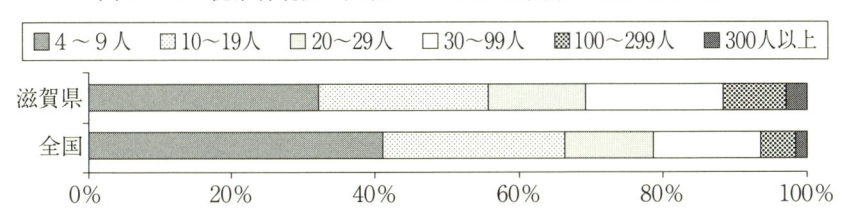

注：従業者数4人以上の事業所が対象。
出所：経済産業省「2014年工業統計調査速報」より作成。

図8-5 従業者規模でみた滋賀県の事業所数、従業者数、製造品出荷額等に占める比率

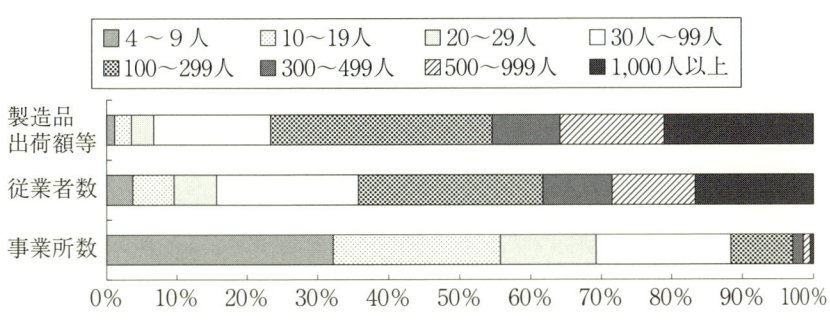

注：従業者数4人以上の事業所が対象。
出所：経済産業省「2014年工業統計調査速報」より作成。

図8-6 全国と滋賀県の事業所規模別の一人当たりの付加価値額

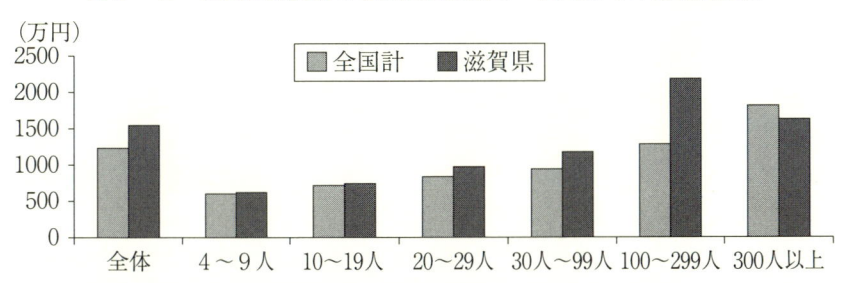

注：従業者数4人以上の事業所が対象。従業者29人以下は粗付加価値額。
出所：経済産業省「2013年工業統計調査」より作成。

以下では、前述したように、滋賀県内企業へのアンケート調査とインタビュー調査から浮き彫りになった滋賀県中小企業の特徴を、「製造業」「非製造業」「中小企業全体」に分けて整理しておく。

（2）滋賀県中小企業の特徴——製造業

自社製品開発型と比較的規模の大きな下請型

　生産形態を見ると、自社製品を有する企業が多い。「自社製品主体の製造業」（39.5％）と「一部自社製品を製造する下請け製造業」（9.9％）を合わせると、約半数（49.4％）に達している。他方、比較的規模の大きな下請型企業も相対的に高い割合で存在している。従業者数「101～300人」規模でも、「一部自社製品を主体とする下請け製造業」（23.1％）と「下請け製造業（賃加工を除く）」（30.8％）の割合が高くなっている。こうした企業は、大手メーカーの一次下請に属すると推察される。

主な販売先は大手メーカーで、最大取引先に強く依存

　取引額が最大の販売先（納入先）を見ると、第1位は「系列取引の大手メーカー」（17.8％）、第2位が「系列取引のない大手メーカー」（16.4％）である。ほぼ3社に1社は大手メーカーが最大顧客となっている。また、全売上高に占める最大販売先への依存度は、「80％以上」（26.0％）が最も多く、「60％以上80％未満」（10.4％）を合わせると、1社依存度「60％以上」が全体の3分の1を超えている。

　販売先の所在地は、「県内」（51.7％）が最も多い。また、加工外注を利用する企業は全体のほぼ半数（50.4％）で、加工外注先もやはり「県内」（58.9％）が最も多い。大手メーカーの県内および近隣府県に立地する事業所を頂点とする分業構造に組み込まれている中小企業群の存在がうかがえる。

強い研究開発志向と技術力への自負

　自社の強みに関しては、「取引先との信頼関係」（19.8％）と「技術力」（17.1

％）を挙げる企業が多い。その技術力であるが、獲得経緯を見ると、「親会社や発注先の指導」（30.1％）と「取引先との共同開発」（22.6％）が主流である。「研究開発を行っている」企業は40％を超えており、滋賀県の中小製造業は研究開発志向が強いことをうかがわせる[3]。

「大学との連携実績あり」（10.7％）や「公設試験研究機関との連携実績あり」（8.7％）の割合を見ると[4]、滋賀県の中小製造業は外部研究機関との連携にもかなり積極的であると推察される。

（3）滋賀県中小企業の特徴——非製造業

業種により異なる将来展望

　非製造業では、従業員が高齢化し、商品や技術の面でも成熟期や衰退期にある小規模な企業が目立つ。特に、この傾向が顕著なのが小売業である。小売業は高度経済成長期もしくはその直後に創業した企業が多い。これに対して、若い従業員が多い企業は、「情報通信業」「学術研究、専門・技術サービス業」「医療、福祉（介護を含む）」などで、こうした業種は、その多くが1980年代以降の創業である。企業として若いうえ、自社の主要な製品や技術のライフサイクル上の位置に対しても、「成長期」もしくは「成熟期」と認識する傾向にある。

---

[3] 我が国の『平成23年科学技術研究調査報告』によると、製造業では、従業員数「1～299人」の中小事業所で、「研究開発を行っている」という回答は7.4％にすぎない。「300～999人」で45.6％、「1,000～2,999人」で85.3％、「3,000～9,999人」で93.9％、「1万人以上」では100％である。また、『平成22年中小企業実態基本調査』でも、製造企業22万633社のうち研究開発を行っているのは1万7,488社で、全体の7.9％に留まる。ちなみに、2008年は8.1％、2009年は7.6％である。

　滋賀県には13の大学が立地しており、人口10万人当たりの学生数は全国有数である。2009年時点で2,729人を数え、全国4位となっている。13大学に設置されている学部・学科の内訳を見ると、理工系をはじめ、医学、経済・経営、人文・教育など多岐に及び、バイオ、デザイン、スポーツ科学といったユニークな学部が存在し、企業との共同研究といった産学連携にも熱心な大学が少なくない。

[4] 『OECD Science, Technology and Industry：Scoreboard 2007』によると、大学などと連携してイノベーション活動をしている日本の企業（製造業とサービス業を含む）は大企業で14.0％、中小企業で1.0％である。

県内需要に応える

「宿泊業」や「運輸業・郵便業」を除くほとんどの業種は、販売先が県内である。なかでも、「農林漁業」「生活関連サービス、娯楽業」「不動産業、物品賃貸業」などは「所在市町内」で取引が完結する傾向が強い。

また、販売先の属性を見ると、「運輸業、郵便業」と「学術研究、専門・技術サービス業」では「製造業者」が主たる顧客である。製造業を支えるサポーティングインダストリーとしての非製造業をいかに支援、強化するかは、製造業の競争力向上にもつながる極めて重要な問題であると言えよう。

「人材」、「取引先との信頼関係」、「技術力」が強み

企業としての「強み」は、「人材」「取引先との信頼関係」「技術力」である。「人材」を強みとする企業の比率は、教育や医療の分野でとりわけ高い。「取引先との信頼関係」を強みとするのは「金融業、保険業」「卸売業」などで、「技術力」を挙げる比率が高いのは、「情報通信業」「建設業」「学術研究、専門・技術サービス業」である。

（4）滋賀県中小企業の特徴——中小企業全体

「三方よし」の精神を遵守

近江商人のモットーとされる「売り手よし、買い手よし、世間よし」の「三方よし」については、「意識している」「実践に努めている」と回答した企業の割合が、製造業、非製造業ともに5割を超え、深く浸透していることが明らかになった。また、この「三方よし」を順守する傾向は、明文化する家訓がある企業ほど、また業績が堅調な企業ほど強かった（図8－7参照）。

課題は人材の確保・育成

多くの企業が、人材の確保や育成を課題としている。人材の確保では「必要とする技能を持つ人を採用できない」という悩みを抱え、育成にあたっては「時間がとれない」「資金がない」といった声が目立つ。企業規模が大きくなる

図8-7 家訓などの有無と3期前と比較した売上高・製品出荷額の変化割合

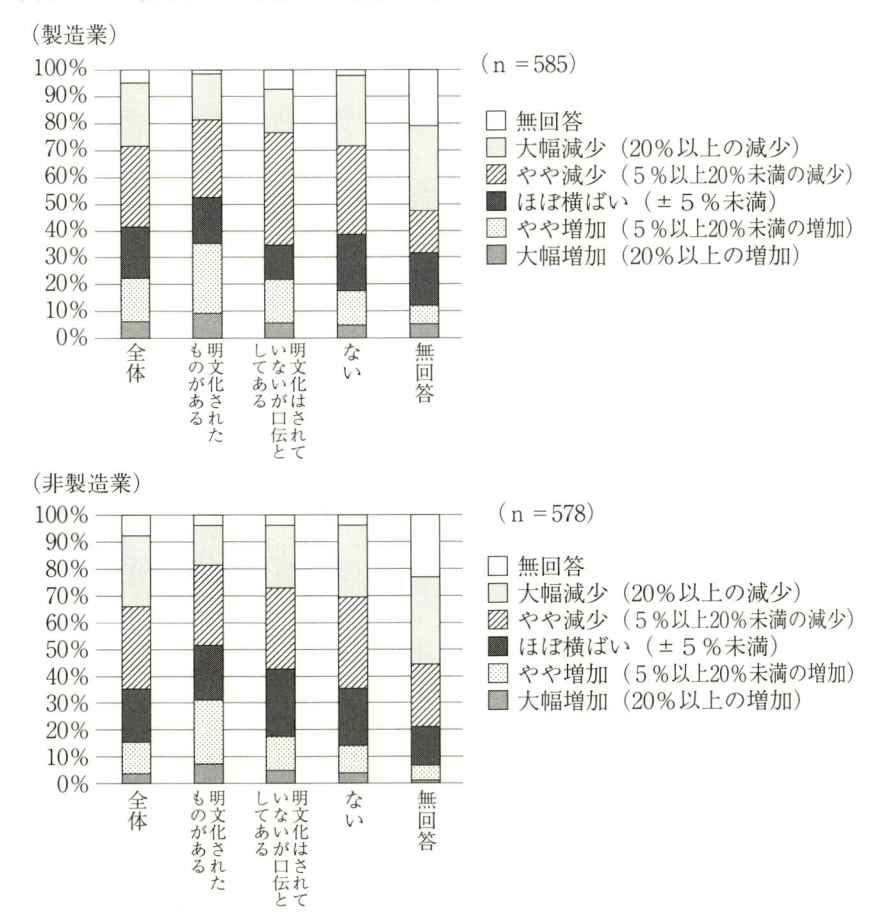

(製造業) (n=585)

凡例：
□ 無回答
□ 大幅減少（20％以上の減少）
▨ やや減少（5％以上20％未満の減少）
■ ほぼ横ばい（±5％未満）
▨ やや増加（5％以上20％未満の増加）
■ 大幅増加（20％以上の増加）

横軸：全体／明文化されたものがある／明文化はされていないが口伝としている／ない／無回答

(非製造業) (n=578)

凡例：
□ 無回答
□ 大幅減少（20％以上の減少）
▨ やや減少（5％以上20％未満の減少）
■ ほぼ横ばい（±5％未満）
▨ やや増加（5％以上20％未満の増加）
■ 大幅増加（20％以上の増加）

横軸：全体／明文化されたものがある／明文化はされていないが口伝としている／ない／無回答

出所：滋賀県商工観光労働部・龍谷大学経済学部［2012］。

ほど、また自社ブランド製品や自社独自技術などをもつ企業ほど、新卒や技能者などの採用に意欲的であるが、そうしたニーズが十分に満たされていない。

新しい事業領域への挑戦

　製造業の中小企業では、「環境関連全般」「新エネルギー・省エネルギー関連」

「水環境ビジネス関連」といった、滋賀県がこれまで取り組んできた環境を意識したビジネスへの関心が高い。それに続くのが「スポーツ・健康・医療関連」である。非製造業では、「環境」「スポーツ・健康・医療」に加え、観光やまちづくりへの関心が高い。全体的な傾向として、滋賀県がこれまで打ち出してきた重点産業とリンクしている。

業種や事業段階によって異なる公的支援制度の活用

公的な支援制度の利用状況については「金融支援」が最も多く、製造業で「補助金・助成金」、非製造業では「研修会・交流会」がそれに続いた。全体的な傾向として、事業所の規模が大きくなるほど、主要な製品・技術のライフサイクルとの関係で言えば「開発・導入期」にある事業所ほど公的支援制度の利用率が高かった。

また、業績が低迷している企業は「金融支援」に依存する傾向が強く、業績が好調な企業は、「補助金・助成金」「専門家相談・専門家派遣」「研修会・交流会」を積極的に活用していた。

以上の結果から、滋賀県には、高い技術力と顧客との信頼関係を武器に、高収益体制を構築している中規模の「革新的企業」が一定レベル以上集積しており、滋賀県の製造業を牽引していることが浮き彫りになった。他方、非製造業では、成熟期にある小規模企業が目立つ「小売業」に対して、「情報通信業」や「学術研究、専門・技術サービス業」「医療、福祉（介護を含む）」といった業種は比較的若く、「人材」や「技術力」を強みとして事業を展開している。

さらに滋賀県の中小企業は、近江商人の「三方よし」の精神を遵守する傾向が強く、「環境」や「スポーツ・健康・医療」を成長分野として捉えていることが確認された。

では次に、人口減少時代を見据えた滋賀県の産業振興策を見ていくことにしよう。

4 少子高齢化・人口減少時代を見据えた新しい産業振興策

(1) 滋賀県産業を取り巻く社会経済情勢

　滋賀県は、2005年から2010年にかけての人口増減率が2.2％で、東京（4.6％）、神奈川（2.9％）、千葉（2.6％）、沖縄（2.3％）に次ぐ高い比率である。国立社会保障・人口問題研究所の推計によると、2015年前後まで人口は増え続けるとされていたが、県では、2014年時点で減少局面に入ったと推察している。

　出生数は近年13,000人から14,000人程度と横ばいで推移してきた。合計特殊出生率は2.0を大幅に割り込み、2013年は1.53（国は1.43）だが、子育て世代の転入超過などによって出生数は維持されている。一方、死亡数は1988年から増加を続け、出生数に近づきつつあり、数年先には「自然減」に転じると見られている。

　他方、県内への企業進出や京阪神のベッドタウン化などによって1968年以降、転入者が転出者を上回る「社会増」が続いていたが、21世紀に入ってからその差が急速に縮小し、2013年には転出数が転入数を上回る「社会減」となった。

　人口移動をより詳細に見ると「20〜24歳」は転出超過が続いており、その幅も増加している。大学・短大などの卒業者の県外就職がその背景にあるとされる。さらに2012年には、「25〜29歳」も転出超過に転じた。他方、「30〜34歳」および「35〜39歳」の子育て世代は転入超過という恵まれた状況にある。

　人口構成比も相対的に若い。2010年時点での総人口に占める年少人口の割合は15.0％で、沖縄（17.8％）に次ぐ全国第2位を誇っている。ただ、生産年齢人口の割合は、2010年の64.4％が2040年には55.6％まで減少すると予想されている。その間、高齢者人口は29万2,000人から42万9,000人と約1.5倍に増加する。

　また2040年の滋賀県人口は、2010年に比べて7.2％少ない130万9,000人になると見込まれているが、人口減少幅は地域により相当な差がある。2040年の人口が2010年比で20％以上減少するとされている市町が五つある一方、県南地域にある草津市、守山市、栗東市の3市は2010年と比較して増えると見られている。

（2）中小企業活性化推進条例の策定

　既述のように、1990年代半ば以降、滋賀県は地域産業や地域経済の重要な担い手として中小企業支援を強化する方向に転じた。地方自治体の中小企業支援に対する意識や体制が大きく変わるきっかけとなったのは、1999年の中小企業基本法の改正である。改正に伴って地方公共団体は、「基本理念にのっとり、中小企業に関し、国との適切な役割分担を踏まえて、その地方公共団体の区域の自然的経済的社会的諸条件に応じた施策を策定し、及び実施する責務を有する」（第6条）と、その役割が規定された。改正以前は、「国の施策に準じた施策を実施する」だけの役割に留まっていたが、改正後は地域特性に応じた諸施策を主体的に企画立案し、実施する必要が生まれている。

　さらに民主党政権下の2010年6月、中小企業憲章が閣議決定されている。中小企業憲章では、「中小企業は、経済やくらしを支え、牽引する。創意工夫を凝らし、技術を磨き、雇用の大部分を支え、くらしに潤いを与える」と中小企業の意義を示すとともに、中小企業政策に取り組む際の原則を掲げ、具体的な取り組みに対して行動指針も打ち出している[5]。

　こうした国の動きを受け、各地の地方自治体が相次いで中小企業振興基本条例を制定した[6]。滋賀県は当初、先に述べた産業振興指針に基づいて産業振興を推進するというスタンスに立ち、条例制定には慎重であったが、2010年11月の滋賀県議会において嘉田由紀子知事が中小企業振興のための条例制定を目指すことを表明した。

　それを受けて滋賀県は、県内中小企業の実態を把握するとともに中小企業振興の基本的あり方を検討し始めた。県内にキャンパスをもつ龍谷大学や立命館大学、滋賀大学と連携し、フィールド調査や研究会などを実施したほか、中小企業者や関係団体などとの意見交換会や県職員らによる1,000社を超える企業訪問なども行った。

　先に紹介した滋賀県中小企業等の実態調査は、中小企業条例の制定をにらんで、県職員と龍谷大学経済学部教員で構成する研究調査チームが実施したものである。県内中小企業の経営実態や直面している課題、行政支援に対するニー

ズなどを探り、その調査結果は、その後の中小企業活性化推進条例の制定や産業振興ビジョンの策定における基礎資料となった。

　このように、約1年の準備期間を経て2011年11月に、条例の制定を含めた中小企業振興のあり方を議論する滋賀県中小企業振興審議会が立ち上がった。メンバーは、商工会議所や経済同友会、中小企業団体中央会といった経済諸団体のトップや中小企業経営者、地元金融機関、研究者らで、審議会は2012年3月までに3回開催され、その結論は同年5月に知事に答申された。それを受けて県では「滋賀県中小企業の活性化の推進に関する条例（案）」を策定し、11月の県議会で可決し、2013年4月に施行された。

　条例では、中小企業を活性化するための基本理念として以下の五つが掲げられている。

①中小企業者の自主的な努力や創造的活動の尊重。

②小規模な事業者への配慮。

---

(5) それは、①中小企業の立場から経営支援を充実・徹底する、②人材の育成・確保を支援する、③起業・新事業展開のしやすい環境を整える、④海外展開を支援する、⑤公正な市場環境を整える、⑥中小企業向けの金融を円滑化する、⑦地域および社会に貢献できるよう体制を整備する、⑧中小企業への影響を考慮し政策を総合的に進め、政策評価に中小企業の声を生かす、の八つである。
　　憲章の最後には、新興諸国の台頭や金融システムのグローバル化といった世界的な構造変化と少子高齢化社会の進展という国内事情を踏まえ、「起業、挑戦意欲、創意工夫の積み重ねが一層活発となるような社会への変革なくしては、この国の将来は危うい」との危機感から、「変革の担い手としての中小企業への大いなる期待、そして、中小企業が果敢に挑戦できるような経済社会の実現に向けての決意」を政府として宣言している。

(6) 2014年4月現在、31の道府県、116の区市町が定めている。全国商工団体連合会の調べによる。http://www.zenshoren.or.jp/shinchaku/140519kihonjourei_jichitai.pdf。市町における最初の中小企業振興基本条例と言われるのは墨田区の条例で、1979年に制定された。その後、東京の港区（1983年）や大田区（1995年）といった他の区に広がったが、地方自治体での条例制定が本格化したのは2000年以降である。
　　なお、国による中小企業振興に向けた動きとは別に、2011年3月11日に発生した東日本大震災も、中小企業が、地域経済や日本経済だけでなく、私達の生活に必要不可欠な存在であることを改めてクローズアップする結果となった。サプライチェーンが断たれ工場が生産中止に追い込まれた自動車やエレクトロニクスなどの産業では、重要な部材を集中的に生産している中小企業の存在が浮き彫りになり、震災復興においても、地元中小企業の事業再開や継続が喫緊の課題とされた。

③地域の特性に応じた産業振興や地域住民の利便の増進、地域づくりへの貢献。
④滋賀県の特色であるものづくり産業の集積や環境保全に向けた活動を活かす。
⑤県、中小企業者、中小企業の関係団体、大企業者、大学その他の教育研究機関、金融機関などとの連携。

その上で、県や中小企業、中小企業関係団体、大企業、大学、金融機関、県民らの責務や役割が明記されている。例えば、当事者である中小企業には、環境変化に対応して、自主的かつ自立的に経営の向上や改善に努めるとともに、商工会議所や商工会などへの加入、雇用機会の創出、地域づくりへの参画などによって地域経済や地域社会へ貢献するよう努めるものと記している。

他方、大企業には、「中小企業者との取引の拡充、中小企業者の研究開発に対する支援、商工会議所、商工会、商店街振興組合等への加入その他の方法により、中小企業の活性化に資するよう努める」ことを、県民に対しては「中小企業の活性化が地域の経済および社会の発展に寄与することについての関心および理解を深めるとともに、中小企業者が供給する物品の購入その他の方法により、中小企業の活性化に資するよう努める」ことをそれぞれの役割として定めている。

こうした施策を推進するための仕組みも条例に織り込んでおり、中小企業活性化審議会を設置するとともに、中小企業者らの意見を反映しながら、毎年度、実施計画を策定して検証を行うことなどを規定した。

2013年度以降は、この条例に基づいて様々な中小企業施策が展開され、その効果などを検証する中小企業活性化審議会も毎年度3回開催されている。

条例策定の過程で滋賀県がこだわった一つが、小規模企業への支援である。小規模企業は、県内企業の9割近くを占めており、地域経済や雇用を支えるとともに地域社会の安全・安心やコミュニティーの維持といった面でも大きな役割を果たしている。地元の食材や原料を使用し、身近な消費者に製品やサービスを提供する小規模企業は、お金を地域内で循環させる重要な担い手でもある。

県では、小規模企業の役割や魅力を県民に広く知ってもらうとともに、小規模企業に施策を周知し活用してもらうことを狙いとして、10月を「滋賀の"ち

いさな企業"応援月間」に設定した。2014年から"ちいさな企業"応援月間には、小規模企業の独創的な取り組み事例を紹介するフォーラムや小規模企業同士のマッチングセミナーなどを開催している。

（3）人口減少社会を前提とした滋賀県産業振興ビジョン

先に述べた通り、滋賀県では2011年策定の「滋賀県産業振興戦略プラン」に基づいて、「環境」「医療・健康」「モノづくり基盤技術」「にぎわい創出・観光」の四つを戦略領域として、グローバル化対応や人財育成、連携強化を図ってきたが、2014年度で同プランが終了することから、2014年3月に「産業振興審議会」（会長：川口清史・学校法人立命館総長［当時］）を立ち上げ、新たな産業振興ビジョンづくりに取り組んだ。

審議会のメンバーは、平和堂、滋賀銀行といった地元の中核企業や中小企業、農協に加え、東レ、パナソニック、ダイハツといった大企業、近畿経済産業局や日本政策金融公庫といった政府や政府系機関、さらには福祉や子育ての市民団体も加わり、総勢20人で議論を重ねた。そこでは、滋賀県の何を強みとするのか、どのような産業やビジネスモデルを成長の「エンジン」として振興するのか、さらに県内での経済循環をどのように促進していくのか、といったことが大きなテーマとなった。

人口減少社会を前提とした初めての産業振興ビジョンの策定とあって、通常のパブリックコメントに加えて、審議会の参加メンバーらが県民や県内企業に産業振興ビジョン原案を紹介し、滋賀県産業の将来を語るシンポジウムも開催された。そうしたプロセスを経て2014年11月、審議会は三日月大造知事に産業振興ビジョン案を答申し、2015年3月の県議会での議決を得て、滋賀県産業振興ビジョンが策定された。

今後10年にわたって産業振興の指針となる同ビジョン（2015～2024年度）は、「世界にはばたく成長エンジンと地域経済循環の絆で形づくる"滋賀発の産業・雇用"の創造」を基本理念に掲げた。目指すのは、①挑戦する企業の活躍や新たな成長産業の創出によって、地域経済ひいては日本経済を支え、雇用を

維持・拡大することと、②地域社会に貢献する企業を応援し、地域住民の豊かな生活を担保する循環型経済を確立することである。

強い製造業はその強みに磨きをかけ、県内での経済循環の促進に向けて商業やサービス業は地域社会や地域住民とのつながりを重視し育成する、という方向性を打ち出した（**図8-8**参照）。

振興すべき産業としては、以下の三つが明示されている。
①国内外の課題解決に貢献する成長産業。
②地域資源を活用した魅力創造産業。
③暮らしの安全・安心を支える地域密着産業。

そして、実現に向けて当面重点的に取り組む五つのイノベーションとして以下のものが掲げられている。
①水・エネルギー・環境
②医療・健康・福祉

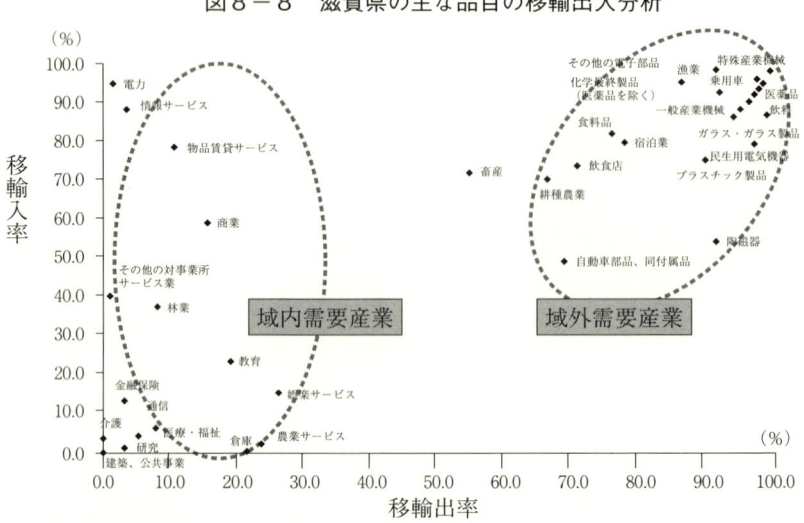

図8-8　滋賀県の主な品目の移輸出入分析

資料：滋賀県統計課「平成17年滋賀県産業連関表」から作成。

③高度モノづくり
④ふるさと魅力向上
⑤商い・おもてなし

　滋賀県では、先に制定された滋賀県中小企業活性化推進条例と滋賀県産業振興ビジョンを車の両輪のようにして、滋賀県経済の発展や雇用の維持・拡大、地域の活性化を目指すとしている。
　また、同ビジョンは、「付加価値を生み出す技術力」「人と人、人と地域のつながりを生み出すサービス・販売力」「ブランドの創造につながる発信・連携力」という三つの企業力向上を謳（うた）っているが、そこには「地域の経済や社会の担い手として重要な役割を果たす中小企業・小規模事業者の課題を踏まえ、特性に応じて強化」と注記されている。

5　「住みやすさ日本一」を目指す守山市

　こうした県の取り組みと連動する形で、県内の市町も産業振興に取り組んでいる。本節では、首長の強いリーダーシップのもと、産業振興の政策立案から運営までのプロセスに多様な経済主体を巻き込んでいる守山市のケースを検討する。

（1）守山市の概要

　滋賀県守山市は京都駅からJRで25分、大阪駅から55分の距離にある。我が国のほとんどすべての地方都市が深刻な人口減少問題に直面しているわけだが、守山市の人口は一貫して増加傾向にあり、1990年から2010年までの20年間で約18,000人増えている。その後も若い世代を中心に毎年500～1,000人のペースで増え続け、2015年5月末時点では80,912人となっており、国立社会保障・人口問題研究所の人口推計でも、2045年まで人口が増加すると見込まれている。

人口ピラミッドを見てみよう。最も人数が多いのは男女ともに「35～39歳」の層で、14歳未満の年少人口の割合も17.6％（2010年）と高い。人口減少問題とは無縁の、全国でも稀有な地方都市であると言える[7]。

市全体として人口が増加しているのは、自然増と社会増の両面による。守山市の合計特殊出生率は1.72人（2008～2012年、ベイズ推定値）で、同時期の滋賀県（1.54人）や全国（1.54人）を大きく上回っている。ちなみに、2010年は出生数933人に対して、死亡数513人で420人の自然増であった。転入者数と転出者数を比較しても、ほぼすべての年齢層で転入超過の状態となっており、2010年は転入者数3,545人に対して転出者数は3,140人で、405人の社会増となった。

このように多くの人を惹きつける守山市は、医療と教育が充実する「住みやすいまち」として高い評価を受けてきた[8]。市役所から琵琶湖に向かうゾーンには、滋賀県立成人病センター、県立小児保健医療センター、守山市民病院といった医療機関や守山市福祉保健センター（すこやかセンター）が集中し、高度な専門医療や福祉サービスが受けられる。また市内には、中高一貫教育の立命館守山中学校・高等学校や県立守山中学校・高等学校もある。前者は立命館大学の付属校で、後者は県内有数の進学校である。

住民自身によるまちづくり活動も盛んで、市内にある70の自治会の加入率は95％を超えている。市街地を歩くと小川が流れ、初夏にはゲンジボタルも飛び交う。住民らの地道な活動によって、ホタルが生息できる自然環境が保持されているのである。さらに、市街地を離れると自然豊かな田園風景が広がり、そこでは近江米やメロンが生産されている。

国勢調査［2010］で就業者数を見ると、「製造業」（9,836人）、「卸売業・小売業」（5,479人）、「医療・福祉」（4,016人）が続く。市内の総生産額は2,473億円（2012年度）で、「製造業」（27.5％）、「不動産業」（19.0％）、「サービス業」（20.0％）が大きい。また、地方税収入は、2007年以降、120億円前後で推移している。内訳としては、人口増加に伴う個人住民税と固定資産税の割合が大きく、この二つで全体の8割前後を占め、法人住民税は1割程度に留まる[9]。

また、国勢調査［2010］で通勤者の動向を確認すると、守山市で働く通勤者

JR「守山駅」近くにある福祉文化交流施設「あまが池プラザ」。守山小学校、幼稚園に隣接し、親子で参加できるイベントが数多く開催されている（写真提供：守山市）

のうち守山市内に住んでいる人の割合は50.5％となっている。他方、守山市に住む通勤者の勤務先は守山市内が42.2％で、大津市、草津市、栗東市、野洲市の近隣4市が35.2％に達している。夜間人口76,560人に対して昼間人口は69,654人で、昼夜間人口比率91.0％は滋賀県内で最低レベルにあり、ベットタウン的な性格の強い市であることが分かる。

(7) もっとも、同市においても、人口が増加している市街化区域と人口が減少する市街化調整区域の二極化は進んでいる。
(8) 東洋経済新報社が毎年発行する『都市データパック』の住みよさランキングを見ると、守山市は2010年版で全国10位に入った。滋賀県はトップ50入りする都市が多く、2014年版では、草津市（17位）、甲賀市（37位）、彦根市（45位）、守山市（49位）、栗東市（50位）の名前が挙がっている。
(9) 2013年度の地方税収入を見ると、固定資産税が51億4,500万円（42.0％）で最も多く、個人住民税が44億6,400万円（37.0％）で、両者を合わせると79.0％に達する。法人住民税は12億3,700万円（10.0％）である。

(2) 守山市のまちづくり

守山市成長戦略会議

　守山市のここ数年の政策は、守山市成長戦略会議から生まれたものが少なくない。同会議は、持続的な成長を促進するため、重点的・戦略的に推進する政策に関して、様々な分野の専門家と市長が意見交換を行うための枠組みとして2011年10月に設置された。

　市長を座長とする同会議のメンバーは、専門的かつ総合的な知見を有する専門委員、市幹部職員、さらに具体的な企画立案とマネジメントを担う政策推進マネージャーら計30人で、農業、環境、産業、「守山」のブランド化、市民参画、文化に関する6分野を「成長分野」と位置づけた。2015年3月末までの3年半で17回の会議を開催し、部局の横断・連携による建設的な政策立案を図った。

　守山市が目指しているのは、近代都市計画の祖として知られるエベネザー・ハワード（1850～1928）が提唱した田園都市論の実践による「住みやすさ日本一のまち」である。イギリスが産業革命によって「世界の工場」として発展した時代を生きたハワードは、都市に人口が集中し、失業や貧困、環境悪化などの問題が深刻化する事態を憂い、都市の社会・経済的利点と農村の優れた生活環境の利点を同時に実現できる新たな空間として「都市と田園の結婚」を打ち出した。彼が提唱する新しい空間は、人口数万人規模の自律した職住近接型の緑豊かな都市である。

　守山市も、単純なベッドタウンからの脱却を目指して産業振興や仕事づくりに取り組み始めており、県の施策と連動する形で医療・環境・健康関連産業の発展に向けた支援を強化し、JAを中心とする6次産業化の推進にも力を入れている。

「滋賀健康創生」特区

　既述のように、滋賀県は日本屈指のものづくり県であると同時に京阪神のベットタウンとして人口が増加し続けてきたため、今後は高齢化が急速に進展することになる。南部地域（大津市、草津市、守山市、栗東市、野洲市）は、

2010年から2040年にかけて、75歳以上の後期高齢者の増加率が全国平均（1.55倍）を大きく上回り２倍を超えると見られている。東京、仙台、札幌、福岡といった大都市圏と同様、後期高齢者の急増という問題に直面することになるのである。そのため、「治療から予防への転換」が喫緊(きっきん)の課題となっている。

2013年９月、南部地域の５市は、地域資源を活かす地域活性化総合特区「滋賀健康創生」特区に指定された。地域住民の生活習慣病の予防や健康づくりを促進しつつ、地域経済の持続的発展と県民がいきいきと健康に暮らす社会の実現を目指すもので、高度なモノづくり技術を有する製造業の蓄積を生かして、新たな医療機器や健康機器を開発し、それらを活用した健康支援サービスの提供などによって住民の健康づくりを促進するという構図を描いている。

高齢化社会では、加齢に伴う難聴など聴覚に問題を抱える患者の増加が予想される。守山市の滋賀県立成人病センターには、聴覚コミュニケーション医療の確立、実践、新薬および聴覚機器開発を病産学官の連携で展開するための「聴覚・コミュニケーション医療センター」が設置された。研究環境が整備されれば、検査機器や新薬の開発などでベンチャー企業などが進出する可能性も高い。

他方、滋賀県は、南部地域で「医工連携ものづくりクラスター」の形成を目指しており、2004年から2009年にかけては文部科学省の「都市エリア産学官連携促進事業」に、2010年からは「地域イノベーション戦略支援プログラム（グローバル型）」に採択されている[10]。

県では、医療分野への進出に意欲的な企業や大学、行政、支援機関といった多彩なメンバーからなる「しが医工連携ものづくりネットワーク」を組織し、医療機器開発のための情報提供、大学や医療機関などとの連携促進、研究会やセミナーの開催、公的資金を活用したプロジェクトの構築などに取り組んできた。2005年当時のメンバーはわずか32だったが、2015年３月末には155に増え、医療機器メーカーだけでなく電気・電子機器メーカーや機械製造組立業者なども参加している。

---

[10] 都市エリア産学官連携促進事業は、地域の個性発揮を重視し、大学などの「知恵」を活用して新技術シーズを生み出し、新規事業等の創出、研究開発型の地域産業の育成などを図るとともに、自立的かつ継続的な産学官連携基盤の構築を目指した事業である。

2015年7月13日に開催された、第1回しが医工連携ものづくりネットワーク会議の模様（写真提供：滋賀県モノづくり振興課）

　こうした県の取り組みに加えて、守山市では2012年に「医工連携懇談会」を独自に設置し、医療機関のニーズと地元企業のシーズを引き合わせるマッチング事業を開始した。さらに、新たな技術や製品の開発に取り組む企業の量産試作品の評価や試験などの品質検証にかかわる経費の一部を負担する中小企業向け補助金制度も新設した。
　成果は既に生まれており、成人病センターの医師3人と企業14社（うち、市外企業5社）とのマッチング事業からは無呼吸症候群治療のためのヘッドギアが開発された。また、守山市に本社を置く(株)イマックが開発した、足を骨折した患者がリハビリ時に使うための歩行分析計は、近畿経済産業局が選定する「関西ものづくり新撰」に入っている。
　「関西ものづくり新撰」は、関西の中小企業が独自に開発した"優れた""売れる"製品・技術が対象となっている。イマックの歩行分析計は、靴底に仕込んだシート状のセンサーが体重のかかり具合をリアルタイムで測定し、ハンディーモニターに表示されたグラフや音の変化で理学療法士や患者に伝えるという優れもので、感覚に頼っていたリハビリ時の荷重訓練が数値によって正確に制御できるようになった。

守山市はまた、2013年から毎年、技術や情報交換の場として「守山市医療・健康・環境産業フェア」を開催している。医療に限定されたわけではないが、市内のモノづくり中小企業を個別に支援する「もりやまものづくりエンジニアリングチーム」も結成した。豊かな経験やノウハウ、技術をもった指導員が、企業の品質改善や経営支援、製品開発などを手助けする仕組みで、大企業の元経営幹部や技術者らが指導員として支援を希望する中小企業に派遣されている。
　守山市では、進出大企業の幹部社員らが退職後もそのまま住み続けるケースが目立っており、ノウハウや知恵、人脈などをもった高齢者が地域産業を支援する側に回って活躍しているのである。

6次産業化と新規就農支援

　守山市には、県内最大規模の地域農産物販売所である「おうみんち」がある。JAおうみ冨士が2008年にオープンしたファーマーズ・マーケットで、守山市内で朝とれた野菜や果物が市価より安い価格で店頭に並んでいる。また、地元農産物を使った惣菜や加工品も販売しているほか、地元の新鮮な野菜や果物、川魚などの料理が食べられるレストラン「地域食材バイキング」を併設していることもあって県外からの来客も多い。年間、約44万人が利用している[11]。
　JAおうみ冨士は、管内の人口が子育て世代を中心に増加し、食の安全・安心に対する関心も高まっていることから、地産地消の推進や地域農業の振興を図る好機として「おうみんち」を開設した。農業の担い手に対しては、直売所をトレーニングセンターと位置づけ、環境にこだわった農産物の栽培方法や出荷のルール、農産物に対する消費者ニーズなどを研修し、地域の消費者や子ども達に対しては、農業体験や料理教室などのイベントを開催している。
　また、県や守山市、種苗会社などと組んで、地域資源である「なばな」の生産拡大と6次産業化にも取り組んでいる。「なばな」はアブラナ科の野菜で、守山市周辺では昔から種から菜種油を搾る目的で栽培されてきた。2012年4月に立ち上がった「なばなコミュニティー・プロジェクト」は、生産振興チーム

---

[11] 2011年は45万人、2012年は42万人、2013年は44万人が利用した。

と商品開発チームに分かれ、生産開発チームは土壌診断から栽培管理、収穫までを、商品開発チームは青果物としての販売と加工品の試作・販売を担当した。

商品開発チームは、なばなの天ぷら、サラダ、辛し和えなどのメニューをつくり、粉末パウダーを使ったおはぎやまんじゅうなども開発した。こうした取り組みの結果、2011年の生産面積1ヘクタール、販売量4トン、販売高120万円が、2013年には5ヘクタール、11トン、600万円に増加した。

そして2013年には、守山商工会議所や立命館大学などと連携して「もりやま食のまちづくりプロジェクト」もスタートさせている。「新鮮な農産物の地産地消」「安全安心な農産物の生産」「次世代を担う6次産業化」をテーマに、生産から加工、販売、消費までをつなぐ試みがなされており、大阪や東京で商談会や物産展を開催するだけでなく、都市部の親子を対象にした稲刈りや芋掘りが体験できる「食と農の体験ツアー」といった都市と農村の交流事業も進めている。

むすびにかえて
―知恵の結集と実効性の担保―

本章で見てきたように、大企業のマザー工場や研究所が集積する滋賀県は、製造業で圧倒的な強さを誇っている。かつては企業誘致に強く依存していたが、1980年代以降は、研究開発型企業の育成に努めてきた。近年は、産学官金が連携して、中小企業を支援し、環境や健康・医療といった成長産業を推進している。また、域内の経済循環促進に向け、商業やサービス業、さらに小規模企業の強化にも努めている。

地方圏にありながら滋賀県は、地域経済が相対的に堅調で人口も増え続けていたが、2014年を境に人口は減り始めた。ただ滋賀県は、県全体としては少子高齢化社会を迎えたが、人口減少や高齢化の状況は地域によって異なり、南部地域にある草津市、守山市、栗東市の3市は2010年に比べて2040年の人口が増加すると見込まれている。

このため、滋賀県が「まち・ひと・しごと創生法」に基づいて作成した「人

の減少を見据えた豊かな滋賀づくり総合戦略」では、地域の事情や特性を配慮しつつ、①人口減少を食い止め、人口構造を安定させる、②人口減少の影響を防止・軽減する、③自然と人、人と人とのつながり、生活のゆとりを取り戻す、の三つの基本的方向に沿って、重点的に取り組む19のプロジェクトが打ち出された。

第一の目標は人口構造の安定で、結婚、出産、子育てがしやすい環境を整備するとともに、産業を振興し雇用を創出して魅力的なまちをつくることで、県外への流出を抑制し、県外からの流入を増やすとしている。第二は、人口減少を不可避の事態ととらえ、人口減少社会においてなお住みやすく安心できる暮らしの実現を目指している。さらに第三は、人口減少によるプラスの側面を積極的に評価したものである。人口増加時代に失い、また十分に得られなかった自然と人、人と人とのつながりや生活のゆとりを取り戻し、新しい豊かさを実感できる魅力的な滋賀をつくりたいとしている。

こうした県の取り組みと連動する形で、県内の市町も将来的な人口ビジョンをベースにした総合戦略策定にあたっており、守山市では2015年6月から9月にかけて、国が示す「産官学金労言」の各分野の責任者を集めて懇談会を開催し、実質的な議論を展開してきた。今後も人口増加が見込まれ、住民主体のまちづくり活動も盛んな守山市では、「しごと」の創生を重視しており、「まち・ひと・しごと創生に関する懇談会」に加え、その下部組織として「しごと部会」を結成し、懇談会、しごと部会をそれぞれ4回、あわせて8回議論の場を設けた。

印象深かったのは、そのすべての会議に参加して議論を引っ張った市長のリーダーシップと、しごと部会のメンバーである地元金融機関や農協、商工会議所に、守山の「しごと」に関する可能性や当該組織の取り組みなどをまとめた約20分のプレゼンテーションを要請したことである。そのなかで、①自転車や湖上交通など、琵琶湖に面した守山の素材や強みが生かせる観光産業を振興してはどうか、②医工連携によるモノづくりクラスターの形成に向けて、関連企業の誘致に注力したい、③従業員の地元定着率が高い中小企業の立地促進や小規模事業者の経営支援に取り組んでいく、といった様々なアイデアや決意が

表明された。

さらに、そうした議論のなかから、商工会議所、農協、金融機関、大学、市などが参加して、生活に密着したビジネスを立ち上げようとしている起業家（女性や若者、シルバー世代などを想定）や新規就農者を支援するネットワーク組織を結成するアイデアが固まった。空き店舗や空き家、遊休地などの有効活用を図りながら、商品開発や生産、販路拡大までを総合的に支援するという。

しごとづくりの当事者である企業が政策立案プロセスに参加し、また、その場に市長が立ち会うことで新たなアイデアが固まり、そこでの決定事項が政策に反映され、その実効性も担保されやすくなっているのである。

地域の持続的な発展は、地方自治体単独の努力だけでは不可能である。市民、企業、NPOといった多様な主体の協働が不可欠であり、各主体はその役割を果たす必要がある。今回のしごと部会は、利害の異なる経済主体が情報を共有し、地域のあるべき姿を議論し、さらに共有する目標に向かって、それぞれの立場で主体に取り組む姿勢を互いに表明しあう「場」となった。

住民主体のまちづくりが盛んな守山市では、2013年、市内七つの学区ごとに、地域住民が主体となってそれぞれの地域をより良くするための具体策を盛り込んだ「守山まるごと活性化プラン」を策定した。同プランは地域づくりの指針で、各学区が行政の支援を得ながら主体的に作成し、各学区とも、学区長や自治会長、住民らからなる会議を6回開催し、ワークショップ形式で知恵やアイデアを出し合った。

そのため、各プランは地域特性を反映したものになっており、例えば新しい住民が増え続けているJR守山駅前の守山学区では、誰もが参加したくなる自治会を検討する「自治会魅力向上プロジェクト」が実施されている。「まち・ひと・しごと創生に関する懇談会」および「しごと部会」は、その産業版とも言えるだろう。

少子高齢化、人口減少、経済のグローバル化といった大きな環境変化のなかで、産業、雇用、教育、医療・福祉、交通、財政といった諸問題を相互に関連づけながら地域を経営していくために、地方自治体は、環境変化に迅速に対応できる新しい時代に合った新しい制度を構築していく必要がある。

利害が異なる様々な主体が地域の課題や特徴を知り、地域資源を発見・発掘し、将来のあるべき姿やその実現に向けて果たすべき自らの役割や責務を考える。そして、地方自治体には、まちづくりだけでなく、産業振興においても地域としての方向性や共通のルール、規範を定め、その実効性を担保することが求められる。地域の多様な関係者の主体的活動を引き出していくための仕組みが必要になってきている。

参考文献一覧

- 国立社会保障・人口問題研究所［2013］『日本の地域別将来推計人口（平成25年3月推計）』。http://www.ipss.go.jp/pp-shicyoson/j/shicyoson13/t-page.asp
- 滋賀県商工観光労働部・龍谷大学経済学部［2012］『滋賀県中小企業等実態調査報告書』。
- 滋賀県商工観光労働部・龍谷大学経済学部［2013］『滋賀県の中小製造業に関する滋賀県と龍谷大学との共同研究報告書』。
- 滋賀県商工観光労働部・龍谷大学経済学部［2014］『滋賀県の中小企業（非製造業）に関する滋賀県と龍谷大学との共同研究報告書』。
- 総務省統計局［2011］『平成23年科学技術研究調査報告』。
  http://www.stat.go.jp/data/kagaku/2011/index.htm
- 中小企業庁［2003］『中小企業白書　2003年版』ぎょうせい。
- 中小企業庁［2011］『平成22年中小企業実態基本調査』。
- 東洋経済新報社『都市データパック』2010年版、2014年版。
- OECD［2007］Science, Technology and Industry: Scoreboard 2007, Paris, OECD.

- 滋賀県ウェブサイト（データブック滋賀）
  http://www.pref.shiga.lg.jp/c/toukei/databook/index.html
- 全国商工団体連合会ウェブサイト
  http://www.zenshoren.or.jp/shinchaku/140519kihonjourei_jichitai.pdf
- 総務省統計局ウェブサイト
  http://www.stat.go.jp/data/index.htm
- 守山市ウェブサイト
  http://www.city.moriyama.lg.jp/toukeisho_index.html

あとがき

　2014年度に約3か月間、編者はイギリスに滞在するという機会を得た。その時に滞在していたのは南イングランドのルイスという小さな町だが、なんとそこにはキモノ屋さんがあった。「YOHKA」（写真参照）という店の名前で、レベッカ・ベスウェザリック（Rebecca Beswetherick）さんという女性が経営していた。たまたまキモノに出会い、構造や背後にある思想に関心を抱いて、2013年9月に開業したという。彼女はヨガにも興味があり、そこから店の名前を付けたということである。オークションサイトで知った日本の代理店を通して古いキモノを輸入して販売しているということであった。

　この店で買ったのだろうか、町でもキモノを着ているイギリス人の姿を見ることが何回かあった。日本での伝統的な着付けとはまったく異なる装い方であったが、違和感はなかった。国内市場のみと思われがちな和装でも、すでにグローバリゼーションがはじまっていることを実感した出来事であった。

　本書は、2012年度から2014年度の3年間にわたる龍谷大学社会科学研究所の共同研究プロジェクト「新しい経済環境下における持続可能経済モデルの構築——京都府北部における人口減少とグローバリゼーションへの対応を中心に」の研究成果をまとめたものである。この研究課題が示すように、本研究課題で考えていた「新しい経済環境」とは人口減少とグローバリゼーションであった。本研究グループが永年にわたって研究フィールドとしてきた京丹後では、この二つの問題が非常に差し迫った問題である。

　人口減少も、グローバリゼーションも地域経済へ及ぼす影響は非常に大きい。TPPが2015年10月に大筋合意したことを受けて、グローバリゼーションの地域経済への影響はますます大きくなり、グローバリゼーションへの対応は持続可能な地域経済にとっては避けることのできない課題となっている。ともすると、グローバリゼーションは地域経済にとって否定的な影響を及ぼすと懸念されることが少なくない。しかし、本研究を通じて分かったことは、グローバリゼー

ションを地域が抱える問題解決の手段としているしたたかな地域が少なくないことである。

　人口減少という構造的な問題を、根本的に解決するのは容易ではない。しかし、グローバリゼーションに対しては、工夫によってはむしろ肯定的なものとすることができることを本書で紹介した各地域は証明していると言えるのではないだろうか。

　本書の編集作業中に、第7章で紹介した徳島県神山町のグリーンバレー理事長の大南氏の講演に参加する機会を得た。われわれが調査に伺ってからも様々な変化が起きており、ダイナミックな展開を遂げていることに改めて驚かされた。このダイナミズムの原点は、海外からアーティストを招こうという国際的な取り組みであった。また京都でも、和装など伝統産業の市場縮小が続いているなかで、グローバリゼーションによって新たな展開を開こうという動きが起きている。そして、冒頭に記したように、海外で和装が受け入れられはじめてもいる。

店頭に飾られた振袖

　本書は、われわれの共同研究の5冊目の本となる。これまでは京都の産業や企業に関する研究であったが、今回は京都だけでなく滋賀県や徳島県にも研究地域を拡げ、さらに農業などの産業にも研究領域を拡げた。このように視野を広げることによって、これまで研究対象としてきた京都についても新しい知見が得られたのではないかと思う。人口減少やグローバル化へのユニークを取り組みをしている地域は全国各地にある。今回取り上げた地域はそのごく一部にしかすぎない。今後とも、全国の取り組みについて関心を払っていきたい。

　本研究にあたっては、京都府・滋賀県・徳島県の企業や団体、行政の方々に大変お世話になった。お忙しいなか、われわれの調査に協力してくださり、心

より御礼を申し上げたい。調査にご協力いただいた企業や行政機関などのなかには、本書では取り上げられなかった所も多数ある。どの事例も大変興味深いものであったが、紙幅の制約もありすべてをご紹介できなかったことを残念に思うとともに、お詫びを申し上げたい。

　最後になるが、われわれの共同研究を支えてくれた龍谷大学社会科学研究所とそこのスタッフの皆様に心より感謝を申し上げたい。とかく仕事が遅れがちの我々をいつも鼓舞してくれる武市一幸氏がいなければ、本書は完成しなかったろう。

2016年1月

編者　松岡憲司

執筆者紹介 (執筆順)

松岡憲司（第1章、第3章、第5章コラム、第7章）奥付参照。

北野裕子（第2章、第3章）
　龍谷大学・大阪樟蔭女子大学非常勤講師。
　奈良女子大学大学院人間文化研究科博士後期課程修了、博士（文学）。
　主要著作：『生き続ける300年の織りモノづくり──京都府北部・丹後ちりめん業の歩みから』（新評論、2013年）

辻田素子（第3章、第6章、第7章、第8章）
　龍谷大学経済学部教授。
　一橋大学大学院商学研究科博士課程単位取得満期退学、ロンドン大学修士（M.Sc.）。
　主要著作：『飛躍する中小企業都市──「岡谷モデル」の模索』（共編著、新評論、2001年）、『地域からの経済再生──産業集積・イノベーション・雇用創出』（共著、有斐閣、2005年）、『事例に学ぶ地域雇用再生──経済危機を超えて』（共著、ぎょうせい、2010年）

長命洋佑（第4章）
　九州大学大学院農学研究院助教。
　京都大学大学院農学研究科博士後期課程修了。博士（農学）。日本学術振興会 特別研究員PD、京都大学大学院農学研究科特定准教授を経て、2014年4月より現職。
　主要著作：『いま問われる農業戦略──規制・TPP・海外展開』（共著、ミネルヴァ書房）、『農業経営の未来戦略〈2〉躍動する「農企業」』（共著、昭和堂、2014年）『農業経営の未来戦略〈1〉動き始めた「農企業」』（共著、昭和堂、2013年）、など。

増田知裕（第5章）
　京丹後市役所商工観光部商工振興課課長補佐（兼商工係長）。
　静岡大学人文学部法学科卒業。平成4年旧峰山町役場に入庁、平成13年から商工業振興業務に従事。

姜紅祥（第7章コラム）
　龍谷大学非常勤講師、京都励学国際学院専任講師。
　龍谷大学大学院経済学研究科博士後期課程修了。博士（経済学）。
　主要論文：「温州中小企業と温州民間信用危機：結束型ソーシャル・キャピタルに内在する負の効果」『日本中小企業学会論集』第33号、2014年。
　「中国の通信機器産業の対外直接投資と戦略的資産獲得：華為技術を中心に」『中国経営管理研究』（中国経済経営学会）第10号、2015年。

木下信（第7章コラム）
　龍谷大学経済学部　専任講師。
　同志社大学大学院経済学研究科博士課程後期修了　博士（経済学）。
　主要論文："Conjoint Analysis of Demand for IP Telephony: The Case of Japan" Applied Economics Volume 40, Issue 10, May 2008 など。

編者紹介

松岡憲司（まつおか・けんじ）
龍谷大学経済学部教授。
神戸大学大学院経済学研究科博士後期課程単位取得退学。
博士（経済学）。尾道短期大学、大阪経済大学を経て、1999年より現職。
1997年にコペンハーゲン商科大学客員教授。
専門は産業組織論、中小企業論。
主要著作 『賃貸借の産業組織分析』同文舘、1994年。『スポーツエコノミクスの発見』法律文化社、1996年（編著）。『企業社会のゆくえ』昭和堂、1991年（共著）。『風力発電機とデンマークモデル』新評論、2004年。『地域開発と企業成長～技術・人材・行政～』日本評論社、2004年（編著）。『地域産業とイノベーション』日本評論社、2007年（編著）。『地域産業とネットワーク～京都府北部を中心として～』新評論、2010年（編著）。『事業承継と地域産業の発展――京都老舗企業の伝統と革新』新評論、2013年（編著）など。

龍谷大学社会科学研究所叢書　第109巻

人口減少化における地域経済の再生
―京都・滋賀・徳島に見る取り組み―

（検印廃止）

2016年3月20日　初版第1刷発行

編　者　松　岡　憲　司
発行者　武　市　一　幸
発行所　株式会社　新　評　論

〒169-0051
東京都新宿区西早稲田3-16-28
電話　03(3202)7391
振替・00160-1-113487

定価はカバーに表示してあります。
落丁・乱丁本はお取り替えします。

印刷　フォレスト
製本　松岳社
装幀　山田英春

Ⓒ松岡憲司他　2016　　　　Printed in Japan
ISBN978-4-7948-1032-8

JCOPY 〈(社)出版者著作権管理機構 委託出版物〉
本書の無断複写は著作権法上での例外を除き禁じられています。複写される場合は，そのつど事前に，(社)出版者著作権管理機構（電話03-3513-6969，FAX03-3513-6979，E-mail: info@jcopy.or.jp）の許諾を得てください。

新評論　好評既刊　日本の地域産業を考える本

松岡憲司 編著
事業承継と地域産業の発展
京都老舗企業の伝統と革新　【龍谷大学社会科学研究所叢書 第98巻】

「老舗」の革新性と危機対応力に、後継者問題の解決の方途を学ぶ。
[A5上製 232頁 2800円　ISBN978-4-7948-0935-3]

松岡憲司 編
地域産業とネットワーク
京都府北部を中心として　【龍谷大学社会科学研究所叢書 第85巻】

伝統産業にも及ぶグローバル化―情報通信網から人的交流まで、「ネットワーク」を軸に地域産業を考察。
[A5上製 280頁 2800円　ISBN978-4-7948-0832-5]

北野裕子
生き続ける300年の織りモノづくり
京都府北部・丹後ちりめん業の歩みから

吉宗の時代から連綿と続く丹後の縮緬産業。その独特の歩みに、縮小・成熟社会における「モノづくり」のヒントを読みとる。
[A5上製 244頁 4000円　ISBN978-4-7948-0953-7]

関 満博 編
6次産業化と中山間地域
日本の未来を先取る高知地域産業の挑戦

日本の経済社会のさまざまな課題を映す「先端地域」高知県。暮らしと産業をめぐる人びとの果敢な挑戦に学ぶ現場報告。
[A5上製 400頁 5500円　ISBN978-4-7948-0970-4]

関 満博
中山間地域の「買い物弱者」を支える
移動販売・買い物代行・送迎バス・店舗設置

人口減少・高齢化の中で、「買い物」が難しくなっている。人びとの「普通の生活」を支える持続可能な仕組みを探る。
[A5上製 364頁 5200円　ISBN978-4-7948-1020-5]

＊表示価格はすべて本体価格（税抜）です。